U0115228

文學研究叢書‧古典文學叢刊

《宋史‧文苑傳》中所顯現之忠義情懷

——以經歷靖康之難安邦定國者為觀察主體

林宜陵　著

目次

第一章
緒論

　　中國文學史中眾多傑出代表人物，多是一生懷才不遇，為民發聲，留下千古與普羅大眾、天下百姓的共鳴文學，努力文以為用，為生民而發，受到後人無限景仰；《宋史・文苑傳》中作家所顯現之忠義情懷——以經歷靖康之難者為觀察主體》一書，是在一般文學史所重視的文學大家文學成就之外，以《宋史・文苑傳》所列陳與義、汪藻、程俱、葉夢得、張嵲等五人，對於政權與王朝的穩定為探討對象，期望彰顯北宋至南宋歷史劇烈變化之際，這五位文人，如何確實做到用文學與制度安邦定國，特別的是這些文人是可以接近君王，影響君王決策，對國家社稷、千萬百姓與文化流傳有更直接的貢獻，期望可以補文學史中的一小部分。

　　本書企圖在「文窮而後工」的文學史主流思維中，依存一直以來筆者在《北宋詩歌論政研究》[1]所研究的主題思想，政治與政策才是影響一代文學與文風的主要因素，一代君王決定的文風政策，影響國家興亡與百姓經濟安危幸福至為重大，如果文人沒能經由正面勸諫與直接接觸君王影響決策，再多的關心民生經濟作品，僅能提供後世君王與文人景仰，是無法發揮正面影響當代的功用。本書五位文人，藉由自己的努力達到顯榮身分，可以直

1　林宜陵：《北宋詩歌論政研究》，臺北市：文津出版社，2003年。

接受到君王賞識，進而影響天下安危，更是文學史上必須重視與關注的對象。

　　本論文著述目標是以《宋史‧文苑傳》為研究對象，探討在靖康之亂前後文人如何以文學安邦定國，成就經世濟民安邦定國神聖的儒者最高任務。

　　元人脫脫（1314-1355）同時修《宋史》、《金史》、《遼史》三本史書，引起爭論不斷，最後決定獨立分開撰修，這也是《宋史列傳》文苑類[2]中北宋文人人數比南宋文人多了七倍以上的原因之一。因為南宋末年與元代政權是對立的狀態，因此《宋史‧文苑傳》卷一至六皆為北宋文人，只有卷七是南宋文人，而《金史》中並沒有獨立「文苑」類，《遼史》中則立有「文學」，這中間的差異，我們從《宋史‧文苑傳》前言中可以得知：

> 自古創業垂統之君，即其一時之好尚，而一代之規橅，可
> 以豫知矣。藝祖革命，首用文吏而奪武臣之權，宋之尚
> 文，端本乎此。[3]

《宋史‧文苑傳》的選錄宗旨在於國君「創業垂統」立國之初，以文官奪取武臣的權力，用意在於定一代的規矩，以達安邦定國之目的。這也是本論文所要探討的，南宋在為求安定南方局勢與穩固國君權力時，〈文苑傳〉中的文人在其中發揮了哪些具體的經世濟民功用，可以析出一個國家的文化素養與文學，對於安定

2　《宋史列傳》文苑類，本文簡稱《宋史‧文苑傳》。

3　（元）脫脫等撰：《宋史》（北京市：中華書局，1977年），卷439，〈文苑一〉，頁12997。

內政是有所幫助的，更不可以因為經濟或戰爭遇到變數而被偏廢與停滯的。而南宋其他文人則未達到以文制法度安邦定國的成就與事蹟。

> 太宗、真宗其在藩邸，已有好學之名，及其即位，彌文日增。自時厥後，子孫相承，上之為人君者，無不典學；下之為人臣者，自宰相以至令錄，無不擢科，海內文士彬彬輩出焉。[4]

〈文苑傳〉更指出宋代開國從太宗、真宗還未繼承皇位時，就秉承這樣的特色用心在重文之中。所以歷代帝王都非常重視太學的功用及文風的走向，天下臣子無不努力往此發展，海內文士皆文才輩出。

> 國初，楊億、劉筠猶襲唐人聲律之體，柳開、穆修志欲變古而力弗逮。盧陵歐陽修出，以古文倡，臨川王安石、眉山蘇軾、南豐曾鞏起而和之，宋文日趨於古矣。南渡文氣不及東都，豈不足以觀世變歟！作〈文苑傳〉。[5]

所舉的楊億（974-1020）、劉筠（971-1031）、歐陽修（1007-1072）、王安石（1021-1086）、曾鞏（1019-1083）、蘇軾（1037-1101）皆因為能夠改變時代文風得以單獨列傳，並未列入〈文苑傳〉，當以其文學影響功效更高於〈文苑傳〉中之文人。柳開與

4　（元）脫脫等撰：《宋史》，卷439，〈文苑一〉，頁12997。

5　（元）脫脫等撰：《宋史》，卷439，〈文苑一〉，頁12997-12998。

穆脩因為「志欲變古而力弗逮」，所以只能收錄於〈文苑傳〉中。因此我們也可以瞭解〈文苑傳〉所收錄的文人都是具有「觀世變」、可影響當代文化政策及政治治理具體功用的文人。由此處觀之，《宋史·文苑傳》中，許多南宋文人並未受到文學史關注，惟本文欲藉此彰顯這些文人作品中對朝廷與文化傳承的重要功用。

《宋史》的主編者與《金史》、《遼史》相同，元代脫脫，又名脫脫帖木兒，其師承為元代有名的儒者吳直方（1275-1356），輔佐元順帝進行漢化，元順帝命其擔任「三史都總裁官」，聚集了漢人、蒙古人、畏兀兒（唐朝時的回鶻人）、哈剌魯（中亞信奉伊斯蘭教的民族，與回回不是一個族）、唐兀（党項）、欽察（突厥中的一支）等族人，一同完成曾經同時存在一起的宋、金、遼三個朝代史傳。因此三部史籍各有自己不同的立場、獨立的思維模式。這更顯示出在不同的族群意識中，宋代重文對於朝廷的安定，具有確實的影響力。

依閱讀《宋史·文苑傳七》後推論南宋之所以人數比北宋少的原因，主要在於〈文苑傳〉中所記載的多是抗金的忠義具體事蹟，更可以證明元代是繼承宋代的正統王朝。

第一節　研究動機

筆者自學生時代開始即心喜宋代詩學研究，分別有北宋《郭祥正《青山集》研究》、《北宋詩歌論政研究》[6]二篇學位論文並

6　林宜陵：《北宋詩歌論政研究》，臺北市：文津出版社，2003年。

出版，爾後在東吳大學任教期間有《金末元初遺臣楊宏道與李俊民研究》升等論文著作。

筆者在《北宋詩歌論政研究》博士論文中對於北宋朝廷政策與詩人論政態度的影響與文學風格轉變的關係，做了深入的探討，大抵是由上對下的影響。本論文則是進一步探討在經歷靖康之難後，南宋朝廷的安定，取決於輔佐臣子能否以文學典章制度使南宋偏安的重要因素，也就是說建構出〈文苑傳〉中文人典範，瞭解文學較之於當時朝廷安邦定國的影響，具有其重大意義。

期望藉由撰寫本文深入體會南宋史事的知識與文學。在宋金元詩歌與史事中體會到眾多文人與士大夫與君王的悲歡離合、乖舛起伏的生命歷練，讓生活在富樂平安現今的我們，體驗更寬廣的心靈世界，並學習士大夫該有的氣節與生命觀。試著用不同的角度觀看在亂離的朝政與戰亂之中，文人做出的重大決策與貢獻，對於當代的我們有著怎樣的啟發與指引。

《宋史・文苑傳》中，北宋文人占六卷共八十五人、南宋文人只有一卷十一人，全記載於〈文苑傳七〉，特別的是〈文苑七〉的文人及其作者多為抗金的忠義言行與事蹟。抗金的言論與作為，成為這些文人選入〈文苑傳〉重要的因素之一。

由《宋史・文苑傳七》發現，文人多具有忠義抗金事蹟與言論，與《宋史・忠義傳》的差別所在，在於入〈文苑傳〉的文人更具重要文學與典章制度的成就，並不一定在戰場上為國殉命，可見《宋史》編撰群判斷的體例是將對於國家同時具有忠義事蹟與文學文化貢獻的人物，放入了〈文苑傳〉。

《宋史・文苑傳》中的取材標準除了有足以流傳後代的文學成就外，特色在於他們多具備有抗金言論與背景，卻沒有抗元的

背景，可以推斷出《宋史》是元代脫脫所編，因此可以窺知只要有抗元事蹟的，縱然有文學成就，仍不會被放入《宋史》的文苑傳中，這也是元人脫脫欲以編撰《宋史》說明繼承宋代之後的元代才是正統史實的重要依據。所以〈文苑傳〉中所記載北宋和南宋人的比例才會有近八倍的懸殊。

藉由《宋史‧文苑傳》中的南宋文人，可以瞭解元人脫脫所要呈現的正是宋代（960-1279）、金代（1115-1234）、元代（1271-1368）三強鼎立的時代，宋是原本的正統、元是繼之而起的正統皇朝，金朝曾是宋元共同討伐的對象，所以抗金才是忠義的氣節表現。

本論文將就《宋史‧文苑傳七》中陳與義、汪藻、程俱、葉夢得、張嵲等五人在各文體所顯現的忠義表現，加以分析與探論，以瞭解文人所建構的屬於文人集體的忠義圖像。

從《三國志》作者到南朝詩人的邊塞詩[7]，傳承到《宋史‧文苑傳》經歷靖康之難的文人，都因心懷故土，常以漢代正統與時空錯置方式，建立屬於自己的時空觀念，也利用了正統與時空錯置的書寫方法，寄望在現實中之真實史實之外，強調自己的國家與地方才是正統，所以一直多有沿用「漢」的時代與「長安」、「洛陽」等空間，來自我安慰與對自己北方家國的思念情懷[8]，以顯現其忠心不二的心靈世界。陳與義、汪藻、程俱、葉夢

7　王文進：〈裴松之《三國志注》新論——三國史的解構與重建簡介〉，《人文與社會科學簡訊》20卷第1期（2018年12月），頁167-174；〈南朝詩人的時空思維〉，《東華人文學報》第5期（2003年7月），頁235-259。

8　祁立峰：〈經驗匱乏者的遊戲——再探南朝邊塞詩成因〉，《漢學研究》第29卷第1期（2011年3月），頁281-312。

得、張嶪等五人所建構出來的世界，更是如此，他們把屬於他們
的衰亡朝廷半壁江山，作為正統，深入擘劃，終於完成了他們的
歷史偉大使命。

　　〈文苑傳〉中的文人們經歷了歷史性的戰爭大災難——靖康
之難，產生了人類史上少有的官員與百姓的被動式大遷移，有被
羈押往北的皇親貴冑、逃難往南的文武百官北方百姓。對於慎終
追遠、安土重遷的漢族民族信仰而言，正經歷一場不得不面對的
共同歷史創傷經歷，因此在特別的節日中，更特別想念北方的君
王與國土[9]，只能依靠書寫來表達自我的忠義憂傷情懷，以此來
顯現自我療癒[10]，並發揮保留文史的重要功用。筆者於〈唐代宗
時期杜甫作品所呈現之時代獨特性〉[11]一文中也論述了杜甫由於
經歷了安史之亂的創傷經歷[12]，在唐代宗時期所呈現的詩風和主
題，與同時期其他人創作的差異之處。這也是筆者深覺身為當代
的文史工作者，尤須深入瞭解自我職責所在的重要之事，就是用
書寫來修復所有的傷痛與悲哀。

9　林素玟：〈元宵與中秋——《紅樓夢》神聖時間的創傷書寫與療癒〉，《華梵人
　　文學報》第22期（2014年7月），頁71-105。

10　李癸雲：〈戰爭・囚禁・逃亡——試探商禽的戰爭創傷書寫〉，《臺灣文學研究
　　學報》第13期，（2011年10月），頁243-274。

11　林宜陵：〈唐代宗時期杜甫作品所呈現之時代獨特性〉，《北市大語文學報》
　　第20期（2019年6月），頁43-68。

12　「創傷經歷」：「當精神創傷由某一事件引發出不斷重複的痛苦，受害人所受
　　到的創傷往往不只是身體上的，他會侵入到精神，在精神深處對受害人產生
　　巨大影響，因此，創傷其實就是精神上的創傷」，收錄於黃龍興：〈於負面遺產
　　中重構創傷記憶——從奧斯維辛博物館到景美人權文化園區〉，《世界資產保
　　存學刊》第17期（2011年10月），頁75。

第二節　研究範疇與研究方法

　　本文以《宋史·文苑傳》南宋文人其人及其文學表現為研究範疇對象，探討「忠義」情懷為主要主題。將以傳統文史互證方式，先瞭解五位文人的言行事蹟，對於朝廷及百姓的貢獻，再進一步考察文人的文學作品，進一步列舉代表的文學作品，發揚其人與其文所顯現的「文以載道」精神。

　　其中張即之[13]（1186-1263）因為是以書法揚名當世，保留宋代書法精華，影響金人，其文集已經失傳，是以本論文不以專章論及。熊克一一三六年出生，已經是宋高宗紹興年間，二十歲（紹興二十一年，1157年）時中進士。趙蕃出生於一一四三年，離靖康之難（1126）已遠，正是宋高宗時期，趙蕃並未經歷靖康之難，是以本文不在此專章探論三人作品中所顯現對於南宋朝廷

13　《宋史·文苑七》：「張即之，字溫夫，參知政事孝伯之子。以父恩授承務郎，銓中兩浙轉運司進士舉，歷監平江府糧料院。丁父憂，服除，監臨安府樓店務。丁母憂，服除，監臨安府龍山稅、寧國府城下酒曲務，簽書荊門軍判官廳公事，烏程丞，特差簽書江陰軍判官廳公事，提領戶部犒賞酒庫所乾辦公事，添差兩浙轉運司主管文字，行在檢點瞻軍激賞酒庫所主管文字，監尚書六部門，淮南東路提舉常平司主管文字，添差通判揚州，改鎮江，又改嘉興，將作監簿，軍器監丞，司農寺丞，知嘉興，未赴，以言者罷，丐祠，主管雲臺觀，引年告老，特授直秘閣致仕。寶祐四年，制置使餘晦入蜀，以讒劾閬州守王惟忠。於是削惟忠五官，沒入其資，下詔獄鍛煉誣伏，坐棄市。惟忠臨刑，謂其友陳大方曰：『吾死當上訴於天。』七揮刃不殊，血逆流。即之雖閑居，移書言於淮東制置使賈似道恤其遺孤。又使從孫士倩娶惟忠孤女。未幾，似道入相，中書舍人常挺變以為言。景定元年，給還首領，以禮改葬，復金壇田，多即之倡義云。即之以能書聞天下，金人尤寶其翰墨。惟忠字肖尊，慶元之鄞人，嘉定十三年進士。」（元）脫脫等撰：《宋史》，卷445，〈文苑七〉，頁13145。

百姓的忠義情懷與意義。「韓駒」、「朱敦儒」、「葛勝仲」三人也具有許多忠義表現與事蹟，但是《宋史・文苑傳》中未記載抗金言論，是以本文暫未以專章論及。

本書將專論「陳與義」、「汪藻」、「葉夢得」、「程俱」、「張嵲」等五位立傳人物，以「忠義」為主題，分章觀察立傳人物在靖康之難的創傷記憶後，經由政事、直言急諫、詩、文、詞各類文體所顯現的「忠義」情懷與貢獻，進一步綜論其價值與意義。

「忠義」之說，本文用的是存一代文史保護文物百姓，不忘北方家園與君王之情，實為意義更廣泛的「忠義」，不局限於孟子狹義的「捨身取義」[14]，事實上孟子所指的是在別無他法時，才會選擇捨身取義，並非指捨身取義是最高的忠義境界。

《後漢書・桓典傳》有云：

> 獻帝即位，三公奏典前與何進謀誅閹官，功雖不遂，忠義炳著。[15]

可以知道一心護衛君王正統，以堅守教學禮法輔佐的桓典即是忠

---

14 孟子〈告子上〉：「魚，我所欲也；熊掌，亦我所欲也；二者不可得兼，舍魚而取熊掌者也。生，亦我所欲也；義，亦我所欲也；二者不可得兼，舍生而取義者也。生亦我所欲，所欲有甚於生者，故不為苟得也；死亦我所惡，所惡有甚於死者，故患有所不辟也。如使人之所欲莫甚於生，則凡可以得生者，何不用也？使人之所惡莫甚於死者，則凡可以辟患者，何不為也？由是則生，而有不用也；由是則可以辟患，而有不為也。是故所欲有甚於生者，所惡有甚於死者，非獨賢者有是心也，人皆有之，賢者能勿喪耳。」（宋）朱熹：《四書章句集注》（北京市：中華書局，1983年），頁332-333。

15 （南朝宋）范曄撰；（唐）李賢注：《後漢書・桓典傳》（北京市：中華書局，1965年），卷37，頁1258。

義人物。唐崔融〈西征軍行遇風〉詩：「夙齡慕忠義，雅尚存孤直。」[16]

　　杜甫〈陳拾遺故宅〉詩中所稱：「盛事會一時，此堂豈千年。終古立忠義，感遇有遺編。」[17]忠義的陳子昂，極力反對武攸宜開邊疆戰事而造成百姓的傷亡，杜甫此處推崇陳子昂為忠義之處，指的是他的著作與為生民努力的貢獻。

　　《宋史‧忠義傳》立傳標準說道：

> 士大夫忠義之氣，至於五季，變化殆盡……真、仁之世，
> 田錫、王禹偁、范仲淹、歐陽修、唐介諸賢，以直言讜論
> 倡於朝，於是中外搢紳知以名節相高，廉恥相尚，盡去五
> 季之陋矣。故靖康之變，志士投袂，起而勤王，臨難不
> 屈，所在有之。及宋之亡，忠節相望，班班可書，匡直輔
> 翼之功，蓋非一日之積也。[18]

16　（唐）崔融〈西征軍行遇風〉：「北風卷塵沙，左右不相識。颯颯吹萬裡，昏昏同一色。馬煩莫敢進，人急未遑食。曹木春更悲，天景晝相匿。夙齡慕忠義，雅尚存孤直。覽史懷浸驕，讀詩歎孔棘。及茲戎旅地，忝從書記職。兵氣騰北荒，軍聲振西極。坐覺威靈遠，行看氛祲息。愚臣何以報，倚馬申微力。」（清）彭定求：《全唐詩》（北京市：中華書局，1960年），卷68，頁764-765。

17　（唐）杜甫：〈陳拾遺故宅〉（宅在射洪縣東七里東武山下）：「拾遺平昔居，大屋尚修椽。悠揚荒山日，慘澹故園煙。位下曷足傷，所貴者聖賢。有才繼騷雅，哲匠不比肩。公生揚馬後，名與日月懸。同遊英俊人，多秉輔佐權。彥昭（趙彥昭，字奐然，甘州人，與郭元振、張說相友善）超玉價，郭振起通泉（元振為通泉尉）。到今素壁滑，灑翰銀鉤連。盛事會一時，此堂豈千年。終古立忠義，感遇有遺編。」（清）彭定求：《全唐詩》，卷220，頁2316。

18　（元）脫脫等撰：《宋史》，卷446，〈忠義傳〉，頁13149。

據〈忠義傳〉所言「奉詔修三史，集儒臣議凡例，前代忠義之士，咸得直書而無諱焉。然死節、死事，宜有別矣」將死節分為四等級：最上者為：「若敵王所愾，勇往無前，或銜命出疆，或授職守土，或寓官閒居，感激赴義，雖所處不同，論其捐軀徇節，之死靡二，則皆為忠義之上者也」，這是勇往直前，為守疆土，死於敵前，或以死殉節者。次者「若勝負不常，陷身俘獲，或慷慨就死，或審義自裁，斯為次矣；若蒼黃遇難，霣命亂兵，雖疑傷勇，終異苟免，況於國破家亡，主辱臣死，功雖無成，志有足尚者乎！」因戰敗被俘虜，功雖無成，主辱臣死為第二等級。另有第三等忠義「若夫世變淪胥，毀跡冥遯能以貞厲保厥初心，抑又其次歟！」所指為不肯屈服於敵前，不出仕隱居者。第四等為「至於布衣危言，嬰鱗觸諱，志在衛國，遑恤厥躬，及夫鄉曲之英，方外之傑，賈勇蹈義，厥死惟鈞。」，指未曾出仕在民間以言語著述護衛國家者。[19]展現文化流傳的功用。《宋史》入〈忠義傳〉的重點在於最終是為國犧牲生命，此為元人編《宋史》所下的忠義定義。

　　歷史人物及形象的建構，在學界有王文進教授《裴松之《三國志注》新論──三國史的建構與重建》一書中〈論魚豢《魏略》的三國史圖像〉曾提到：

> 凡是治學國史或文學《三國志演義》的學者，幾乎對「三顧茅廬」、「六出祁山」……等故事均耳熟能詳，津津樂道，並進而衍生出「君臣相得」、「魏延反骨」的政治術

19　（元）脫脫等撰：《宋史》，卷446，〈忠義傳〉，頁13150。

語；……各史家皆喜歡引用魚豢《魏略》的內容加以補充，卻皆殊不知魚豢之書處於三國鼎立之時空偏論特質。……在裴《注》中，所引用的史部典籍中，魚豢《魏略》共引用一百七十次，僅次於同為魏國史官的王沈之《魏書》一百九十次，然而與名門望族的魏國史官王沈相比，魚豢個人身世的資料早已湮沒，使得其「即身見聞」而私撰的《魏略》，成為僅存後世的遺作，也呈現出異於陳《志》筆下的魏國圖像。[20]

文中提到了一本史書的撰寫與紀錄，對於讀者與後世的影響，足以構成一份根深於腦海中的圖像資料。筆者於本文企圖以史學上〈文苑傳〉中記載的文字，建構出一幅忠義情懷圖像，以〈文苑傳〉中人物的作品深化出這幅圖像重要的史學意義與文學價值。

本論文所欲彰顯的不是積極北伐，以身殉國殉主的忠義精神，而是一種經歷重大歷史事件——靖康之難與南逃的過程中，因為「創傷記憶」[21]所影響的人物風範與作品風範。是明知過往的太平盛世不會再擁有，轉而用一種心理時空錯置的方法，記載著對於過往生活的緬懷，將愁緒與憂愛之情，以文學與文化的形式表達，著書立說，訂立典章制度，如同司馬遷所說：

---

20 王文進：《裴松之《三國志注》新論——三國史的建構與重建》（臺北市：新文豐出版公司，2017年），頁77-78。

21 「創傷經歷」，黃龍興：〈於負面遺產中重構創傷記憶——從奧斯維辛博物館到景美人權文化園區〉，「當精神創傷由某一事件引發出不斷重複的痛苦，受害人所受到的創傷往往不只是身體上的，它會侵入到精神，在精神深處對受害人產生巨大影響，因此，創傷其實就是精神上的創傷」（（《世界資產保存學刊》，第17期），頁73-88，頁75）

蓋西伯拘而演周易；仲尼厄而作春秋；屈原放逐，乃賦離
騷；左丘失明，厥有國語；孫子髕腳，兵法修列；不韋遷
蜀，世傳呂覽；韓非囚秦，說難、孤憤。詩三百篇，大氐
賢聖發憤之所為作也。此人皆意有所鬱結，不得通其道，
故述往事，思來者。[22]

在面臨國家與個人重大災難之時，文人對於國家及自我的救濟辦
法，只能靠著勸諫君王、制定典章制度、教育學者、著書立說，
將自己的理念與懷想寄託在著作之中，以此傳播，發揮其忠義感
懷，進一步改變國家命運，以傳播在不同時空之中，達到對於國
君與百姓百代的「忠義」情懷表現。

　　王文進先生於〈南朝詩人的時空思維〉[23]提及了南朝詩人因
心懷故土，以致常有時空錯置之感，而利用時空錯置的書寫方
法，努力讓南朝的朝廷，成為歷史正統。加入許多漢代人物與
「長安」、「洛陽」地名，強調自己的漢人正統文化。

　　定都臨安的南宋仍然在主戰與主和之中徘徊不定，終至越戰
越敗，為元代所取代。這時期的朝廷全靠大臣輔佐訂定典章制
度，協助治理，君王瞭解主戰之不可行，但是朝廷又常為朝臣所
掌控，所以仍舊徘徊在主戰與主和之中。

　　我們運用這個角度來觀看主和與主戰之間，是否對於安邦定
國都有一體二面不同的貢獻。

22　（漢）司馬遷：〈司馬子長報任少卿書〉，收錄於（梁）蕭統編；（唐）李善
　　注：《文選》（上海市：上海古籍出版社，1986年），卷41，頁1864-1865。
23　王文進：〈南朝詩人的時空思維〉，《東華人文學報》第5期（2003年7月），頁
　　235-259。

第三節　歷史背景

筆者在《北宋詩歌論政研究》一書中，對於北宋朝廷政策和詩人論政態度的影響與文學風格轉變的關係，論及了北宋太祖、太宗、真宗、仁宗、英宗、神宗、哲宗、徽宗朝廷政策對於北宋文風的影響。當時的宋朝是朝廷政策影響文風，然而經由多次變法，收斂民間財富，以供給對於遼、金的戰役，終於導致北宋皇朝的失敗及靖康之難的發生。

無論北宋與南宋執政者與權臣，皆在主戰與主和之中徘徊不定，政策反覆不一之下，終究難逃國破家亡的慘劇。可以說較為穩定主和是在南宋高宗在位時，這時期的朝廷全靠大臣輔佐訂定典章制度，協助治理，君王瞭解主戰之不可行，因此主和的態度十分明確，進而才能重建南宋朝廷。宋高宗之後，君王與掌權大臣又常常在主和與主戰之間徘徊不定，對於元軍亦是如此，最終導致皇朝的滅亡。

本文探討的正是抗金的忠義文人，但是他們並不主戰，而是用文章典故協助王朝的重建，以文治代替戰亂，給予百姓最基本的庇護，達到文人的崇高使命。

王偉勇先生在《南宋詞研究》[24]一書中提及南宋朝廷的困境之一，便是當時的朝廷一直在主戰主和與主守之間爭辯，政策不定。

陳與義受宋徽宗、宋高宗二位君王重用，參與官制重建，為復興王朝有重要貢獻。汪藻於徽宗時，有〈君臣慶會閣〉三首，

---

24 王偉勇：《南宋詞研究》，臺北市：文史哲出版社，1987年。

受宋欽宗重用有《靖康要錄》之作，宋高宗賜團扇，受重用。程俱受宋高宗重用有《麟臺故事》之作。葉夢得受宋徽宗、高宗重用，在徽宗時對於穩固江山、對抗邊境、創建財政收入有具體戰功與實證。張嵲主要被宋高宗重用，特別的是他認為宋朝得以在南宋有中興的局面，是宋高宗與秦檜二人共同努力和議達到的碩大成果，所以有〈紹興中興復古詩〉加以歌頌。

當時朝廷內憂外患急待解決的問題有許多，新舊黨爭延續及立元祐黨人碑一事影響重大。

在外患已經無法忽視之時，徽宗在帝位爭奪勝出之後，一繼位便是下詔大赦天下，免去元祐黨人的罪行，以弭平黨爭傷口，卻在第二年改元崇寧之後，任用新黨領導者蔡京（1047-1126）為相，施政方向全面偏向熙寧、元豐年間變法。在徽宗崇寧元年（1102）五月，追貶已故的梁燾（1034-1097）、劉摯（1004-1098）、王巖叟（1044-1094）、司馬光（1019-1086）、文彥博（1006-1097）、蘇軾（1037-1101）等人；七月，甚至因為張耒（1054-1114）出面為蘇軾辦喪禮，有悲痛之情，而下詔治罪張耒；八月，更下詔嚴令不准舊黨人士子孫入京，甚至不允許擔任任何官職；到了九月，徽宗更親自書寫「元祐奸黨」名冊，將其名稱名於端禮門外。極力禁止舊黨人士影響朝廷變法。崇寧二年（1103）八月頒黨人姓名下監司長吏廳，總共刻上九十七人的名字，崇寧三年（1104）六月十七日，又加入章惇（1035-1105）、王珪（1019-1085）等哲宗元符年間反對立徽宗的新黨大臣，徽宗親書刻石於文德殿門東壁，確立黨人名單三百九人，當時已經亡故還被列入的如下：

曾任宰臣執政官有：司馬光（故）、文彥博（故）、呂公著

（故）、呂大防（故）、劉摯（故）、范純仁（故）、韓忠彥
（故）、梁燾（故）、王岩叟（故）、王存（故）、鄭雍（故）、傅
堯俞（故）、趙瞻（故）、韓維（故）、孫固（故）、范百祿
（故）、胡宗愈（故）、李清臣（故）、陸佃（故）、黃履（故）、
蔣之奇（故）。

　　曾任待制以上官：蘇軾（故）、范祖禹（故）、朱光庭
（故）、姚勔（故）、趙君錫（故）、馬默（故）、孔武仲（故）、
孔文仲（故）、吳安持（故）、錢勰（故）、李之純（故）、孫覺
（故）、鮮于侁（故）、趙彥若（故）、趙卨（故）、王欽臣
（故）、孫升（故）、李周（故）、王汾（故）、韓川（故）、顧臨
（故）、張問（故）、岑象求（故）、路衡昌（故）、董敦逸
（故）、葉濤（故）、秦觀（故）、杜純（故）、兗公適（故）、封
覺民（故）、張夙（故）、吳朋（故）、鄧忠臣（故）、葛輝
（故）、湯馘（故）、司馬康（故）、宋保國（故）、唐義問
（故）、孫諤（故）、王回（故）、呂希績（故）、吳儔（故）、歐
陽中立（故）、尹材（故）、葉伸（故）、吳處厚（故）、商倚
（故）、扈充（故）、李備（故）、王獻可（故）、王履（故）、李
永（故）、吳休復（故）、梁惟簡（故）、陳衍（故）、梁知新
（故）、李偉（故）、張茂則（故）、李偁（故）。

　　其中已故的文人達到八十人，足以得見在當時風雨飄搖的情
境，宋徽宗無法承受任何在朝廷內不同的聲音與輿論。牽連所及
至已故的官員及其人子孫親友，詔令宗室不得與名單內子孫及與
其相關者有通婚關係，若有已定而未過禮者，必須取消婚約。自
從崇寧元年（1102）七月，所頒布的詔書中規定只要在元祐年間
舊黨執政時期所立的法令全部無效。

　　宣和元年（1119）黃河以北百姓不堪忍受官府剝削，宋江（生卒年不詳）在梁山泊（今山東省梁山縣、鄆城縣間）爆發起義，震驚當時政府當局，直至宣和三年（1121）才平定。文學史上重要的著作《大宋宣和遺事》、《水滸傳》都是在記載這段歷史故事。

　　宣和二年，在南方則有方臘（？－1121）起義，這是以「花石綱」編組為導火線的起義。「花石綱」是運輸東南花石船隻的編組單位，擔負著當時為皇帝運輸奇花異石的皇家供需任務。然而在經濟與戰亂頻繁地當時，「花石綱」的官員仍不知體恤民間疾苦進行搜刮，導致人民苦不堪言。官逼民反，亂事很快就席捲影響了整個江南，宣和四年才全部平定，這個亂事在當時內憂外患的局勢之中，更加速北宋王朝的危亡速度。

　　神宗期間契丹陷於極度內亂之中，加上女真族的崛起對於契丹一族威脅日亟，契丹並沒有多餘的氣力侵擾宋室，所以宋室主要的邊疆外患只有西夏。

　　神宗在處理西夏的紛爭上，一開始是力求和平的。到了熙寧三年（1070）八月，夏人寇環、慶二州，朝廷以韓絳（1005-1088）為陝西宣撫使，並令種諤（1017-1083）襲擊西夏，夏人力抗。八年（1075）三月，夏人大敗宋軍，隨後改採主動出擊的政策。雖然因為主動興兵，熙寧、元豐年間宋軍得以獲得夏國的六座城堡，但是在靈州、永樂二役就死了六十餘萬人，而且二次戰端都是宋軍所挑起。

　　對於當時已經積弱不振的遼國，王安石採取安撫退讓的政策，當時的策略就是企圖藉由與遼國修好，精省對遼國戰爭的兵力與費用，補足對抗西夏的能量與戰勝力。為了因應連年用兵所

需的兵馬，神宗施行保甲法，是以邊牧百姓民間養馬取代戰時購買戰馬。保甲法減輕中央支援地方守護的財力與兵力，成為新法中重要的一環，這也是舊黨詩人詩歌之中，主要批判朝政認為朝廷興兵徵收民力支援邊疆戰事興兵好戰的主要原因。

元祐元年（1086）遣使封夏國國主秉常，並且商議歸還神宗時期所得夏國土地。元祐五年（1090）二月，宋朝歸還四地給夏國。這是司馬光等舊黨人士的主張，也是新黨人士深責元祐黨人割地辱國之處。

哲宗執政之後，再次復行保甲、保馬、募役法。夏朝國君在紹聖三年（1096）攻宋，直攻到獲得金明城才退兵。紹聖年間章惇主政後開始反擊，四年（1097）四月在邊境築平夏城，西夏因此攻擊平夏城，在此次戰役之中宋兵擊敗西夏，並斷絕年年給予夏國的歲幣，下令在邊境築城五十餘處，進一步開拓疆土與西夏對抗；八月呂惠卿（1032-1111）又收復了宥州，主動要求出兵出擊，收復威戎、威羌二座城池。元符元年（1098）再度重創西夏，在元符二年（1099）三月西夏與遼國商議，遼國協助夏國前來與宋哲宗議和。

宋徽宗時期邊疆政策亦是主戰，邊患更是無法解決。在蔡京擔任宰甫之時，對西夏的政策表現在積極建立城寨，擴充邊境版圖，近乎主戰的做法。崇寧四年夏人入侵，原因是宋人殺了放牧的夏人，這些原因同樣發生在宋徽宗企圖擴充疆土之上。夏兵與羌酋合力進逼宣威城，鄯州高永年出城抗禦，致使高永年被羌人擒獲，終至被殺。這群邊疆大軍復分大通、河橋二地進攻宋廷，新疆也陷入混亂不安的局勢。徽宗時的戰爭和宋神宗時期相似，多起於宋軍故意興起戰端，不願意以和談與歲幣方式獲得邊境安

寧。最後女真族崛起，王夫之（1619-1692）曾批評此時的宋代
朝廷，只知道用「奇」策，不知道加重本身的國防能力，加上主
動興兵，消耗國力，終於導致亡國受辱。

　　朝廷的揮霍，加上邊疆戰事連年，新法中的保馬法、募役法
又將軍費支出轉嫁到百姓身上，百姓為生活所苦，最終鋌而走險
恰因保甲法讓百姓有組織的集結成社，由是民亂四起。徽宗有鑒
於民亂四起，邊疆連年征戰，百姓稅賦加重，宣和三年（1122）
八月十二日才特別頒布聲明，朝廷政策在於「曲示拊綏」及「發
政以施仁」，因此對於亂民不加追究。二次掃平盜匪問題的評論
不僅表現在詩歌中，還成為說書的題材，日後更改編為戲劇。宋
朝地方兵力薄弱，導致水滸故事的興起，事實上戲劇與話本之所
以議論諷刺時事，也是學習詩歌議論朝政的精神，戲劇與話本中
間的韻文部分，正是詩歌論政的精神普及到民間創作的證實。25

　　葉夢得於宋高宗紹興八年九年協助君王規劃並聯合地方勢
力抗金：

　　（紹興）八年，除江東安撫制置大使兼知建康府、行宮留
　　守。又奏防江措畫八事：一、申飭邊備，二、分佈地分，
　　三、把截要害，四、約束舟船，五、團結鄉社，六、明審
　　斥堠，七、措置積聚，八、責官吏死守。又言建康、太平、
　　池州緊要隘口、江北可濟渡去處共一十九處，願聚集民兵，
　　把截要害，命諸將審度敵形，併力進討。金都元帥宗弼犯
　　含山縣，進逼歷陽，張俊諸軍遷延未發，夢得見俊，請速

---

25 林宜陵：《北宋詩歌論政研究》，頁61-90。

> 出軍，曰：『敵已過含山縣，萬一金人得和州，長江不可
> 保矣。』俊趣諸軍進發，聲勢大振，金兵退屯昭關。明
> 年，金復入寇，遂至柘皋，夢得團結沿江民兵數萬，分據
> 江津，遣子模將千人守馬家渡，金兵不得渡而去。[26]

成功集結地方數萬民兵力量，擊退南下的金軍，表現出安邦定國
的忠義形象正是〈文苑傳〉中明確平定戰亂的代表。顯現文人除
了用典章制度安定國家外，仍然可以帶兵保衛家國。在留守行宮
之時，提出多項協助穩定南宋江山的建議，下令部屬整理邊備，
做好地方劃分與權責工作，力守要害，管制船隻流動，團結地方
民兵力氣，選擇眺望敵方的重要碉堡，把既有的物資好好規劃，
要求官吏必須死守邊防。選擇十九處，聚集民兵，把截要害，隨
時觀察敵情。金人宗弼率軍進逼歷陽、張俊等，葉夢得說服張俊
出兵，宋軍才能力挽狂瀾，葉夢得進一步團結江邊民兵，終於促
使金兵退回。

　　葉夢得在擔任福建安撫史時平定了朱明海寇一案：

> 詔加觀文殿學士，移知福州，兼福建安撫使。海寇朱明猖
> 獗，詔夢得挾御前將士便道之鎮，或招或捕，或誘之相
> 戕，遂平寇五十餘群。然頗與監司異議，上章請老，特遷
> 一官，提舉臨安府洞霄宮。[27]

足以得見文人可以平定亂事，對於當時的國家政局是有具體幫助

---

26 錢建狀：《歷代文苑傳箋證（肆）》（南京市：鳳凰出版社，2012年），頁714。
27 錢建狀：《歷代文苑傳箋證（肆）》，頁714。

的。值得注意的是葉夢得二次的戰役都不是主動發起，是為了對
抗與平定亂事，而不是出兵攻戰。北宋皇朝在重大的內憂外患
中，縱使二帝用盡方法與金人和談，搜刮民間財務給予金代，京
城終究是為金代所攻陷，史冊記錄下徽、欽二帝與宗親被俘的歷
史血淚斑斑。本論文以〈文苑傳〉中五位文人陳與義、汪藻、程
俱、葉夢得、張嵲，觀看他們在面臨國家危亡之時，如何輔佐宋
高宗從無到有建立南朝政權，安定百姓與江山，如何在抗金的忠
義思想中，以大局為重，以詩、詞、文章紀錄史事及自己的見解
與想法，如何以著書立說重現宋廷的典章制度與朝廷威儀，這些
都足以為後代有志之士所重視與學習。

　　在西方，「圖像學研究」成為專門研究主題，（美）歐文‧潘
諾夫斯基在《圖像學研究：文藝復興時期藝術的人文主題》認
為，圖像學研究有三個層次總結[28]，就此解釋，如《宋史‧文苑
傳七》中的文人同樣經歷了靖康年間的變亂，本文將這些故事與
文體，組合成對於文學作品的歷史圖像，強調作者所表現的忠義
情懷。潘諾夫斯基先生也曾說明：

　　　　無論對中世紀文化的研究者，或者對文藝復興的圖像志研
　　　　究者而言，原點傳統都極為重要，古典主題的知識，尤其
　　　　是古典神話的知識是通過原典傳統流傳到中世紀，並延續
　　　　至今的。因為即使是15世紀的義大利，許多人獲得的古典
　　　　神話以及相關主題的概念，不是來自於純粹的古典文獻，

---

28 Panofsky Erwin著；戚印平、範景中譯：《圖像學研究：文藝復興時期藝術的
　　人文主題》（上海市：上海三聯書店，2011年），頁4-5。

而是源於形態繁雜而且常常錯誤極多的傳統。[29]

以此，本文所建立的《宋史‧文苑傳》中的南宋詩人，希望藉由當時各作家的原始典籍著作，瞭解其真正對於「忠義」情感的表現與呈現方式，還原本身的情感表達對於時代的貢獻。

由《宋史‧文苑傳》選錄標準中我們可以得見，值得思考的是真正的忠義之士非興起戰爭、陷國家與百姓於危難之地，真正的忠義是安邦定國之士。如果安邦定國卻興起戰事亦是不被容許的，如同童貫聯金滅遼，最終也被《宋史》列入奸臣。

元人脫脫編《宋史》，認定抗金主題值得被尊重的應該是忠君的思想，如果強烈的反胡人，以華夷分化，元脫脫則不收於〈文苑傳〉。

元人修史時，對於不利於元的史事多所隱藏。聞明與張林主編《史籍精華》一書中提到《宋史》缺點，也說到「元人修史中有關宋元戰爭的記錄，也多所刪削。隱諱不少蒙古軍失利的史實。如〈杜杲傳〉中刪削了蒙古軍在安車軍與廬州戰敗的紀錄。」[30]

另外值得一提的是，《宋史》並未將宋寧宗時史彌遠列入奸臣列傳，因為宋寧宗時韓侂胄違背隆興和議北伐金人，史彌遠殺韓侂胄為談和條件。完成與金人的談和，在元史中不認為殺了破壞和談條件的韓侂胄的史彌遠有所錯誤。

---

29 Panofsky Erwin著；戚印平、範景中譯：《圖像學研究：文藝復興時期藝術的人文主題》，頁17。
30 林之滿編：《中華文明之旅》（瀋陽市：遼海出版社，2011年），卷3，頁273。

第二章
「客子光陰詩卷裡，杏花消息雨聲中」的陳與義

　　陳與義在經歷靖康之難後，作品轉變顯示出如杜甫在安史之亂後的悲壯情感，戰爭帶來翻天覆地的變化，在苦難中的他依然不減憂國憂民的胸懷，從中可看出其忠義的形象。

　　《宋史》中形容陳與義（1090-1138）文學形象主要聚焦於：「與義容狀儼恪，不妄言笑，平居雖謙以接物，然內剛不可犯。其薦士於朝，退未嘗以語人，士以是多之。」[1]是一位嚴謹謙和的儒者，但也是剛正不阿形象，推薦他人，私下卻從來不告知別人，不私下與之結黨，因此士人多稱讚他。

　　《宋史》亦云：「尤長於詩，體物寓興，清邃紆餘，高舉橫屬，上下陶、謝、韋、柳之間。嘗賦墨梅，徽宗嘉賞之，以是受知於上云。」[2]其以詩見長，善於通過描摹事物來寄寓情致，風格清幽深遠、曲折婉轉，亦高揚而氣勢威猛。曾經因〈墨梅〉詩為徽宗所賞識。特別之處是〈文苑傳〉將其歸於「陶（淵明）、謝（靈運）、韋（應物）、柳（永）之間」的作品風格，這四位詩人都是處在亂世或危難之中，將滿心愁緒寄情於田園山水之間，表現出自己的高尚情懷，卻不忘關心朝政，如韋應物（737-

---

1　（元）脫脫等撰：《宋史》，卷445，〈文苑七〉〈陳與義〉，頁13130。
2　（元）脫脫等撰：《宋史》，卷445，〈文苑七〉〈陳與義〉，頁13130。

791）：「世事茫茫難自料，春愁黯黯獨成眠。身多疾病思故里，
邑有流亡愧俸錢。」[3]忽視自身的困苦處境，而為自己身為地方
官員，卻無法保護百姓而至於流亡所苦。這樣不以一己的辛苦為
思考主軸，卻關心黎民百姓的安危作品，正是元代史官編〈文苑
傳〉所重視的主旨。

陳與義的作品貴在經歷靖康之難後，能寫出如杜甫安史之亂
後的悲壯情懷，如同錢鍾書所說：「宋代詩人遭遇到天崩地塌的
大變動，在流離顛沛中，纔深切體會出杜甫詩裡所寫安史之亂的
境界，起了國破家亡，天涯淪落的同感，先前只以為杜甫『風雅
可師』，這時更認識他是個患難中的知心伴侶。……詩人要抒寫
家國之痛，就自然而然效法杜甫這類蒼涼悲壯的作品。」[4]用
「悲壯」而非用「悲憤」形容正是用語得當，如同劉克莊《後村
詩話》云：「（陳與義）造次不忘憂愛，以簡潔掃繁縟，以雄渾代
尖巧，第其品格，故當在諸家之上。」[5]陳與義的詩歌所顯現的
正是一種深沉的「憂愛」所憂是北方家園的百姓與徽、欽二帝，
更是南方偏安之地的危亡及高宗朝廷的穩固；所愛的是當然是朝
廷的君王與黎民百姓。

3　（唐）韋應物：〈寄李儋元錫〉：「去年花里逢君別，今日花開又一年。世事茫
　　茫難自料，春愁黯黯獨成眠。身多疾病思田裡，邑有流亡愧俸錢。聞道欲來
　　相問訊，西樓望月幾回圓。」收錄於（清）彭定求編：《全唐詩》（北京市：
　　中華書局，1960年），第6冊，卷188，頁1920。

4　錢鍾書：《宋詩選註》（臺北市：木鐸出版社，1980年），頁146-148。

5　（宋）劉克莊：《後村詩話》（北京市：中華書局，1983年），前集卷2，頁
　　27。

第一節　受命於危難之際

　　《宋史》對於陳與義生平的描述，主要在如何受命於危難之際：

一　蜀地眉山名門陳希亮之後

> 陳與義，字去非，其先居京兆，自曾祖希亮始遷洛。故為
> 洛人。與義天資卓偉，兒時已能作文，致名譽，流輩斂衽，
> 莫敢與抗。[6]

　　陳與義曾祖父陳希亮[7]（1014-1077）曾為蘇軾（1037-1101）長官，是一位正直嚴謹的官員，《宋史》稱其：「見義勇發，不計禍福」、「為政嚴而不殘，其良吏與」。[8]依當時元祐黨禁止蜀黨官員宮中任職而推論出陳與義應當是極受徽宗趙佶喜愛，才得以位居要職，更可以瞭解陳與義心懷故主的原因。

二　由太常博士轉為掌管內外廷符璽的重要職務

> 登政和三年上舍甲科，授開德府教授。累遷太學博士，擢
> 符寶郎，尋謫監陳留酒稅。[9]

6　（元）脫脫等撰：《宋史》，卷445，〈文苑七〉〈陳與義〉，頁13129。
7　（元）脫脫等撰：《宋史》，卷298〈列傳五七〉〈陳希亮〉，頁9922。
8　（元）脫脫等撰：《宋史》，卷298〈列傳五七〉〈陳希亮〉，頁9923。
9　（元）脫脫等撰：《宋史》，卷445，〈文苑七〉〈陳與義〉，頁13129。

政和三年（1113）考中進士，授開德府教授，屢次升官為太學博士。後升為符寶郎，掌外廷符璽。[10]欽宗靖康元年（1126）宰相王黼被罷，陳與義為同黨而遭牽連，因此欽宗時期陳與義被貶，改監陳留一地酒稅。

三 受命「兵部員外郎」，總理南渡兵務

> 及金人入汴，高宗南遷，遂避亂襄漢，轉湖湘，逾嶺嶠。久之，召為兵部員外郎[11]。紹興元年夏，至行在。遷中書舍人，兼掌內制。拜吏部侍郎，尋以徽猷閣直學士知湖州。召為給事中。駁議詳雅。又以顯謨閣直學士提舉江州太平觀。被召，會宰相有不樂與義者，復用為中書舍人、直學士院。六年九月，高宗如平江，十一月，拜翰林學士、知制誥。[12]

靖康之難，宋高宗繼位（1127），他從陳留南逃避亂，經河南、河北、湖南、廣西、福建等地，於紹興元年到達當時行在地會稽，歷任兵部員外郎、中書舍人、吏部侍郎，出知湖州，入為給事中、翰林學士等職位。

---

10 趙得義、洪興明主編：《中國歷代官制辭典》（北京市：團結出版社，1999年），頁128。

11 兵部頭司主官為兵部郎中，副主官為兵部員外郎。俞鹿年編著：《中國官制大辭典》（哈爾濱市：黑龍江人民出版社，1992年），頁1034。

12 （元）脫脫等撰：《宋史》，卷445，〈文苑七〉〈陳與義〉，頁13129-13130。

四　尊主威而振綱紀

> 七年正月，參知政事，唯師用道德以輔朝廷，務尊主威而
> 振綱紀。時丞相趙鼎言：「人多謂中原有可圖之勢，宜便
> 進兵，恐他時咎今日之失機。」上曰：「今梓宮與太后、
> 淵聖皆未還，若不與金議和，則無可還之理。」與義曰：
> 「若和議成，豈不賢於用兵，萬一無成，則用兵必不免。」
> 上曰：「然。」三月，從帝如建康。明年，扈蹕還臨安。
> 以疾請，復以資政殿學士知湖州，陛辭，帝勞問甚渥，遂
> 請閑，提舉臨安洞霄宮。十一月，卒，年四十九。[13]

宋高宗紹興六年（1136）為宋高宗所重用，七年（1137）曾經與
當時宰相有所辯論，許多研究陳與義的學者，站在認為華夷之分
主戰才是正確的歷史觀點，認為〈文苑傳〉所記載的陳與義這一
段話，是消極的主戰思想。但細觀陳與義此段對話所指，其實是
反對主戰的，明確主張和議，和議不成才不得不戰，所以說「若
和議成，豈不賢於用兵」。

第二節　以文學傳達報國之心

劉辰翁〈簡齋集原序〉曰：

> 無論工拙，惡忌矜持。「瞻彼日月」，不在情景入玄。「彼

13　（元）脫脫等撰：《宋史》，卷445，〈文苑七〉〈陳與義〉，頁13130。

黍離離」，不分奇聞異事，流蕩自然，要以暢極而止。彼
「訏謨定命，遠猶辰告」，雖為德人深政，若論其感發濃
至，故不如「昔我往矣，楊柳依依」之句。比之柔腸易
斷，復何以學問著力為哉！詩至晚唐已厭，至近年江湖又
厭，謂其和易如流，殆於不可莊語，而學問為無用也。荊
公妥帖排奡，時出經史，然體格如一，及黃太史岸然特出
新意，真欲盛用萬卷，與李、杜爭能於一辭一字之頃。其
極至寡情少恩，如法家者流。余嘗謂晉人語，言使一用為
詩，皆當掩出，古今無他真故也，世間用事之妙韓淮陰所
謂，是在兵法諸君未知者，豈可以馬尾而數蟲魚而注哉。
後山自謂黃出，理實勝黃。其陳言妙語乃可稱破萬卷者，
然外枯槁又如息夫人絕世一笑自難。惟陳簡齋以後山體
用，後山望之蒼然而光景明麗、肌骨勻稱，古稱陶公用兵
得法外，意以簡齋視陳黃節制亮無不及，則後山視簡齋刻
削尚似矜持未盡去也。吾執鞭古人豈敢云獨為簡齋放言，
或問宋詩簡齋至矣。畢竟比坡公何如曰詩道，如花論高品
則色不如香，論逼真則香不如色。盧陵須溪劉辰翁序。[14]

劉辰翁（1232-1297）認為，詩不論精緻或樸拙，一以放縱無拘
束，通達胸懷而後止。詩人取資於學問，但若對己之不平或真情
流露之辭未能有所發，作品就難以涵具渾然天成的美感。他的論
詩標準，在於感發情志與引用典故之間的平衡。他先指出當時的

---

14 （元）劉辰翁撰；段大林校點：《劉辰翁集》（南昌市：江西人民出版社，
  1987年），卷15，頁440。

江湖詩派學識不夠，繼而批評王安石雖以經史為根基，但體例格調缺少變化，黃庭堅變化求新，但卻過於無情，如法家。僅陳師道二者兼之，但是用語不夠明淨自然，只有陳與義符合他的這一標準，即內容情感上的「真」和詩風表現出來的內外勻稱、光景明麗。而在其作品中，充分顯示其報國心切之意，以下分析之。

一　「草草檀公策，茫茫杜老詩」宗杜甫安史之亂後詩

經歷了靖康之難之後，陳與義與江西詩派宗杜甫格律不同，反而重視杜甫安史亂後詩中所顯現的愛國忠義精神。陳與義在江西詩派是宗杜詩，然所宗杜詩是安史之亂後的杜詩，和江西詩派尊杜詩宗其拗救與格律有別。〈發商水道中〉一詩說明自己與杜甫相同的愛國與思鄉心志：

> 商水西門語，東風動柳枝。年華入危涕，世事本前期。草草檀公策，茫茫杜老詩。山川馬前闊，不敢計歸時。[15]

在危難之中身負朝廷重任，文人只能力振綱紀，維護朝廷綱紀與體統，對於未來充滿不確定性，用了檀道濟（？-436）隨南朝宋高祖北伐的典故，表示自己倉促之間必要擬定如檀道濟安邦定國的征戰之策，「山川馬前闊，不敢計歸時」更表現出當時朝廷當

15　（宋）陳與義著；白敦仁校箋：《陳與義集校箋》（杭州市：浙江古籍出版社，2014年），頁387。

局瞭解北伐實力差距之大，更無可能再收回北方江山。由陳與義
的這首詩歌中我們更可以瞭解，他沒有積極主張北伐的原因，宋
高宗與秦檜（1091-1155）主張和議的理由，實在是實力的懸
殊，在後代歷史的史書中，也就可以體諒為何主戰的岳飛
（1103-1142）與韓侂冑（1152-1207）被南宋朝廷犧牲的原因與
理由。這也是陳與義被認為忠義愛國又明白時政與道理，得以列
入文苑傳原因。

二　簡齋體自成一家主因

　　嚴羽《滄浪詩話》在「以人而論」詩體時，將陳與義的詩稱
為「陳簡齋體」，奠定了陳與義在宋詩中的地位[16]，文中並未說明
在江西詩派外可以自成一家原因。丁儀（生卒年不詳）《詩學淵
源》中說明：「陳與義，字去非，號簡齋，汝州葉縣人。登上舍

---

16 以人而論，則有蘇、李體李陵、蘇武也，曹、劉體子建、公幹也，陶體淵明
　也，謝體靈運也，徐、庾體徐陵、庾信也，沈、宋體佺期、之問也……，陳
　拾遺體陳子昂也，王楊、盧、駱體王勃、楊炯、盧照鄰、駱賓王也，張曲江
　體始興文獻公九齡也，少陵體，太白體，高達夫體高常侍適也，孟浩然體，
　岑嘉州體岑參也、王右丞體王維也，韋蘇州體韋應物也，韓昌黎體，柳子厚
　體，韋、柳體蘇州與儀曹合言之，李長吉體，李商隱體即西崑體也、盧仝
　體、白樂天體、元白體、微之、樂天，其體一也，杜牧之體，張籍、王建體
　謂樂府之體同也，賈浪仙體，孟東野體，杜荀鶴體，東坡體，山谷體、後山
　體後山本學杜，其語似之者但數篇，他或似而不全，又其他則本其自體耳、
　王荊公體公絕句最高，其得意處，高出蘇、黃、陳之上，而與唐人尚隔一
　關、邵康節體、陳簡齋體陳去非與義也。亦江西之派而小異、楊誠齋體其初
　學半山、後山，最後亦學絕句於唐人。已而盡棄諸家之體，而別出機杼，蓋
　其自序如此也。收錄於（宋）嚴羽著；郭紹虞校釋：《滄浪詩話校釋》（北京
　市：人民文學出版社，1961年），卷2，〈詩體〉，頁58-59。

甲科，累官至翰林學士，知制誥，參知政事。少學詩於崔德符，問學詩之要，曰：『工拙所未論，大要忌俗而已。』天分既高，用心亦苦，晚年益工，號稱新體。」[17]陳與義自成一家是在晚年之時，因其「用心亦苦」，這用心亦苦所指的是在晚年所作的詩歌之中，如何因為安定朝廷民心，將忠義愛國的悲壯隱化成一種內斂的深沉情感。

　　由本段引用中可以得知陳與義的「簡齋體」，其原因在於晚年受靖康之難的影響，悲壯之氣終造就歷史上獨立地位。

　　丁儀又云：「劉後村評其詩以老杜為師，在諸家之上。然吾讀其詩，五七言古詩歌行與杜迥別，間有佳篇，亦猶北宋諸人耳。殊未能逸倫超群也，晚年較勝，則似長慶，其〈懷智老詩〉：『客子光陰詩卷裏，杏花消息雨聲中』，當時傳誦，實則格調已是晚唐，且統篇不稱，然則古今豈有定評哉」[18]，文中說明其詩歌雖學習杜甫的精神，但由其詩風已可見晚唐皇朝暮色之氣與氛圍，由這一段說明中我們更可以證實，陳與義身居朝廷要員，所以明確知道由於實力的懸殊，北伐已經沒有任何希望，只能穩住朝廷以顧及南方百姓的安全。對於北方君王的忠義之情，只能轉為詩中寄託遙念北方家園的圖像。

　　陳建華先生說：「陳與義的詩，學杜甫律體，於黃庭堅、陳師道（1053-1101）之外，『一洗舊常畦徑』（葛勝仲序），得杜甫之宏亮沉著的聲調節奏，而為黃、陳所不及。期後期詩作，更受杜詩影響，而以憂國傷時之作多，有雄闊慷慨之風，例如〈傷

---

17 丁儀：《詩學淵源》，收錄於《民國時期文學研究叢書》（臺中市：文听閣圖書公司，2011年），第一編第75冊，卷8，頁63-64。
18 丁儀：《詩學淵源》，卷8，頁64。

春〉詩，直接斥責『廟堂無策可平戎』，為最具代表的愛國詩篇。」[19]這一段中也說明了陳與義學杜甫之處，但是如果說是「斥責」，這與陳與義史書中所載的人物個性與詩歌本身的風格是有距離的，如〈傷春〉及〈送人歸京師〉：

> 廟堂無計可平戎，坐使甘泉照夕烽。初怪上都聞戰馬，豈知窮海看飛龍。孤臣霜髮三千丈，每歲煙花一萬重。稍喜長沙向延閣，疲兵敢犯犬羊鋒。[20]
> 門外子規啼未休，山村落日夢悠悠。故園便是無兵馬，猶有歸時一段愁。[21]

二首詩可一起判讀，可知正因為處於朝廷中央，知道敵我實力的差異巨大，自責無經世濟民之力，可以帶領「疲兵」應戰，所以只能在南方夢境之中，思念北方的家國，但幸喜長沙有個抗金的將領向子諲（1085-1152）。而「故園便是無兵馬，猶有歸時一段愁」只能滿懷愁緒，不忘自己的家國。雖然在南方盡心協助著宋高宗，卻也不忘北方國土淪喪、南北分裂以及同樣對於自己賞識的故主徽宗，故仍以「孤臣」自稱。

　　本論文認為，陳與義詩中所彰顯的忠義與愛國圖像，並不是「捨身取義」、「不破樓蘭終不還」似的鏗鏘有力的人物與作品圖像，正確地來說，是一種明知道北方家園與曾效忠的徽、欽二帝

---

19 陳建華：《汪元量及其詩詞研究》（臺北市：秀威資訊科技公司，2004年），頁2-40。

20 （宋）陳與義著；白敦仁校箋：《陳與義集校箋》，頁701。

21 （宋）陳與義著；白敦仁校箋：《陳與義集校箋》，頁701。

已經是不可回顧的過去，自己雖未因此而沈迷於南方安定生活，但總是滿懷著無法忘卻國君仍在北方受苦的遺憾。用一種心理時空錯置的框架，站在北方家國的廢墟前，面對眾人漂泊、離散的生命，及流逝無法返回的時間之河，記載著過往的生活；或以古喻今的手法，遙想懷念著北方君王、百姓與地景。

第三節 知遇之忠——因詩作得徽宗、高宗賞識

一 以「墨梅」詩句得徽宗賞識

葛勝仲《丹陽集》卷八〈陳去非詩集序〉云：

> 參知政事西洛陳公諱與義，少踔屬不群，篇籍之在世者無不讀，既讀輒記不忘。政和三年以上舍解褐分教輔郡益沉酣書傳大肆於文詩，天分既高，用心亦苦，務一洗舊常畦徑，意不拔俗，語不驚人不輕出也。宣和中，徽宗皇帝見其所賦〈墨梅〉詩善，亟命召對，有見晚之嗟。遂登冊府擢掌符璽，向進用矣。會兵興搶攘避地湘廣，泛洞庭，上九疑羅浮，雖流離困厄，而能以山川秀傑之氣，益昌其詩。故晚年賦詠尤工，搢紳士庶爭傳誦。而旗亭傳舍摘句題寫殆徧號稱「新體」。今天子夢想名士以臺郎召還，以詩文被簡注徧掌內外翰無幾，何遽以器業預政。所謂詩能達人，公殆其一也，彼有「旌殿閣微涼之句」，而親題禁

苑賞春城飛花之句，而擢守宣城者誠么膺不足道。[22]

另前述《宋史》有云：「嘗賦墨梅，徽宗嘉賞之，以是受知於上云。」〈墨梅〉五首全名為〈和張規臣水墨梅五絕〉，為陳與義成名之作，張規臣為其表兄，此詩於政和八年（1118）與義二十九歲時所著。宣和二年（1120），陳與義的母親在汝州辭世。服喪期間，為知州即詞人葛勝仲（1072-1144）所知。宣和四年（1122），他入京任太學博士。宣和五年（1123），藉由葛勝仲的引薦，以陳與義詩進獻徽宗，得到賞識任用，除秘書省著作佐郎。是以葛勝仲特別說明了陳與義是以詩歌顯達得到天下名聲，也是其詩名遠播的主要原因。

因為以〈墨梅〉詩得徽宗賞識，故對詩作加以分析之：

巧畫無鹽醜不除，此花風韻更清姝。從教變白能為黑，桃李依然是僕奴。[23]

寫的是意，強調在「墨」，以此對比彩繪極盡雕琢的其他畫作，如同醜女無鹽[24]才須彩繪，以「墨梅」因其高潔本質，所以無需彩繪。

病見昏花已數年，只應梅蕊固依然。誰教也作陳玄面，眼

---

22 （宋）葛勝仲：〈陳去非詩集序〉，《丹陽集》，收錄於《景印文淵閣四庫全書》
　　（臺北市：臺灣商務印書館，1983年），第1127冊，卷8，頁9。
23 （宋）陳與義著；白敦仁校箋：《陳與義集校箋》，頁97。
24 無鹽女典故取戰國時齊國無鹽鍾無艷，此取其外貌之醜。

亂初逢未敢憐。[25]

「陳玄」是墨的別稱。墨色黑，存放年代越陳越佳，以自己眼力雖已經不好，未細看時，不知此墨所顯現的美感與意境。

粲粲江南萬玉妃，別來幾度見春歸。相逢京洛渾依舊，唯恨緇塵染素衣。[26]

「萬玉妃」指雪花，「粲粲江南萬玉妃」指的是雪花飄落中所開的梅花，更見其明亮，轉而形容了春天要來的氣象。用了陸機（西元261-303年）詩句「京洛多風塵，素衣化為緇」[27]的典故，以形容墨梅與自己不變的高潔本性，不因外物有所影響。

題詩他人所畫墨梅，還有〈次韻何文縝題顏持約畫水墨梅花二首〉[28]，題注說明：「文縝名桌，仙井監人，政和中廷試為天下第一，欽宗朝任右僕射。持約名博文，靖康初為中書舍人。」「窗間光影晚來新，半幅溪藤萬里春。從此不貪江路好，剩拚心力喚真真。」「奪得斜枝不放歸，倚窗承月看熹微。墨池雪嶺春俱好，付與詩人說是非。」

---

25 （宋）陳與義著；白敦仁校箋：《陳與義集校箋》，頁99。

26 （宋）陳與義著；白敦仁校箋：《陳與義集校箋》，頁100。另外有其四：「含章簷下春風面，造化功成秋兔毫。意足不求顏色似，前身相馬九方皋」。其五：「自讀西湖處士詩，年年臨水看幽姿。晴窗畫出橫斜影，絕勝前村夜雪時。」

27 （晉）陸機：〈為顧彥先贈婦二首〉，收錄於（陳）徐陵編；（清）吳兆宜注、程琰刪補；穆克宏點校：《玉臺新詠箋注》（北京市：中華書局，1985年），卷3，頁100。

28 （宋）陳與義著；白敦仁校箋：《陳與義集校箋》，頁309。

金代王若虛（1174-1243）《滹南集》記載此事：

楊軒〈牡丹〉云：「楊妃歌舞態，西子巧讒魂，利劍斫不
斷，餘妖鍾此根。」東坡詠酴醾，以「吳宮紅粉」命意，
而終之曰：「餘妍入此花。」山谷詠桃花，以「九疑萼綠
華」命意，而終之曰：「猶記餘情開此花。」詠水仙，以
「凌波仙子」命意，而終之曰：「種作寒花寄愁絕。」是
皆以美人比花，而不失其為花。近世士大夫，有以〈墨梅
詩〉傳於時者，其一云：「高髻長眉滿漢宮，君王圖上按
春風，龍沙萬里王家女，不著黃金買畫工。」其一云：
「五換鄰鐘三唱雞，雲昏月淡正低迷，風簾不著闌干角，
瞥見傷春背面啼。」予嘗誦之於人，而問其詠何物，莫有
得其髣髴者；告以其題，猶惑也。尚不知為花，況知其為
梅，又知其為畫哉！自「賦詩不必此詩」之論興，作者誤
認而過求之，其弊遂至於此，豈獨二詩而已！東坡〈眉石
硯〉、〈醉道士石〉等篇，可謂橫放而曠遠，然亦未嘗去題
也；而論者猶戒其專力於是，則秉筆者，曷少貶乎？
予嘗病近世〈墨梅〉二詩以為過，及觀《宋詩選》，陳去
非云：「粲粲江南萬玉妃，別來幾度見春歸。相逢京洛渾
依舊，祇有緇塵染素衣。」曹元象云：「憶昔神遊姑射
山，夢中栩栩片時還，冰膚不許尋常見，故隱輕雲薄霧
間。」乃知此弊有自來矣。[29]

---

[29] （金）王若虛：《滹南集》，收錄於《景印文淵閣四庫全書》，第1190冊，卷
40，頁8-9。

由此得以瞭解雖然王若虛是不認同的，但是陳與義的〈墨梅〉詩作因為受到宋徽宗（1082-1135）重視，已成為當朝詠花作品典範。

《滹南詩話》所說被陳與義影響的是金朝詩人劉仲尹（生卒年不詳）所寫〈墨梅〉十一首之八：「高髻長蛾滿漢宮，君王圖玉按春風。龍沙萬里王家女，不著黃金買畫工。」[30]這一首詩指的是畫，主要強調寫畫的影響之力，寫的是陳與義以〈墨梅〉見知於徽宗，但是對比之下王昭君卻因為畫工畫不出其意態而被送往蠻荒之地和親。

二　以「客子光陰詩卷裡，杏花消息雨聲中」詩句得高宗賞識

宋高宗紹興五年（1135）冬天，陳與義作〈懷天經、智老因訪之〉：

> 今年二月凍初融，睡起苕溪綠向東。客子光陰詩卷裡，杏花消息雨聲中。西菴禪伯還多病，北柵儒先只固窮。忽憶輕舟尋二子，綸巾鶴氅試春風。[31]

這一年，宋徽宗在北方病故，陳與義也因病辭去官職居住在青墩，詩中「客子光陰詩卷裡，杏花消息雨聲中」見賞於宋高宗，

30　（金）元好問：《中州集》（上海市：中華書局上海編輯所，1959年），頁106。
31　（宋）陳與義著；白敦仁校箋：《陳與義集校箋》，頁816。

此二句寫出了自己不忘靖康之難造成的流離失所，春天年復一年，年年都希望有好的消息傳來，詩中所顯現的憂愛之情，也正反映出了宋高宗的期盼心境。

第四節　各時期作品的特色

《靈谿詞說》[32]中考證，紹興五年六月，被俘虜至北方的宋徽宗過世之時，陳與義以病告假，不久，擔任顯謨閣直學士，提舉江州太平觀，居住在湖州青墩鎮壽聖院塔下，紹興六年六月被召為中書舍人，紹興八年八月復知湖州，又以疾病請求提舉臨安府洞霄宮，居住於青墩鎮僧舍，稱「無住」齋。由此可以瞭解《無住詞》中的「無住」二字，以得知陳與義的忠義愛國情懷。

更因為陳與義詞作留傳至今只有十八首，詞作中多有滿懷思念北方的愁緒，本文參考徐淑娟先生在〈陳與義《無住詞》內容分期和特色析論〉[33]一文，將陳與義作品依《無住詞》詞作內容分為四期，融入詩歌作品，進一步加入第五期紹興七年之後跟隨宋高宗到建康城，特別刻畫出陳與義一心為國，在朝廷中對宋高宗諫言的忠義圖像，分析不同時期中作品所顯現的忠義憂愛圖像。

---

32 繆鉞、葉嘉瑩合著：《靈谿詞說》（臺北市：正中書局，2013年），頁353。
33 徐淑娟：〈陳與義《無住詞》內容分期和特色析論〉，《修平人文社會學報》第
　　11期（2008年9月），頁35-54。

一　靖康之難前的作品

陳與義二十四歲及第，任職文林郎，靖康之難前共三十七年時間在北宋，任職十四年官職。有〈法駕導引〉三首，〈法駕導引〉序言曰：「世傳頃年都下市肆中，有道人攜烏衣椎髻女子，買斗酒獨飲，女子歌詞以侑。凡九闋，皆非人世語。或記之，以問一道士。道士驚曰：『此赤城韓夫人所制〈水府蔡真人法駕道引〉也，烏衣女子疑龍云。得其三而忘其六，擬作三闋。」

> 朝元路，朝元路，同駕玉華君。千乘載花紅一色，人間遙指是祥雲。回望海光新。東風起，東風起，海上百花搖。十八風鬟雲半動，飛花和雨著輕綃。歸路碧迢迢。簾漠漠，簾漠漠，天澹一簾秋。自洗玉舟斟白醴，月華微映是空舟。歌罷海西流。[34]

此詞作中並未言國家危亡之語，宋代皇帝皆崇道教，宋徽宗政和七年（1117）加封自己為「教主道君皇帝」，故相關的傳說故事可見一斑。此詞經白敦仁考證，當是靖康以前在東京時所作[35]，但是由詞序所言，應為以此記所見奇異之事。就詞作內容而論，「歸路碧迢迢」、「歌罷海西流」等句，都有一種對於過往北方家園及國君的思念。

此時期的詩作據《陳與義集校箋》中所形容的，當時朝廷情

34　（宋）陳與義著；白敦仁校箋：《陳與義集校箋》，頁835。

35　（宋）陳與義著；白敦仁校箋：《陳與義集校箋》，頁836。

勢已有山雨欲來風滿樓的氣氛[36]，如作於宋徽宗政和七年（1117）〈江南春〉、〈蠟梅〉二詩：

> 雨後江上綠，客愁隨眼新。桃花十里影，搖蕩一江春。朝風迎船波浪惡，暮風送船無處泊。江南雖好不如歸，老鸛遠牆人得肥。

> 智瓊額黃且勿誇，回眼視此風前葩。家家融蠟作杏蔕，歲歲逢梅是蠟花。世間真偽非兩法，映日細看真是蠟。我今嚼蠟已甘腴，況此有味蠟不如。只愁繁香欺定力，薰我欲醉須人扶。不辭花前醉倒臥經月，是酒是香君試別。[37]

當時陳與義在東京洛陽，朝廷重用蔡京（1047-1126）、童貫（1054-1126）、梁師成（？-1126）、王黼（1079-1126）等人結黨，由這二首詩作中陳與義的用語，已可以感受到其目睹國家弊習，卻無計可施的愁緒。「朝風迎船波浪惡，暮風送船無處泊」二句以入京船行險惡狀況，寫出自己擔憂險峻狀況下的國家朝政，所以有「江南雖好不如歸」之嘆。「家家融蠟作杏蔕」、「世間真偽非兩法」則形容奸臣唯利是圖，唯勢是從。

宋徽宗宣和四年（1122）時所作〈述懷呈十七家叔〉[38]，更

---

36 （宋）陳與義著；白敦仁校箋：《陳與義集校箋》，頁1145。

37 （宋）陳與義著；白敦仁校箋：《陳與義集校箋》，頁48-50。

38 兒時學道逃悲歡，只今未免憂饑寒。浮生萬事蟻旋磨，冷官十年魚上竿。竹林步兵亦忍辱，長安閉門出無僕。門前故人擁廬兒，政坐向來甘碌碌。公不見古人有待良不多，利名溺人甚風波。垂露成幃仲長統，明月為燭張志和。塵中別多會日少，世事欲談何可了。胸中萬卷已無用，勸公留眼送飛鳥。雨

可看出陳與義對於國家的憂愛之情。詩中提到十年為官已是三十三歲，但是陳與義沒有任何機會改變歷史，「塵中別多會日少，世事欲談何可了。胸中萬卷已無用，勸公留眼送飛鳥。」所有治國的想法，皆因不得進獻而無能為力，所以寫出心中的急切與擔憂情感。

　　另在同年春自汝州歸洛陽有〈虞美人〉，詞題標示為：「亭下桃花盛開做長短句」，詞作中寫出對於洛陽城的懷念：

> 十年花底承朝露，看到江南樹。洛陽城裡又東風，未必桃花得似、舊時紅。燕脂睡起春才好，應恨人空老。心情雖在只吟詩，白髮劉郎孤負、可憐枝。[39]

此詞作表面寫的是桃花，實則如同李白〈月下獨酌〉[40]劉禹錫〈元和十一年自朗州召至京戲贈看花諸君子〉[41]二首詩的寓意，以「桃花」借比士子文人，首句開頭即說自己已深受朝廷恩澤十

翁觀光今幾時，賦歸有約時已稽。未暇藏身北山北，且須覓地西枝西。願從我翁歸洗耳，不用妓女汙山水。肩輿亦莫要僕夫，自有門生與兒子。（宋）陳與義著；白敦仁校箋：《陳與義集校箋》，頁223。

39　（宋）陳與義著；白敦仁校箋：《陳與義集校箋》，頁838。

40　（唐）李白〈月下獨酌四首〉：「花間一壺酒，獨酌無相親。舉杯邀明月，對影成三人。月既不解飲，影徒隨我身。暫伴月將影，行樂須及春。我歌月裴回，我舞影零亂。醒時同交歡，醉後各分散。永結無情遊，相期邈雲漢。」收錄自（清）彭定求編：《全唐詩》（北京市：中華書局，1960年），第6冊，卷182，頁1853。

41　（唐）劉禹錫〈元和十一年自朗州召至京戲贈看花諸君子〉：「紫陌紅塵拂面來，無人不道看花回。玄都觀裡桃千樹，盡是劉郎去後栽。」（清）彭定求編：《全唐詩》，第11冊，卷365，頁4116。

年，去洛十年，對於洛陽的桃花念念難忘。整首詞的結尾在「白髮劉郎孤負、可憐枝」，寫的正是劉禹錫〈再遊玄都觀〉[42]再次歸來發現當時朝廷的官員人事已全非的景況。對於十年任職朝廷官員，無法一展報負，深有所感。

二 金兵南侵時期

宋高宗建炎元年（1127）〈感事〉：

> 喪亂那堪說，干戈竟未休。公卿危左衽，江漢故東流。風斷黃龍府，雲移白鷺洲。云何舒國步，持底副君憂。世事非難料，吾生本自浮。菊花紛四野，作意為誰秋。[43]

「喪亂那堪說」從《詩・大雅・桑柔》導出，原為勸諫君王要安民保民的詩，這裡卻寫出無法做到而深深的自責之意，「云何舒國步，持底副君憂」更是坦露出自己努力想辦法協助國君、安定國土的願望。「風斷黃龍府，雲移白鷺洲。」用一北一南的空間地名，呈現出朝廷南遷時的驚慌，徽欽二帝至此無法歸來，為宋

---

42 （唐）劉禹錫〈再遊玄都觀〉（并引）：「余貞元二十一年為屯田員外郎時，此觀未有花。是歲出牧連州，尋貶朗州司馬。居十年，召至京師，人人皆言，有道士手植仙桃，滿觀如紅霞，遂有前篇以志一時之事。旋又出牧，今十有四年，復為主客郎中。重遊玄都觀，蕩然無復一樹，唯兔葵燕麥動搖於春風耳。因再題二十八字，以俟後遊，時大和二年三月。」「百畝庭中半是苔，桃花淨盡菜花開。種桃道士歸何處，前度劉郎今又來。」（清）彭定求編：《全唐詩》，第11冊，卷365，頁4116。

43 （宋）陳與義著；白敦仁校箋：《陳與義集校箋》，頁476。

朝南遷的歷史重大創傷記憶。

宋高宗建炎二年（1128）〈聞王道濟陷虜〉：

> 海內堂堂友，如今在賊圍。虛傳袁盎脫，不見華元歸。浮世身難料，危途計易非。雲孤馬息嶺，老淚不勝揮。[44]

在南遷途中聽聞好友王道濟（生卒年不詳）被俘虜，流露出對於無法盡朋友之義，拯救王道濟的自責。他用了「袁盎」、「華元」二個典故，希望王道濟能脫險。袁盎（生卒年不詳）是漢文帝、景帝時的人物，獻策使漢景帝（B.C. 188-B.C. 141）殺晁錯（B.C. 200-B.C. 154），之後出使吳國，吳王想要重用袁盎，袁盎不願歸順，於是逃亡而最終逃脫。華元典故則是《左傳》宣公二年，宋國華元（生卒年不詳）被楚國俘虜之後，宋準備贖回華元，最後華元自行逃歸，這二個典故都是期待王道濟可以在被金兵俘虜後平安歸來。亦感嘆世事滄桑，藉此抒發滿懷憂國憂民的悲憤之情。

另外有〈登岳陽樓二首〉，此為自靖康元年（1126）春自陳留避亂南奔，至是越三年之作：

其一
洞庭之東江水西，簾旌不動夕陽遲。登臨吳蜀橫分地，徙倚湖山欲暮時。萬里來游還望遠，三年多難更憑危。白頭弔古風霜里，老木滄波無限悲。

---

44 （宋）陳與義著；白敦仁校箋：《陳與義集校箋》，頁521。

其二

天入平湖晴不風，夕帆和雁正浮空。樓頭客子杪秋後，日
落君山元氣中。北望可堪回白首，南遊聊得看丹楓。翰林
物色分留少，詩到巴陵還未工。[45]

「萬里來游還望遠，三年多難更憑危」、「北望可堪回白首，南遊
聊得看丹楓」四句寫出對於北方故土與君王的思念，全詩「夕
陽」、「客子」、「日落」用語都可以看見陳與義對於朝廷的忠愛，
也顯示出對國運衰微的痛苦和無奈。

是年十月〈巴丘書事〉云：

三分書裡識巴丘，臨老避胡初一遊。晚木聲酣洞庭野，晴
天影抱岳陽樓。四年風露侵遊子，十月江湖吐亂洲。未必
上流須魯肅，腐儒空白九分頭。[46]

詩中寫道，之前只在《三國志》中見到的巴丘一地，今日卻因為
避胡亂而來此地。「四年風露侵遊子」、「腐儒空白九分頭」寫出
自己仍是以遊子的心情，以及一心想要救國，但書生雖有智見，
卻於國無補，自慨只能空白頭。

建炎二年十月（1128）〈居夷行〉中對於靖康之難有更直白
的書寫：

遭亂始知承平樂，居夷更覺中原好。巴陵十月江不平，萬

---

45 （宋）陳與義著；白敦仁校箋：《陳與義集校箋》，頁538-541。
46 （宋）陳與義著；白敦仁校箋：《陳與義集校箋》，頁542。

里北風吹客倒。洞庭葉稀秋聲歇，黃帝樂罷川杲杲。君山
偃蹇橫歲暮，天映湖南白如掃。人世多違壯士悲，干戈未
定書生老。揚州雲氣鬱不動，白首頻回費私禱。后勝誤齊
已莫追，范蠡圖越當若為。皇天豈無悔禍意，君子慎惜經
綸時。願聞群公張王室，臣也安眠送餘日。[47]

「后勝誤齊已莫追」，以《戰國策》中記載，后勝（生卒年不詳）
為齊相，主張齊王建后勝（B.C. 280-B.C. 221）朝秦，與秦議和，
不修戰備，亦不與其他五國合作，終至齊王被秦俘虜，最後餓
死。這裡若指蔡京、王黼誤國，但暗指當時宰相黃潛善（1078-
1130）、汪伯彥（1069-1141）皆尸位素餐，晏然無備；也可說是
李若水協助宋欽宗多次和談，卻在靖康二年時，金人忽然反悔，
俘虜徽欽二帝一事。[48]而朝臣應該如范蠡（B.C. 536-B.C. 448）

47　（宋）陳與義著；白敦仁校箋：《陳與義集校箋》，頁548。
48　《宋史》李若水在類傳〈忠義傳〉中：「李若水字清卿，洺州曲周人，元名若
冰。上舍登第，調元城尉、平陽府司錄。試學官第一，濟南教授，除太學博
士。」李若水是今日河北省曲周縣人，《宋史選舉志》中說明宋代太學分外
舍、內舍和上舍，李若水依太學管道升級到上舍登第後，試學官為第一，最
終成為太學博士，足見其學養之涵養深厚。「蔡京晚復相，子絛用事，李邦
彥不平，欲謝病去。若水為言：『大臣以道事君，不可則止，胡不取決上
前，使去就之義，暴於天下。顧可默默託疾而退，使天下有伴食之譏邪？』
又言：『積蠹已久，致理惟難。建裁損而邦用未豐，省科徭而民力猶困，權貴
抑而益橫，仕流濫而莫澄。正宜置驛求賢，解榻待士，采其寸長遠見，以興
治功。』凡十數端，皆深中時病，邦彥不悅。靖康元年，為太學博士。開府
儀同三司高俅死，故事，天子當掛服舉哀，若水言：『俅以幸臣躐躋顯位，敗
壞軍政，金人長驅，其罪當與童貫等。得全首領以沒，尚當追削官秩，示與
眾棄；而有司循常習故，欲加縟禮，非所以靖公議也。』章再立，乃止。」
可見其能敬陳朝中弊病。「欽宗將遣使至金國，議以賦入贖三鎮，詔舉可使
者，若水在選中。召對，賜今名，遷著作佐郎。為使，見粘罕于雲中。繞

幫助越王勾踐（？-B.C. 464）一樣，努力不懈，深謀二十餘年，
滅吳，報會稽之恥，宋朝上下也要同心以報靖康之恥。

〈自五月二日避寇轉徙湖中復從華容道烏沙還郡七月十六日
夜半出小江口宿焉徙倚柁樓書事十二句〉：

> 回環三百里，行盡力都窮。巴丘左移右，章華西轉東。江
> 聲搖斗柄，秋色彌葭叢。群木立波上，芙葉披月中。鏡湖
> 應足比，剡溪那可同。世將非識事，孤嘯聊延風。[49]

歸，兵已南下，復假徽猷閣學士，副馮澥以往。甫次中牟，守河兵相驚以金
兵至，左右謀取間道去，澥問『何如』？若水曰：『戍卒畏敵而潰，奈何效
之，今正有死耳。』令敢言退者斬，眾乃定。既行，疊具奏，言和議必不可
諧，宜申飭守備。至懷州，遇館伴蕭慶，挾與俱還。及都門，拘之于沖虛
觀，獨令慶、澥入。既所議多不從，粘罕急攻城，若水入見帝，道其語，帝
命何㮚行。㮚還，言二人欲與上皇相見，帝曰：『朕當往。』明日幸金營，
過信而歸。擢若水禮部尚書，固辭。帝曰：『學士與尚書同班，何必辭。』
請不已，改吏部侍郎。二年，金人再邀帝出郊，帝殊有難色，若水以為無他
慮，扈從以行。金人計中變，逼帝易服，若水抱持而哭，詆金人為狗輩。金
人曳出，擊之敗面，氣結仆地，眾皆散，留鐵騎數十守視。粘罕令曰：『必
使李侍郎無恙。』若水絕不食，或勉之曰：『事無可為者，公昨雖言，國相
無怒心，今日順從，明日富貴矣。』若水歎曰：『天無二日，若水寧有二主
哉！』其僕亦來慰解曰：『公父母春秋高，若少屈，冀得一歸觀。』若水叱之
曰：『吾不復顧家矣！忠臣事君，有死無二。然吾親老，汝歸勿遽言，令兄弟
徐言之可也。』後旬日，粘罕召計事，且問不肯立異姓狀。若水曰：『上皇
為生靈計，罪已內禪，主上仁孝慈儉，未有過行，豈宜輕議廢立？』粘罕指
宋朝失信，若水曰：『若以失信為過，公其尤也。』歷數其五事曰：『汝為封
豕長蛇，真一劇賊，滅亡無日矣。』粘罕令擁之去，反顧罵益甚。至郊壇
下，謂其僕謝寧曰：『我為國死，職耳，奈併累若屬何！』又罵不絕口，監
軍者摑破其唇，噀血罵愈切，至以刃裂頸斷舌而死，年三十五。」欽宗議和
被俘「以刃裂頸斷舌而死」就義封「忠愍」（卷446，頁13162。）

49 （宋）陳與義著；白敦仁校箋：《陳與義集校箋》，頁604-605。

詩中寫出了逃難的流離失所與倉皇失措，最終不知朝廷安危，只能獨自在此吟嘯悲嘆，擔憂國事之情在在呈現在詩語之中。

建炎二年十月（1128）〈除夜〉[50]二首：

其一

城中爆竹已殘更，朔吹翻江意未平。多事鬢毛隨節換，盡情燈火向人明。比量舊歲聊堪喜，流轉殊方又可驚。明日岳陽樓上去，島煙湖霧看春生。

其二

萬里江湖憔悴身，繫繫街鼓不饒人。只愁一夜梅花老，看到天明付與春。

在靖康之後除夕所作，二首皆充滿對於北方家國的憂愛之情，在特別的日子中對於往日的創傷經驗特別容易湧現，寫出心情或可具有療癒作用。[51]也因為陳與義前一年除夕，在鄧州遇尼楚赫來犯，而今年和平無事，故「聊堪喜」。

宋高宗建炎三年（1129）在紀念屈原的端午節有〈憶秦娥〉作品：

魚龍舞，湘君欲下瀟湘浦。瀟湘浦，興亡離合，亂波平楚。獨無尊酒酬端午，移舟來聽明山雨。明山雨，白頭孤

---

50 （宋）陳與義著；白敦仁校箋：《陳與義集校箋》，頁553。

51 林素玟：〈元宵與中秋──《紅樓夢》神聖時間的創傷書寫與療癒〉，《華梵人文學報》第22期，（2014年7月），頁71-105。

　　　　客，洞庭懷古。[52]

詞中以白頭孤客自居，顯示不以他鄉為故鄉的想法。走在「興亡
離合」的歷史劇變之中，屈原《九歌》有〈湘君〉篇，陳與義在
洞庭湖中想起屈原（約B.C. 343-B.C. 278）對於楚懷王（約B.C.
355-B.C. 296）的效忠及思念之情，暗喻自己對被擄至北地宋徽宗
的思念之情。

　　同時亦有〈臨江仙〉：

　　　高詠楚詞酬午日，天涯節序匆匆。榴花不似舞裙紅。無人
　　　知此意，歌罷滿簾風。　　萬事一身傷老矣，戎葵凝笑牆
　　　東。酒杯深淺去年同。試澆橋下水，今夕到湘中。[53]

此詞為陳與義至湖南岳州府，在端午節憑弔屈原對國家的忠心，
舊懷傷時，藉此來抒發自己的愛國情懷與無力回天感覺。面對現
在，回想過去，產生無窮的感觸，想到因〈墨梅〉詩為徽宗所賞
識，顯貴人士爭相往來。因地近汨羅，而有「試澆橋下水，今夕
到湘中」之句，詩人在此只能以杯酒祭祀與自己一樣憂國之士，
聯想這杯中之酒會流至汨羅江，在滔滔江水之中，融合了其心靈
深處的感情。

　　建炎四年（1129）有〈虞美人〉詞作，小題為：「大光祖席，
醉中賦長短句」，詞作中期待可以早日回到往日國泰民安的日子，
云：

52　（宋）陳與義著；白敦仁校箋：《陳與義集校箋》，頁839。
53　（宋）陳與義著；白敦仁校箋：《陳與義集校箋》，頁841。

張帆欲去仍搔首，更醉君家酒。吟詩日日待春風，及至桃
花開後卻匆匆。　歌聲頻為行人咽，記著樽前雪。明朝酒
醒大江流，滿載一船離恨向衡州。[54]

虞美人詞牌本意為詠項羽寵姬虞美人事[55]，陳與義把別離的情緒
融入到對過去的回憶和對前途的想像，詞作中所稱「歌聲頻為行
人咽」、「滿載一船離恨向衡州」更直接說明了，戰亂之際別離北
方的家園，心中的怨事與離恨。「吟詩日日待春風」寫出對於期
待再見宋徽宗平安歸來的暗喻。

　　同年在紫陽山下度過寒食節的陳與義有〈點絳唇〉小題為：
「紫陽寒食」之作：

寒食今年，紫陽山下蠻江左。竹籬煙鎖，何處求新火？
不解鄉音，只怕人嫌我。愁無那，短歌誰和，風動梨花
朵。[56]

對於寒食節因為紀念介之推（？-B.C. 636）而禁火，另有將第一
把新火賜百官的典故，詞中嘆息自己非此地人，卻必須羈留異
地，北方人、南方人不懂彼此方言，無法交流感情，更增一層與
當地人的隔閡。對於寒食節當天，自己不能報效國家深感愧對，
「不解鄉音，只怕人嫌我」更寫出對於北方君王不敢忘，無法安
身南方的心中情懷，皆為動亂時期的人生寫照。

---

54 （宋）陳與義著；白敦仁校箋：《陳與義集校箋》，頁842。
55 嚴建文：《詞牌釋例》（杭州市：浙江古籍出版社，2004年），頁115。
56 （宋）陳與義著；白敦仁校箋：《陳與義集校箋》，頁843。

三　國勢漸穩時期

　　陳與義詞作對於後世的貢獻，在於見其情感的變化，讓後世學者瞭解到宋高宗建炎四年（1130）是南宋皇權從兵荒馬亂中走向安定的主要轉折點。以文史互證的研究方法，對照宋高宗建炎的四年間，整個宋朝國勢穩定的原因在於南侵的金軍開始北退，韓世忠（1089-1151）截擊北退的金軍，金在北方推出劉豫（1073-1146）建立了齊朝。主和成為朝廷主流，隔年任秦檜為宰相。由陳與義的詞中情感變化，後世或許可以諒解當時宋高宗與秦檜主和，反對北伐的原因與只求安定的貢獻。然而陳與義的忠義之處，是不能接受遺棄北方人民與二位國君，因此選擇辭去職務。

　　宋高宗建炎四年（1130），陳與義四十一歲，當年年初在〈金潭道中〉詩云：「晴路籃輿穩，舉頭閑望賒。前岡春泱濟，後嶺雪槎牙。海內兵猶壯，村邊歲自華。客行驚節序，回眼送桃花。」[57]說明邊疆仍有戰事，宋金仍交戰之中，所以說「海內兵猶壯」為宋金仍交戰而發，「客行驚節序」則發現詩人仍有逃難情緒存在。〈正月十二日至邵州十三日夜暴雨滂沱〉：

　　　邵州正月風氣殊，鶉尾之南更山塢。昨日已見三月花，今
　　　夜還聞五更雨。　賤與天公一破顏，走避北狄趨南蠻。夢
　　　到龍門聽澗水，覺來簷溜正潺潺。[58]

57　（宋）陳與義著；白敦仁校箋：《陳與義集校箋》，頁656。
58　（宋）陳與義著；白敦仁校箋：《陳與義集校箋》，頁663。

「賤與天公一破顏，走避北狄趨南蠻」採用了李白〈短歌行〉[59]中天公玉女與雷電的典故，在逃難中生命受到威脅，值得注意的是「走避北狄趨南蠻」這一句對於外邦的形容，雖然用了「北狄」、「南蠻」華夷之分的語氣，並未見激情的對立語調，所表現對於國家的忠義是溫和與理性的。同年所做的著名作品〈傷春〉：「廟堂無計可平戎，坐使甘泉照夕烽」、「稍喜長沙向延閣，疲兵敢犯犬羊鋒」[60]也顯現出南北分治的局勢已經確定。

〈寄大光〉二絕句：

> 心折零陵霜入鬢，更修短札問何如。江湖不是無來雁，只慣平生作報書。[61]

> 芭蕉急雨三更鬧，客子殊方五月寒。近得會稽消息否，稍傳荊渚路歧寬。[62]

此時金人已退兵，但對於邊防戰事仍舊關心，憂懷國事，不敢忘卻。當年夏天〈虞美人〉之作時亦已經感受到局勢的穩定性：

> 超然堂上閑賓主，不受人間暑。冰盤圍坐此州無，卻有一

---

59 「白日何短短，百年苦易滿。蒼穹浩茫茫，萬劫太極長。麻姑垂兩鬢，一半已成霜。天公見玉女，大笑億千場。吾欲攬六龍，回車挂扶桑。北斗酌美酒，勸龍各一觴。富貴非所願，為人駐頹光。」（清）彭定求編：《全唐詩》，第5冊，卷164，頁1705。

60 （宋）陳與義著；白敦仁校箋：《陳與義集校箋》，頁701。

61 （宋）陳與義著；白敦仁校箋：《陳與義集校箋》，頁711。

62 （宋）陳與義著；白敦仁校箋：《陳與義集校箋》，頁712。

瓶和露、玉芙蕖。　亭亭風骨涼生牖，消盡尊中酒。酒闌
明月轉城西，照見紗巾藜杖、帶香歸。[63]

此詞作雖然顯出與好友邢子友在超然臺上聚飲，得到暫時安定的
情感，卻以「冰盤圍坐此州無」[64]，形容此時朝廷雖如同隋煬帝
南行，卻沒有隋煬帝奢侈沉迷，忘記北方朝廷之恥。

　　紹興元年（1131），在福建道中所作〈漁家傲〉一詞：

今日山頭雲欲舉，青蛟素鳳移時舞。行到石橋聞細雨，聽
還住，風吹卻過溪西去。　我欲尋詩寬久旅，桃花落盡春
無所。渺渺籃輿穿翠楚，悠然處，高林忽送黃鸝語。[65]

在南方，因宋金正在議和，二國沒有戰事之時，詞作表面上看來
是悠閒輕快的，但是由「我欲尋詩寬久旅」，娓娓道出在除夕夜
藉由書寫療癒自己因靖康之難所留下的戰爭創傷經歷，[66]以及
「桃花落盡春無所」寫劉禹錫以「桃花」比士子的喻指，遙想
起在北方的同僚與南方的同僚，仍舊流離失所，皆可看出不忘靖
康之難的忠愛情懷。

63　（宋）陳與義著；白敦仁校箋：《陳與義集校箋》，頁844。
64　《士林紀實》：「隋煬帝〈迷樓記〉：帝虛敗煩燥，諸院每人各市冰盤，俾帝望
　　之，以蠲煩燥。」（宋）陳與義著；白敦仁校箋：《陳與義集校箋》，頁845。
65　（宋）陳與義著；白敦仁校箋：《陳與義集校箋》，頁845。
66　李癸雲：〈戰爭・囚禁・逃亡──試探商禽的戰爭創傷書寫〉，《臺灣文學研究
　　學報》第13期（2011年10月），頁243-274。

四　寓居青墩被召後知湖州

　　辭去職務的這一年發生了重大的歷史事件——六月時，過去曾賞識陳與義而被俘於北方的宋徽宗在北方金營中過世。《靈谿詞說》中考證，陳與義在紹興五年（1135）六月引疾求去，除顯謨閣直學士，提舉江州太平觀，居住在湖州青墩鎮壽聖院塔下，紹興六年（1136）六月被召為中書舍人，紹興八年（1138）八月復知湖州，又以疾病請求提舉臨安府洞霄宮。居住於青墩鎮僧舍，稱「無住」齋。由此可以瞭解《無住詞》之作裡，陳與義的忠義愛國情懷。

　　紹興五年（1135）作〈虞美人〉：

> 扁舟三日秋塘路，平度荷花去。病夫因病得來遊，更值滿
> 川微雨洗新秋。去年長恨拏舟晚，空見殘荷滿。今年何以
> 報君恩，一路繁花相送過青墩。[67]

詞序言：「余甲寅歲自春官出守湖州。秋杪，道中荷花無復存者。乙卯歲，自瑣闥以病得請奉祠，卜居青墩鎮。立秋後三日行。舟之前後如朝霞相映，望之不斷也。以長短句記之。」[68]可知在秋天所作，此詞有蘇軾〈贈劉景文〉詩歌中暗喻：「荷盡已無擎雨蓋，菊殘猶有傲霜枝」[69]，指的是自己堅貞不移的志節，

67　（宋）陳與義著；白敦仁校箋：《陳與義集校箋》，頁846。

68　（宋）陳與義著；白敦仁校箋：《陳與義集校箋》，頁846。

69　（宋）蘇軾：〈贈劉景文〉，（清）馮應榴輯注；黃任軻、朱懷春校點：《蘇軾詩集合注》（上海市：上海古籍出版社，2001年），卷32，頁1634。

去年與今年的對比，對於自己因病不能貢獻朝廷以「報君恩」，深感愧疚，這個君恩代指的是徽宗，也有高宗，對於二位君王滿懷忠義之情。

紹興五年（1135）〈浣溪沙〉序曰：「離杭日，梁仲謀惠酒，極清而美。七月十二日晚握小閣，已而月上，獨酌數杯。」[70]

> 送了棲鴉復暮鐘，欄干生影曲屏東。臥看孤鶴駕天風。
> 起舞一尊明月下，秋空如水酒如空。謫仙已去與誰同。

同時間有〈秋夜獨酌〉詩：

> 涼秋佳夕天氛廓，河漢之涯秋漠漠。月出未出林彩變，幽人露坐方獨酌。
> 自歌新詞酒如空，天星下飲觥船中。忽思李白不可見，夜半喬木搖西風。
> 百年佳月幾今夕，憂樂相尋老來疾。瓊瑤滿地我影橫，添酒賦詩何可失。[71]

詞與詩兩者對照分析，都與李白〈月下獨酌〉起了千古共鳴，加上蘇軾的〈水調歌頭〉[72]中以「月」的懷想君王、「影」借指自

---

70 （宋）陳與義著；白敦仁校箋：《陳與義集校箋》，頁848。

71 （宋）陳與義著；白敦仁校箋：《陳與義集校箋》，頁797。

72 筆者已於〈李白與蘇軾詩詞中之「月」與「影」〉，《中國語文》第611期（2008年5月），頁25-31、〈李白詩歌中的「影」字析論〉，《彰化師大國文學誌》第37／38期（2019年6月），頁115-146）中討論相關議題。

我期許，全詩如同李白在月下獨酌時對於自我期許與現實的時空思維交錯，「月出未出林彩變，幽人露坐方獨酌」、「百年佳月幾今夕，憂樂相尋老來疾」都是月圓之下更顯得自己對國事的憂心與無力，所以「影曲」、「影橫」縱使有著忠義愛國的自我期許，但是時勢與自己的身體都沒有辦法達成心中的願望。所以在月圓團圓之時，寫下作品，以自我療癒創傷的記憶。[73]

此一時期的詞作〈清平樂〉：「黃衫相倚，翠葆層層底。八月江南風日美，弄影山腰水尾。楚人未識孤妍，離騷遺恨千年。無住庵中新事，一枝喚起幽禪。」[74]用「楚囚南冠」典故表達不忘北方故土及君王的忠義之心。另外重陽所做〈定風波〉：

> 九日登臨有故常，隨晴隨雨一傳觴。多病題詩無好句，孤負，黃花今日十分黃。　記得眉山文翰老，曾道，四時佳節是重陽。江海滿前懷古意，誰會，闌干三撫獨淒涼。[75]

對於經歷家國的劇變的陳與義，於重陽節流落南方異鄉，無法北歸，故發出如之後辛棄疾（1140-1207）的「闌干拍遍，無人會登臨意」[76]，道出淒涼且不被理解的感慨。寓居青墩鎮僧舍，夜登小閣，憶洛中舊遊而有〈臨江仙〉：

---

73 林素玫：〈元宵與中秋──《紅樓夢》神聖時間的創傷書寫與療癒〉，《華梵人文學報》第22期（2014年7月），頁71-105。

74 （宋）陳與義著；白敦仁校箋：《陳與義集校箋》，頁850。

75 （宋）陳與義著；白敦仁校箋：《陳與義集校箋》，頁852。

76 （宋）辛棄疾著：〈水龍吟·登建康賞心亭〉，吳企明校箋《辛棄疾詞校箋》（上海市：上海古籍出版社，2018年），卷5，頁478。

憶昔午橋橋上飲，坐中多是豪英。長溝流月去無聲。杏花
疏影裡，吹笛到天明。　二十餘年如一夢，此身雖在堪
驚。閒登小閣看新晴。古今多少事，漁唱起三更。[77]

上闋憶昔，下闋感懷，追憶二十年前在北方洛陽的日子，當時天
下太平無事，可以有任何遊賞之樂。但金兵入侵，南渡之後，國
事滄桑、知交零落，仍不忘洛陽往日的親友，「驚」的正是二十
年間的轉變，當年吹笛到天明的豪傑們今已不在，而生起一種對
過往朝廷時空的追念與時刻不忘，表達對於北方疆土故友的忠義
之情。

五　紹興六年拜翰林學士知制誥

《宋史·文苑傳》：「六年九月，高宗如平江，十一月，拜翰
林學士、知制誥。七年正月，參知政事，唯師用道德以輔朝廷，
務尊主威而振綱紀。」[78]其對於朝廷與百姓的貢獻在於「務尊主
威而振綱紀」，知制誥的功能在起草詔令，翰林學士參知政事，
參知政事功能如同副宰相，在這一段時間陳與義對於南宋朝廷建
立的穩健發揮最大的功用。

當時王洋（1087-1154）有〈賀陳參啟〉：

帝思作對，貴我元臣，國有正符，相予碩輔。驚輿言之乍
喜，審臚命之初傳，政屬臣人，物無異論。竊以有心於事

77　（宋）陳與義著；白敦仁校箋：《陳與義集校箋》，頁855。

78　（元）脫脫等撰：《宋史》，卷445，〈文苑七〉〈陳與義〉，頁13130。

者，志每不遂，無求於物者，功或可成。故小智自私，每輕從進取，而達人大觀，當退託於謙沖。方自放於溪山之中。若兼忘於塵寰之表，引疾謝事，寧知軒冕之榮，感物寓懷，殆逐蟲魚之樂。然帝心攸屬，民望具依。病若留侯，雖靡煩於征討，謀如叔向，終難徇於優游，果膺同德之求，遂正七人之列。[79]

由文中可以瞭解陳與義協助南渡後，曾經自請優游於山水之間。當宋高宗再度徵召他出來協助安邦定國之時，他也義不容辭地出來協助，為當時主要協助的七位大臣之一。

紹興六年（1136）以二月奉詔修〈徽宗諡冊文〉，三月跟隨宋高宗至建康城，陳與義參與朝廷政治，分別治理戶部。刑部、工部之房舍。主要貢獻在安定宋高宗朝廷地位，以文章對策說服上位者議和，雖不主戰但仍要備戰的態度，影響在於：

（一）跟隨宋高宗安定於建康城

紹興七年（1137），該年宋高宗手詔曰：

朕獲奉丕圖，行將一紀，每念多故，惕然於心。屬叛逆以來侵，幸以時而克定。重念兩宮征駕。未還於殊俗，列聖陵寢，尚隔於妖氛，黎元多艱，兵革靡息，永惟厥咎，在予一人，其敢即安，彌忘大業？將乘春律，往臨大江，駐

---

79 （宋）王洋《東牟集》，收錄於《景印文淵閣四庫全書》第1190冊，卷11，頁18。

　　　躔建康，以察天意。播告遐邇，俾迪朕懷。[80]

由詔書中及歷史記載，宋高宗都只是暫時在此駐紮，史料記載當時建康城宋高宗所居住的宮殿住所，皆殘破不堪，之後宋高宗確實也再往臨安定都，可見朝廷當時的危急狀況，陳與義當此危難之際，放棄安定的隱居生活，可見其堅定的忠義之情。

（二）分治戶、刑、工房，進言君王要以養成人材為重

　　在當時建立朝廷制度之時，宋高宗下詔請淮西宣撫使張浚協助規劃，張浚上奏：「陳與義治戶、刑、工房」[81]。在三省六部之中，戶部主要是掌管天下土地、戶籍、賦稅、財政收支；刑部主要掌管法律、刑獄；工部主要掌管山澤、屯田、工匠、水利、交通，是非常重大的工作任務。

　　在朝廷之中提醒宋高宗用人唯才的重要，推薦張戒（生卒年不詳）外任福建，並借機進言，可受君王日後重用。協助朝廷的典章制度，重用人才，鞏固了朝廷地位。

（三）捐傔舟錢萬緡給與淮西宣撫使張俊與軍士移民開　　墾屯於盧州

　　秦檜奏請派任大將張俊（1086-1154）帶領士兵與家屬遷移至盧州開墾，宋高宗同意，陳與義奏請應該給予遷移的軍隊有足夠的船隻運輸，需要萬緡租船，宋高宗沒能同意，陳與義自行捐

---

80 （宋）陳與義著；白敦仁校箋：《陳與義集校箋》，頁1303。

81 （宋）陳與義著；白敦仁校箋：《陳與義集校箋》，頁1304。

款，善待軍隊與其眷屬。[82]可以瞭解到陳與義的忠義之情不只是對於宋皇朝，對於同僚與軍士皆充分顯現。

（四）論堂陛之勢要謹守君臣法度

在建康時大將向宋高宗進言時，未能保有應有的君臣之禮與距離，此時陳與義的想法和秦檜相同，要求君臣之間的禮儀與距離，應該明確規範，不得逾越，這對於朝廷典章制度與穩定是有所助益的，但也顯示出宋代重文輕武的習氣。

（五）論用兵以和議為主，但仍要備戰

史書上記載了，紹興八年時趙鼎（1085-1147）主張召大將準備北伐，宋高宗以徽宗遺體還在金營，加上太后與欽宗也仍是金人營中的俘虜，為了顧念其安危，不宜興兵為由而加以拒絕。此時陳與義進言說：「用兵須殺人，若因和議得遂我所欲，豈不賢於用兵？萬一無成，則用兵所不免。」[83]在這一次的論辯後，可知高宗一心在和議，和議成為了南宋朝廷的主流。結果是主戰的張浚（1097-1164）被罷，而力倡和議的秦檜則被重用，也埋下了岳飛等北伐將領最終被廢的主因。

由陳與義對話中，我們可以瞭解陳與義主張和議的原因，第一是關心黎民百姓的安危，其次才是希望太后與欽宗可以安全回歸。

---

82 （宋）陳與義著；白敦仁校箋：《陳與義集校箋》，頁1307。
83 （宋）陳與義著；白敦仁校箋：《陳與義集校箋》，頁1310。

第五節　小結

清代《四庫全書總目》對於《簡齋集》的總評稱：

> 與義之生視元祐諸人稍晚，故呂本中《江西宗派圖》中不
> 列其名。然靖康以後北宋詩人凋零殆盡，惟與義文章，宿
> 老歸然獨存其詩，雖源出豫章而天分絕高。工於變化風格
> 道上，思力沈摯能卓然自闢蹊徑。《瀛奎律髓》以杜甫為
> 一祖，以黃庭堅、陳師道及與義為三宗，是固一家門戶之
> 論。然就江西派中言之則庭堅之下，師道之上實高置一席
> 無愧也，初與義嘗作〈墨梅〉詩見知於徽宗，其後又以
> 「客子光陰詩卷裡，杏花消息雨聲中」句為高宗所賞。遂
> 馴至執政在南渡詩人之中最為顯達，然皆非其傑構。至於
> 湖南流落之餘，汴京板蕩以後感時撫事，慷慨激越，寄跡
> 遙深乃往往突過古人。故劉克莊《後村詩話》：「謂其造次
> 不忘憂愛，以簡嚴掃繁縟，以雄渾代尖巧，第其品格，當
> 在諸家之上。」其表姪張嶸為作墓誌，云：「公詩體物寓
> 興，清邃超特，紆餘閎肆，高舉橫厲」，亦可謂善於形
> 容。至以陶、謝、韋、柳擬之，則殊為不類，不及克莊所
> 論，為得其真矣。[84]

筆者認同方回《瀛奎律髓》主張將陳與義列為江西詩派一祖三宗
之一，並認為其文學成就高於陳師道。特別重視其經歷靖康之亂

84　（清）永瑢等撰：〈簡齋集十六卷提要〉，《四庫全書總目》（臺北市：臺灣商
　　務印書館，1983年）第4冊，卷156，頁22-23。

後，流亡之際，以感時撫事詩詞顯現其不忘憂心國家百姓的作品。以「體物寓興，清邃超特，紆餘閎肆，高舉橫厲」形容陳與義以文學作品中所顯現的風格圖像，這也可以概括論述陳與義的忠義圖像。大抵張嵲（1096-1148）所重在於陳與義在青墩鎮時悠閒隱居時的創作，別開一家生面，亦是肯定尊從之意。

陳與義的忠義圖像顯現在其言詞及其詩、詞、文，心念故都、故友之中。除了金兵南下時第一時間北征協助，對徽宗、欽宗、高宗的忠心不二外，陳與義更重視的是百姓的安危，所以積極建立朝政綱紀，穩固朝廷安危。

陳與義在宋徽宗朝詩中有關懷時政言論，希望朝廷重用有才人士，以忠言直諫方式表現對於宋皇朝的忠義之情，但終究無力回天。如宣和六年（1124）三十五歲任秘書省著作佐郎中寫〈試院書懷〉：「細讀平安字，愁邊失歲華。疏疏一簾雨，淡淡滿枝花。投老詩成癖，經春夢到家。茫然十年事，倚杖數栖鴉。」[85]以詩歌書寫來抒發自己對於北方戰事的關心與對於未來國家局勢變化的茫然無力感。

靖康元年（1126）金兵南攻，陳與義有〈北征〉詩：「世故信有力，挽我復北馳。獨衝七月暑，行此無盡陂。百卉共山澤，各自有四時。華實相後先，盛過當同衰。亦復觀我生，白髮忽及期。夕雲已不征，客子今何之。願傳飛仙術，一洗局促悲。被襟閬風觀，濯髮扶桑池。」[86]陳與義亦是積極支援北方，向戰場前進的，以有所作為的方式表達忠愛國家之情。

---

85 （宋）陳與義著；白敦仁校箋：《陳與義集校箋》，頁1184。
86 （宋）陳與義著；白敦仁校箋：《陳與義集校箋》，頁441。

　　在流離失所時，以時空錯置與故土思維懷念故土，加以戰爭
書寫，來表達自己心中對於北方國土與君王絕不忘記的憂傷。建
炎二年（1128）流亡到達洞庭湖之後，寫下〈晚晴野望〉：「洞庭
微雨後，涼氣入綸巾。水底歸雲亂，蘆藜返照新。遙汀橫薄暮，
獨鳥度長津。兵甲無歸日，江湖送老身。悠悠只倚杖，悄悄自傷
神。天意蒼茫裡，村醪亦醉人」[87]，「兵甲無歸日，江湖送老
身」擔憂兵亂造成的傷害，對於天意感到蒼茫無助，行吟之際對
於皇朝逢此災難尤不敢或忘。〈道中寒食〉建炎三年（1129）四
十歲[88]：「飛絮春猶冷，離家食更寒。能供幾歲月，不辦了悲
歡。刺史蒲萄酒，先生苜蓿盤。一官違壯節，百慮集征鞍。」[89]
對於紀念忠臣的寒食節，自己流亡在兵荒馬亂之時，寫出自己擔
任文官，無力救國出征的辛苦。〈風雨〉：「風雨破秋夕，梧葉窗
前驚。不愁黃落近，滿意作秋聲。客子無定力，夢中波撼城。覺
來俱不見，微月照殘更。」[90]夢中仍有山國變色、天崩地裂之驚
恐，覺來已不見昨日朝廷。

　　最終發現現實上南北兵力懸殊，尊重和議，鞏固南宋朝廷剛
紀與制度，才是對百姓最有幫助的，所以用心輔佐宋高宗以文化
制度鞏固朝政，建立南宋朝廷，盡忠義的表現在於延續宋皇朝的
基業在建康城。〈年華〉：「去國頻更歲，為官不救飢。春生殘雪
外，酒盡落梅時。白日山川映，青天草木宜。年華不負客，一一
入吾詩。」[91]對於去國之後多年，為官卻無法解決北方百姓的生

87　（宋）陳與義著；白敦仁校箋：《陳與義集校箋》，頁597。

88　（宋）陳與義著；白敦仁校箋：《陳與義集校箋》，頁1231。

89　（宋）陳與義著；白敦仁校箋：《陳與義集校箋》，頁240。

90　（宋）陳與義著；白敦仁校箋：《陳與義集校箋》，頁78。

91　（宋）陳與義著；白敦仁校箋：《陳與義集校箋》，頁92。

計，深感悲傷，重要的是此時所重視的是百姓的基本安寧與生活，以此來顯現對於國君與百姓的忠愛圖像。

紹興六年後更以輔佐南宋朝廷典章制度及安定民生為畢生志願，對宋高宗盡忠義之情，主張和議及嘉惠天下百姓。

陳與義受知於宋徽宗、宋高宗，詩詞之中主要在表達對於宋徽宗的思念與愧對。陳與義詩詞中只見對於北方國君與百姓的緬懷與愧疚，卻未見激烈的北伐思想，這也是元人修《宋史》不排除將陳與義收入〈文苑傳〉主要原因之一。由陳與義詞作的分期與變化中，我們可以得知，宋高宗建炎四年（1130），南侵的金軍開始北退，北方齊朝建立。主和議題成為朝廷主流，主和確實也成就了南宋的安寧與穩健。

陳與義以文章忠懷北宋朝廷，以定君臣綱紀協助南宋安邦定國，其生平收入於文苑傳，實足以為後代文人效法與緬懷。

第三章
「紫誥仍兼綰，黃麻似《六經》」的汪藻

　　汪藻的文學表現成就在於四六文，最受後人所重視的是他在南宋史學上的重要貢獻，[1]《靖康要錄》[2]留存了靖康年間宋金戰爭的第一手資料文獻，在靖康之亂後，對於宋徽宗、欽宗、高宗都有直接的上諫與決策影響資料可以探索歷史真相，藉由汪藻的詩與文，我們可以瞭解到面臨時代亂世，文臣是如何協助國家安定，將所學以詩文方式協助國家安定，並且撫慰自我在戰爭及仕途上的創傷記憶。

　　由《宋史》中說明：「汪藻，字彥章，饒州德興人。幼穎異，入太學，中進士第。調婺州觀察推官，改宣州教授，稍遷江西提舉學事司乾當公事。」[3]孫覿〈浮溪集原序〉：「顯謨閣學士，左大中大夫知徽州汪公，自崇寧初起太學諸生策高第校三館，秘書尚符璽再遷尚書郎立柱下為右史遂贊書命入翰林為學士，蓋仕朝廷三十年專以文學議論居儒官從臣之列，所為詩文若干首傳天下

1　金建鋒：〈論汪藻在南宋史學史上的地位〉，收錄於漆俠等主編：《宋史研究論叢》（保定市：河北大學出版社，2009年），第10輯。
2　王智勇：《靖康要錄箋注》，成都市：四川大學出版社，2008年。
3　（元）脫脫等撰：《宋史》（北京市：中華書局，1977年），卷445，〈文苑七〉〈汪藻〉，頁13130。

號《浮溪集》凡若干卷,公以書屬故人為之序。」[4]論及之處可以知道汪藻出身在宋代的太學體制,中進士第後三十年來以儒官身分、及文學議論方式輔佐朝廷。並以文集《浮溪集》交給故友孫覿[5](1081-1169),希望可以以詩文留傳後世,讓後代人物瞭解他對於國家及宋文化傳承的努力。

汪藻與宋徽宗、宋欽宗、宋高宗三位帝王皆有互相應對的紀錄,本文分別論述:

第一節　輔佐三位君王

一　成名於宋徽宗

據《宋史》記載,汪藻在徽宗時已經成名:

> 徽宗親制〈君臣慶會閣詩〉,群臣皆賡進,惟藻和篇,眾莫能及。時胡伸亦以文名,人為之語曰:「江左二寶,胡伸、汪藻。」尋除《九域圖志》所編修官,再遷著作佐郎。時王黼與藻同舍,素不咸,出通判宣州,提點江州太平觀,投閒凡八年,終黼之世不得用。[6]

4　(宋)汪藻:《浮溪集》,收錄於《四部叢刊初編縮本》(上海市:上海商務印書館,1965年),第57冊,頁1。

5　孫覿在靖康年間,曾因與太學生一起議論朝政被貶,金兵破汴京,曾為宋金宗草擬降書,宋高宗時一度被論罪。

6　(元)脫脫等撰:《宋史》,卷445,〈文苑七〉〈汪藻〉,頁13130-13131。

汪藻成名於宋徽宗之時，因為和當時宰相王黼不合，所以才離開
京城，至外地八年之久。

　　汪藻於宋徽宗大觀元年（1107），時年二十九作〈君臣慶會
閣〉三首：

> 相第新成寶閣開，簫韶聲自九天來。恩榮屢遣王人出，慈
> 慧仍宣禁從陪。御筆丹青爭炳煥，宸章雲漢共昭回。君臣
> 慶會誠難得，舜禹方資稷契才。
>
> 萬疊彤雲拂曉開，使花親自日邊來。恩頒御墨函初啟，燕
> 及群臣鼎有陪。仙掌共承霄露滴，客槎擬泛鬥星回。人間
> 未識乾坤象，斧藻先憑造化才。
>
> 一德君臣運有開，千齡盛事冠將來。神仙迥與人寰隔，賓
> 主親緣國論陪。賀廈有情均鼓舞，攀雲無路獨遲回。憐憐
> 夙被奎文潤，曾是崇甯樂育才。[7]

汪藻點出了，「人間未識乾坤象，斧藻先憑造化才」在宴席群中
的這些大臣決策是足以定乾坤的。「仙掌共承霄露滴，客槎擬泛
鬥星回」更是直指漢武帝製作金銅仙人掌乘露盤時，君臣相會的
盛況，卻也有李賀（西元790-816年）〈金銅仙人辭漢歌〉的時代
變換，君臣當力圖振作的勉勵情懷。「賀廈有情均鼓舞，攀雲無
路獨遲回。」更說明希望能被重用的心情。

7　金建鋒、杜海軍：《汪藻年譜》（桂林市：廣西師範大學碩士論文，2006年），
　　頁15-16。

在〈車駕巡幸起居太上皇表〉：[8]

> 年運而往，天時俄及，于凛秋日，舒以長物外，方觀于浩
> 劫。恭惟太上皇帝陛下研幾繫表，探賾寰中既與夫造物者
> 遊孰肯以天下為事，遺珠于赤水久矣。相忘飲膏露于金莖
> 自然難，老臣等幸參法從嘗侍清光徒傾就日之誠莫遂瞻天
> 之意。
> 案：「此表當是靖康初藻為起居舍人時所作，因本集原目
> 先後無攷類次于此。」[9]

在欽宗即位之時對於徽宗仍是懷著恭敬與尊敬之意，藉由汪藻所
作官方的文書流傳，可以瞭解欽宗與百官對於徽宗的尊重。

在徽宗病逝於北方後，有〈徽宗皇帝靈駕發引輓詞四首〉[10]
表達對於徽宗的忠義：

> 其一
> 圖治八王上，增光六聖餘。仁恩漸動植，文物擒詩書。未
> 及金縢啟，俄成玉帳虛。衣冠歸故國，神已在華胥。

說明了徽宗企圖力挽狂瀾並終結如同「八王之亂」的政局，卻不
得成功，最終仙逝於外邦，只有衣冠迎回朝廷。

8　（宋）汪藻：《浮溪集》，收錄於《四部叢刊正編》第51冊，卷3，頁25。

9　（宋）汪藻：《浮溪集》，收錄於《四部叢刊正編》第51冊，卷3，頁4-5。

10　（宋）汪藻：〈徽宗皇帝靈駕發引挽詞四首〉，收錄於（宋）魏齊賢、（宋）葉
　　菜編《五百家播芳大全文粹》（臺北市：臺灣學生書局，1985年），卷120，
　　〈挽詞〉，頁836。

其二

三雍無逸雋，四海屢豐年。嘉瑞標圖諜，休功被管絃。鼎
成龍即去，書遠雁空傳。多少承平老，遙悲杞國天。

寫出了雖然朝廷在南方已經豐衣足食，但是許多士大夫仍然擔心北方的君王，不敢絲毫忘記靖康之難。

其三

無心居大寶，有子傳鴻鈞。萬里方終宴，千年忽上賓。地今縱禹葬，天不返虞巡。愴極皇情處，還觀吉仗陳。

告慰徽宗其子高宗，在南方已經可以安定百姓延續宋皇室。

其四

七聖迷途後，宮車遂不回。乘雲知益遠，濡露但增哀。日卜天寧近，山依冰固開。千巖應更秀，從此是軒臺。

第四首寫出了靖康之難後，沒能料到帝王竟然不能歸來。四首詩作抒發自己對於徽宗的忠誠與徒歎無奈。

二　受知於宋欽宗

《宋史》欽宗時期：「欽宗即位，召為屯田員外郎，再遷太常少卿、起居舍人。」[11]著《靖康要錄》留存靖康年間重要史

11　（元）脫脫等撰：《宋史》，卷445，〈文苑七〉〈汪藻〉，頁13131。

實，敘述自己對於欽宗的不忘之心，以撰寫史書盡抒宋代朝廷與
歷史真相的忠義之情。

宋欽宗靖康元年丙午（1126）汪藻四十八歲正月時[12]，有
〈車駕親征起居表〉。《續資治通鑑》卷九十六：「（正月）己巳，
下詔親征，令有司並依真宗幸澶淵故事」，錄有此文：

> 萬旅戒嚴，六飛巡狩，法成周之時邁。張大漢之天聲，恭
> 惟皇帝陛下，誠貫神明，資兼智勇，合群英之策慮，興中
> 否之基圖，念問安猶隔于雞鳴，豈撥亂得辭于馬上，姑從
> 簡約，用示憂勤，臣方遠闕，庭莫供牧圉，神戈指，方令
> 裴度以視師[13]，清蹕之行將獲呂嘉[14]而名縣。[15]

以南越呂嘉對於南越的貢獻為結語，期望欽宗能效法真宗時的御
駕親征，得以成功安邦定國。可見在靖康年間汪藻仍覺得是值得

---

12 金建鋒、杜海軍：《汪藻年譜》（桂林市：廣西師範大學碩士論文，2006年），
　　頁27。

13 裴度討賊曾曰：「臣若賊滅，則朝天有期；賊在，則歸闕無日。」（宋）司馬
　　光撰、（元）胡三省注：《資治通鑑》（北京市：中華書局，1956年），卷240，
　　〈唐紀五十六〉，頁7737。

14 《大越史記》評價呂嘉：「呂嘉之諫哀王及樛太后，使毋求為諸侯，毋除邊
　　關，可謂能重越矣。然諫不從，義當盡，率群臣於朝廷，面陳帝陳漢帝越之
　　利害，庶幾哀王、太后有所感悟。若猶不從，則當引咎避位，不爾則用伊、
　　霍故事，別選明王子一人代位，使哀王得如太甲、昌邑保全性命，則進退不
　　失。今乃弒其君以逞私怨，又不能以死守國，使越分裂而入臣漢人，則呂嘉
　　之罪有不容誅者矣。」吳士連編；范公著、黎僖編輯；引田利章校點句讀：
　　《大越史記全書》，第2冊，卷2，頁10-11，見「國立國會圖書館」（https://dl.
　　ndl.go.jp/info:ndljp/pid/776354）。

15 （宋）汪藻：《浮溪集》，收錄於《四部叢刊正編》第51冊，卷3，頁4。

一戰的，對於捍衛宋皇室更是勇於表態的。

三　得宋高宗賜團扇

在《宋史‧文苑傳七》中記載汪藻在宋高宗時的事蹟與造成的影響最大，主要主題分為：

1　高宗即位時獲得重用，與宰相黃潛善交惡

> 高宗踐祚，召試中書舍人。時次揚州，藻多論奏，宰相黃潛善惡之，遂假他事，免為集英殿修撰、提舉太平觀。明年，復召為中書舍人兼直學士院，擢給事中，遷兵部侍郎兼侍講，拜翰林學士。帝以所御白團扇，親書「紫誥仍兼綰，黃麻似《六經》」十字以賜，縉紳艷之。[16]

高宗時汪藻對於宰相黃潛善（1078-1130）多有不同論奏，一度不在朝中共事。但是宋高宗對於汪藻的文才與能力是十分肯定的。賜給他白團扇以表示對於汪藻的能力與忠義之期的肯定。

2　議論時事能夠指出朝廷弊病所在

> 屬時多事，詔令類出其手。嘗論諸大將擁重兵，浸成外重之勢，且陳所以待將帥者三事，後十年，卒如其策。又言：「崇、觀以來，貲結權幸，奴事閹宦，與開邊誤國，得職名自觀文殿大學士而下直秘閣、官至銀青光祿大夫者，

16　（元）脫脫等撰：《宋史》，卷445，〈文苑七〉〈汪藻〉，頁13131。

近稍鑴祓，而建炎恩宥，又當甄復，盡依國初法，止中大夫。[17]

3 請賜唐人顏真卿「忠烈」

紹興元年，除龍圖閣直學士、知湖州，以顏真卿盡忠唐室，嘗守是邦，乞表章之，詔賜廟忠烈。[18]

歷史上顏真卿（西元709-785年）不只是書法大家，擔任平原郡太守時認真治理，安史之亂時堅守平原，聯合各地起兵反抗，是一位能文能武的忠臣。汪藻以請求賜唐人忠烈廟的方式，輔佐朝廷培養百官忠烈之情。

4 修《徽宗實錄》功在朝廷

又言：「古者有國必有史，古書楬前議論之辭，則有時政記，錄柱下見聞之實，則有起居注，類而次之，謂之日曆，修而成之，謂之實錄。今逾三十年，無復日曆，何以示來世？乞即臣所領州，許臣訪尋故家文書，纂集元符庚辰以來詔旨，為日曆之備。」制可。史館既開，修撰綦崇禮言不必別設外局，乃已。郡人顏經投匭訴其敷糴軍食，遂貶秩停官。起知撫州，御史張致遠又論之，予祠。六年，修撰范沖言：「日曆，國之大典，比詔藻纂修，事復中止，恐遂散逸，宜令就閑復卒前業。」詔賜史館修撰餐

17　（元）脫脫等撰：《宋史》，卷445，〈文苑七〉〈汪藻〉，頁13131。
18　（元）脫脫等撰：《宋史》，卷445，〈文苑七〉〈汪藻〉，頁13131。

錢，聽闕屬編類。八年，上所修書，自元符庚辰至宣和乙
巳詔旨，凡六百六十五卷。藻再進官，其屬鮑延祖、孟處
義咸增秩有差。藻升顯謨閣學士，遣使賜茶藥。尋知徽
州。[19]

由史書所記載，汪藻主動提出要記載徽宗起居日曆，這項作為完
成了六六五卷的《徽宗實錄》，也協助了南宋開國宋高宗在正史
的正統地位，更重要的是，這也是元人修《宋史》，證明元人繼
承宋代之後，成為歷史的正統。

5 因為與秦檜不合，被奪職貶謫

逾年徙宣州。言者論其嘗為蔡京、王黼之客，奪職居永州，
累赦不宥。二十四年，卒。秦檜死，復職，官其二子。[20]

〈文苑傳〉中沒有記載，為何與秦檜不合，在汪藻文集中可見
〈賀宰相子狀元及第啟〉此文：

伏審令嗣親承聖問，擢冠群英朝廷，欣貢舉之得人，天下
慶公臺之有子，臚傳一出，輿誦交馳。恭惟某官勳塞兩
儀，澤流百世，惟聖德神明之克相，故英才似續以方，興
赫門閭之光輝，新江山之氣象。三年而奉詔策，固南宮進
士之所同。一舉而首，儒科蓋東閣郎君之未有，擅場屋敢

---

19 （元）脫脫等撰：《宋史》，卷445，〈文苑七〉〈汪藻〉，頁13131-13132。
20 （元）脫脫等撰：《宋史》，卷445，〈文苑七〉〈汪藻〉，頁13132。

言之氣。入衣冠盛事之圖，老成識面以爭先，童稚祝身而願學，雖迫于典故，姑令王勃以居前，然結此眷知行見魯公之拜，後藻傳聞榜帖，屬守麾符滄溟徒看于鵬摶大廈，莫陪于燕。賀暑風清淑機務優游，願求有粹之和，益茂象賢之慶。」[21]

文中對於秦檜之子得以拔擢為榜首懷抱不平。因此用反語的方式寫信給秦檜，「天下慶公臺之有子，臚傳一出，輿誦交馳」，將當時群儒的不滿寫入，說明秦檜之子「一舉而首，儒科蓋東閣郎君之未有」科舉榜首一事是前所未有的，不能為當時輿論所接受，將之編入自己文集之中。等於公然指秦檜影響科舉考試，這可以看出汪藻不畏權威，勇於盡忠國家的忠義情懷。

6 汪藻過世後《徽宗實錄》才得以成書

二十八年，《徽宗實錄》成書，右僕射湯思退言藻嘗纂集詔旨，比修實錄，所取十蓋七八，深有力於斯文。詔贈端明殿學士。

藻通顯三十年，無屋廬以居。博極群書，老不釋卷，尤喜讀《春秋左氏傳》及《西漢書》。工儷語，多著述，所為制詞，人多傳誦。子六人，恬、恪、憺、怲、懍、憘。[22]

---

21 （宋）汪藻：《浮溪集》，收錄於《四部叢刊初編縮本》第57冊，卷23，頁182。

22 （元）脫脫等撰：《宋史》，卷445，〈文苑七〉〈汪藻〉，頁13132。

史書所載汪藻為官清廉，通顯三十年未曾置產，醉心於讀書與撰
寫著作，對於史書更是喜愛，最終以《靖康要錄》、《徽宗實
錄》、《浮溪集》傳世。對於靖康前後的史實具有重要貢獻。

其對於高宗的忠義之情表現在〈車駕移蹕建康府起居表〉中：

> 江山地險，將定厥居，興衛天行，先巡所守，會公侯方岳
> 之下，覽形勢帝王之州，宇宙清明，華夏震疊。伏以盤庚
> 五遷，而商人卒服。重耳三駕，而楚子莫爭，方宏遠之是
> 圖，非宴安而執，戒觕謀舊物之復可，諱屬車之勞。恭惟
> 皇帝陛下孝通神明，誠配高厚，雖居萬乘躬曾閔之至哀，
> 爰整六師攄高文之宿憤，既王者不聞于有外，故春秋尤大
> 于復讎，臣方奉真祠，莫居官守，興瑯琊而續晉之祀，竊
> 陋前規，遊雲夢而縛信以歸，願求故事。[23]

全文以商朝盤庚遷都五次，成就商朝盛世，與晉文公重耳（B.C.
671-B.C. 628）因驪姬之難離晉，流離失所近二十年，回晉之後
奠定晉國春秋五霸地位等典故設譬說理，為高宗遷都建康府做說
明，表示他絕對不會貪圖一時的安逸，定當復興宋室，極力推崇
高宗的忠義價值，並將高宗南逃定義成「移駕」，而不是逃難，
宣稱宋高宗是「孝通神明，誠配高厚」的英明領袖，待整頓好大
軍，定能統帥六軍，復興故土，終成接續國祚的任務。

在〈群臣賀皇帝登寶位表〉中更以華美的文字，告知天下宋
高宗繼承宋朝皇位：

---

23 （宋）汪藻：《浮溪集》，收錄於《四部叢刊初編縮本》第57冊，卷3，頁25。

天啟昌期，御蘿圖而出震人，瞻晬表負黼辰以當陽，既三
靈宗社之有歸，將萬世人民之永賴，竊攷帝王之受命，殆
將今古以同符，必國步艱難，始，天地出非常之主，及治
功宏濟乃子孫承罔極之休。恭惟皇帝陛下，勇智自天英明
冠古，躬返樸還淳之儉奮興衰撥亂之剛，方率土之謳吟共
思。劉氏宜昊穹之歷數，專在舜躬，爰除高邑之壇。俯應
大橫之兆，取炎精用事之月。即藝祖興王之邦有三千同德
之臣，共扶鴻業用七百卜年之數，重立丕基方圖政事之
修，獨運神明之斷，豈止兩河之復，即觀二聖之還，臣等
幸備周行，獲逢嘉會接千歲之統，交侵行殄于四邊，盛九
賓之儀率舞，但同于百獸車駕，移蹕臨安府賀表。[24]

全文說明舜在堯過世之後，避居南方「蒲坂」，最終仍天下歸
心。漢光武帝（B.C. 5-B.C. 57）在「高邑」登基即位，最終得以
復興漢世，證明宋高宗在臨安登帝位的歷史正統地位。並說明宋
高宗立志一定會收復失土，迎回徽、欽二帝，自己與跟隨的臣子
都相信在宋高宗的引領之下，朝廷可以再統一延長至千年之久，
促使四夷來歸。汪藻此文將宋高宗的南逃寫成繼承偉業，壯志滿
滿，以其文筆安定百姓與群臣，定義宋高宗的歷史正統。

第二節　詩似蘇軾長於議論朝政

　　《浮溪集》全集共三十二卷，卷一、卷二是奏疏共十五首，

24　（宋）汪藻：《浮溪集》，收錄於《四部叢刊初編縮本》第57冊，卷3，頁25。

卷三到表六共一〇八首，卷七到卷十外制共一四一首，卷十一到卷十六內制共二〇一首，卷十七謚議一首、策問一首、序跋十四首，卷十八、十九記十五首，卷二十碑二首傳一首，卷二十一銘十三首、贊二首、祭文四首，書制六首，卷二十二到二十三啟四十七首，卷二十四神道碑一首行狀三首，卷二十五到二十八誌銘共三十六首，卷二十九五言古詩四十九首，卷三十七言古詩二十三首、五言律詩四十七首，卷三十一七言律詩七十八首，卷三十二五言律詩六首、五言絕句十五首、六言絕句三首、七言絕句六十一首、詞三首，詩歌共二百二首。[25]

汪藻拜黃庭堅的外甥〈江西詩派宗社圖〉成員之一徐俯（1075-1141）[26]為師，學詩於江西詩派，中年以後拜蘇軾所極力稱美的韓駒（1080-1135）為師，詩作也近似蘇軾的作品，具有宋詩多議論的特色，對於朝廷政治常常有感而發，多有議論之作，和江西詩派因為黃庭堅遭遇到烏臺詩案等文字獄之禍後，轉向不討論政治，以形式技巧為主的有所不同[27]，汪藻的詩歌作品之中多有戰爭之後的創傷書寫，詩文中記載了大量戰爭時天下人的傷痛。

汪藻在宋徽宗崇寧二年（1103）三月，二十五歲登進士第之後，崇寧四年（1105）二十七歲六月時因為服父喪，解除宣州州

25 （宋）汪藻：《浮溪集》，收錄於《四部叢刊初編縮本》第57冊。

26 徐俯是黃庭堅的外甥與韓駒交遊友好，徐俯的父親徐禧在元豐五年奉宋神宗之命攻打西夏建立永樂城，最終西夏奪回永樂城，徐禧戰死沙場。

27 參見筆者《北宋詩歌論政研究》（臺北市：文津出版社，2003年）其中論述，因為詩禍影響，江西詩派風格轉而往藝術境界努力，期望句句引經據典，以免遭難。

學教授，回宜興時崇寧五年（1106）二十八歲在德興有〈題四望亭〉詩[28]，詩中已經看出了其視野之廣與大：

> 累棟層軒縹緲間，碧虛相照水精寒。縱橫盡得江山勝，俯仰方知宇宙寬。
> 千里風烟環廣座，四時星斗轉危欄。何須更畫東平障，十萬人家表裡看。[29]

年輕的汪藻看到的是「縱橫盡得江山勝，俯仰方知宇宙寬」天地之大，登高望遠看到的是宏觀的江山勝景，十萬人家百姓的生活安危。

在汴京還未淪陷時，即感嘆自己歲月有限，希望可以經世濟民，對於朝廷可以盡忠，對於百姓可以守護〈汴中書事三首〉：

> 其一
> 永日鈎簾坐，乘流頗自怡。手邀飛絮住，目送遠花移。官牒吾何有，郵簽汝漫知。關心淹速事，無複少年時。[30]
>
> 其二
> 既雨堤仍注，無風浪更揚。麥登孤市沸，榆老半川涼。擊

---

28 金建鋒、杜海軍：《汪藻年譜》（桂林市：廣西師範大學碩士論文，2006年），頁14。

29 （宋）汪藻：《浮溪集》，收錄於《四部叢刊初編縮本》第57冊，卷31，頁277。

30 （宋）汪藻：《浮溪集》，收錄於《四部叢刊初編縮本》第57冊，卷30，頁269。

汰吳儂勇，傳捗楚戍荒。祇應今夜月，兒女話他鄉。[31]

其三

曉日輕橈動，波光滿座隅。岸遙雙燕去，天霽百禽呼。衰白看明鏡，飄零倒濁壺。長年作羈旅，三徑有人無。[32]

對於各地災情，皆有所擔心，詩中顯示其對於國家百姓的忠義情懷。呼應前二首，正因為自己無法協助朝政幫助百姓，所以深有所感，十分悲痛。

宋徽宗政和八年（1118）：汪藻四十歲[33]，該年因為與權臣王黼不合，不能在朝廷中央任官，通判宣州，擔心國事與百姓安危之意，見於〈偶書〉作品中：

長簞北窗下，拋書任縱橫。娟娟穉篠上，熠熠叢榴明。眷此感佳節，怊然愴平生。少年文翰場，結客俱擅名。瑤草俟采掇，雲鴻肆遐征。如何二十載，日與憂患并。骨肉隨逝水，兒童長柴荊。向來交臂人，接武霄漢行。姻親歲時會，尊酒懷抱傾。茲余豈復願，顧影良自驚。飛雨夜來急，濤翻江上城。田家夢亦好，想像秋稼成。新春了在眼，續我齋庖清。[34]

31　（宋）汪藻：《浮溪集》，收錄於《四部叢刊初編縮本》第57冊，卷30，頁269。

32　（宋）汪藻：《浮溪集》，收錄於《四部叢刊初編縮本》第57冊，卷30，頁269。

33　金建鋒、杜海軍：《汪藻年譜》（桂林市：廣西師範大學碩士論文，2006年），頁21。

34　（宋）汪藻：《浮溪集》，收錄於《四部叢刊初編縮本》第57冊，頁260。

詩歌中寫的是自己也嚮往農間隱居生活，但是「茲余豈復願，顧影良自驚。」回首自己當初讀聖賢書所求的自我期許，全在於貢獻所學，對國君對百姓盡忠，詩歌中顯現出急切的用世，急欲有所為的心情。

宣和二年庚子（1120）：汪藻四十二歲。六月，有〈朝散大夫直龍圖閣張公行狀〉、〈朝散大夫直龍圖閣張公行狀〉：「公諱根字知常……今為饒州德興人……宣和二年六月十七日以疾終於家。」（卷二十四）十月，當年有方臘起義的地方亂世，汪藻有〈次韻周聖舉清溪行二首〉，為憂心至極之作[35]：

> 其一
> 君不見國家有紀狂童干，一溪百繞山千盤。竹兵草草兒戲爾，震澤以南心為寒。初如妖禽嘯月曉，忽作聚蚋奔醯酸。九重夜半出秦甲，一麾萬里春農安。書生那知破賊事，且復雪涕論悲端。憶初倉皇挺身走，江湖滿地皆驚湍。仲宣何暇守漳浦，子美僅能投錦官。朝愁烽連海嶠起，暮恐彗掃星河翻。忍饑怖死頭搶地，破釜躍魚苔漬冠。爾時身世狹于掌，俯仰宇宙何時寬。只今同喜風塵定，慎勿忘憂耽酒聖。要須剩作春陵行，為洗吳兒百年病。[36]

「書生那知破賊事，且復雪涕論悲端。憶初倉皇挺身走，江湖滿

35 金建鋒、杜海軍：《汪藻年譜》（桂林市：廣西師範大學碩士論文，2006年），頁23。

36 （宋）汪藻：《浮溪集》，收錄於《四部叢刊初編縮本》第57冊，頁265。

地皆驚湍。」四句詩語道出了書生無法平定國家亂世的憂懼與自
責，「仲宣何暇守漳浦，子美僅能投錦官」二句以王粲（177-
217）與杜甫（712-770）自比，縱使胸懷報國大志，仍必須顛沛
流離在戰火之中，詩歌創作之時已經是亂事平定之日，汪藻回首
戰亂時期的創傷記憶，看得出他始終心懷百姓安危的忠義情懷。
全詩創作宗旨在於擔任官員的自我，不可以忘記記載百姓的艱苦
之處，「要須剩作舂陵行，為洗吳兒百年病」即是學習元結，寫作
〈舂陵行〉「吾將守官，靜以安人，待罪而已。此州是舂陵故
地，故作舂陵行以達下情。」[37]忠於自我職責，護衛百姓，表達
百姓因為戰亂所遭遇的困境。

其二
君不見吳儂自昔王江干，歲輸御府金堆盤。一朝肘掖作奇
禍，玉冊錦袍盟欲寒驛塵初飛梅未破，匆匆烟雨催梅酸。
行驅鬼馬載鬼妾，欲偷瞬息如槐安。那知氛霧卷清晝，旄
頭夜落天南端。樓船千萬羽林卒，飛渡海潮江不湍。狂童

37　元結：〈舂陵行（并序）〉：「癸卯歲，漫叟授道州刺史，道州舊四萬餘戶，經
賊已來，不滿四千，大半不勝賦稅，到官未五十日，承諸使徵求符牒二百餘
封，皆曰：失其限者罪至貶削。於戲，若悉應其命，則州縣破亂，刺史欲焉
逃罪，若不應命，又即獲罪戾，必不免也。吾將守官，靜以安人，待罪而已。
此州是舂陵故地，故作舂陵行以達下情。」詩曰：「軍國多所需，切責在有
司。有司臨郡縣，刑法競欲施。供給豈不憂，徵斂又可悲。州小經亂亡，遺
人實困疲。大鄉無十家，大族命單羸。朝餐是草根，暮食仍木皮。出言氣欲
絕，意速行步遲。追呼尚不忍，況乃鞭撲之。郭亭傳急符，來往跡相追。更
無寬大恩，但有迫促期。欲令鬻兒女，言發恐亂隨。悉使索其家，而又無生
資。聽彼道路言，怨傷誰復知。去冬山賊來，殺奪幾無遺。」收錄於（清）
彭定求編：《全唐詩》（北京市：中華書局，1960年），第8冊，卷241，頁2704。

生致獨柳下，請肉仇家來白官。千奴一膽更須問，速收兩
手春耕翻。鹿奔誰云爭走險，雞敗但笑空餘冠。政須船粟
哺其腹，此令朝行民夕寬。功歌九廟今誰定，退之方頌元
和聖。老人端坐聽清風，習習先秋蘇肺病。[38]

第二首更強調一切都是官逼民反，江南之地本是富庶之地，亂事
雖然已經平定，但是朝廷更因重視民生所求，「政須船粟哺其
腹，此令朝行民夕寬」。劉海榮作《汪藻詩歌研究》中提及：「第
一節　寓居晉陵，濡染蘇詩『暢達自然』詩風」，說明此詩「在
與孫規、賀鑄、葉夢得等浙西尚蘇詩人的交遊過程中，受其影
響，汪藻詩風逐漸向蘇軾靠攏。表現在詩歌作品上，在此期間其
詩歌呈現出『暢達自然』的藝術特色，『江西』瘦硬之詩雖還偶
有出現，但已不是這一時期汪藻詩歌創作主流可以確定為汪藻這
一時期創作的詩歌有宣和元年的〈汴中放船歸陽羨〉，宣和三年
的〈次韻周聖舉清溪行二首〉，宣和五年的〈偶書〉、〈石舟歎〉、
〈桃源行〉……這些詩歌多為自然暢達之作。」[39]並未論及〈次
韻周聖舉清溪行二首〉、〈石舟歎〉二詩所顯現的忠義圖像，二首
作品對於百姓面臨天災與人禍的痛苦，充分表達在詩歌之中，可
見同樣對象是周聖舉的次韻之作〈次韻周聖舉四首〉雖不確定創
於何時，但是由詩中語意表達，可以瞭解汪藻雖是文官，但是心
中護衛國家百姓的決心絲毫不亞於前線的武將。

38　（宋）汪藻：《浮溪集》，收錄於《四部叢刊初編縮本》第57冊，頁265。
39　劉海榮：《汪藻詩歌研究》（桂林市：廣西師範碩士論文，2011年6月），頁28。

其一

斗酒相逢且緩觴，惜無妙曲惱周郎。願吹江水添杯杓，不
管春秋似許長。[40]

其二

滿眼晴江灩不收，浴鳬飛鷺迥相儔。何須細話興亡事，今
古從來貉一丘。[41]

其三

棄甲高于熊耳山，大弨掛壁更須彎。從今江北江南柳，莫
遣行人取次攀。[42]

其四

少婦中宵聞馬嘶，曉看黃色上脩眉。男兒一為功名死，肯
向空山愁秭歸。[43]

「棄甲高于熊耳山，大弨掛壁更須彎。」二句寫當時平定方臘之
亂後，民間亂黨受降狀況與終於可以安定生活不再問前方戰事。
《山海經》中熊耳山勢洛水起源處，二峰高聳，比喻投降舉手。
陸游也有〈小出塞曲〉寫受降處：「全師出雁塞，百戰運龍韜。

---

40 （宋）汪藻：《浮溪集》，收錄於《四部叢刊初編縮本》第57冊，卷32，頁
　　279。

41 （宋）汪藻：《浮溪集》，收錄於《四部叢刊初編縮本》第57冊，卷32，頁
　　279。

42 （宋）汪藻：《浮溪集》，收錄於《四部叢刊初編縮本》第57冊，卷32，頁
　　279。

43 （宋）汪藻：《浮溪集》，收錄於《四部叢刊初編縮本》第57冊，卷32，頁
　　286。

金絡洮州馬，珠裝夏國刀。度沙風破肉，攻壘雪平壕。明日受降處，甲齊熊耳高。」[44]想像金兵投降的樣子。「男兒一為功名死，肯向空山愁秒歸」二句寫出忠臣之心，寧可戰死沙場也絕不如輕易自盡於汨羅江中的屈原，積極上進之心表現於詩中。

宣和五年癸卯（1123）汪藻四十五歲至無錫，因為常州苦旱，乃竭支港之水以使載石之舟可以運行而作〈石舟歎〉[45]，〈桃源行〉一詩也作於該年，在靖康之難發生前的宣和年間，已經有旱災與盜匪危及百姓，汪藻面臨天災與盜匪危亂之時，只希望有一個豐衣足食的地方。〈石舟歎〉中：

> 匆匆負錙鵝鶩喧，閃閃蹴車雷電翻。一城騷動急星火，官渠底用農時穿。海神有意驅巨石，風伯不肯停陰雲。坐令榷水甚于酒，盜者以乏軍興論。峨峨之山載大艑，所過郡邑千官奔。繡衣持斧坐堤上，百潰倒盡生龜文。民間四月種不入，敢惜數斗春泥渾。君王神聖古無有，談笑坐可回乾坤。何妨謦欬九天上，叱散黃帽還嵌根。嗟哉食肉胡不告，勿謂石也安能言。[46]

全詩寫出天災人禍的天下中，卻用了「嗟哉食肉胡不告，勿謂石也安能言」二句結語，用《左傳・莊公十年》肉食者鄙，未能遠

---

44 （宋）陸游撰；錢仲聯校注：《劍南詩稿校注》（上海市：上海古籍出版社，2005年），卷28，頁1945。

45 金建鋒、杜海軍：《汪藻年譜》（桂林市：廣西師範大學碩士論文，2006年），頁25。

46 （宋）汪藻：《浮溪集》，收錄於《四部叢刊初編縮本》第57冊，卷30，頁271。

謀。的典故,指責地方官員不告知聖賢的君王,百姓旱災缺水,
地方卻引水運石,大大擾民。同一年汪藻有〈桃源行〉想像一個
太平世界,可以遠離所有災難:

> 祖龍門外神傳璧,方士猶言仙可得。東行欲與羨門親,咫
> 尺蓬萊滄海隔。那知平地有青春,只屬尋常避世人。關中
> 日月空萬古,花下山川長一身。中原別後無消息,聞說胡
> 塵因感昔。誰教晉鼎判東西,卻愧秦城恨南北。人間萬事
> 愈可憐,此地當時亦偶然。何事區區漢天子,種桃辛苦望
> 長年。[47]

雖在地方,但是不忘徽宗朝廷,希望有一個安全的環境讓大家休
養生息。以漢代的世界亂世,生靈塗炭,時空錯置之法,說明了
人民希望有一個沒有戰爭的地方讓百姓休息安養,這也是汪藻努
力以文章典制鞏固南宋宋高宗政權的皇室政權,讓百姓得以安心
安頓的忠義初衷。「關中日月空萬古,花下山川長一身。中原別
後無消息,聞說胡塵因感昔。」四句描繪出宋徽宗宣和年間的
朝廷已經面臨內外交迫的慘況,「誰教晉鼎判東西,卻愧秦城恨
南北。」更是預言了宋代分北宋南宋的歷史宿命。「人間萬事愈
可憐,此地當時亦偶然。何事區區漢天子,種桃辛苦望長年。」
四句寫出站在百姓的立場,人間萬事或朝廷大事都不是百姓可以
改變的,唯願可以存活安定。

---

47 (宋)汪藻:《浮溪文粹》,收錄於《宋集珍本叢刊》(北京市:線裝書局,
  2004年)第34冊,卷15,頁1。

同時期李綱有〈桃源行〉一詩：

> 武陵溪水流潺潺（藍格本作湲），漁舟鼓枻迷沂沿。谿窮
> 路盡恍何處，桃花爛漫蒸川原。花間邑屋自連接，雲外雞
> 犬聲相喧。衣裳不同俎豆古，見客驚怪爭來前。殺雞為黍
> 持勸客，借問世上今何年。自從秦亂避徭役，子孫居此因
> 蟬聯。不知漢祖以劍起，況復魏晉稱戈鋌。慇懃留客不肯
> 住，落花流水空依然。淵明作記真好事，世人粉飾言神
> 仙。我觀閩境多如此，峻谿絕嶺難攀緣。其間往往有居
> 者，自富水竹饒田園。耄倪不復識官府，豈憚黠吏催租
> 錢。養生送死良自得，終歲飽食仍安眠。何須更論神仙
> 事，只此便是桃花源。[48]

與汪藻相比較，重視的是飽食，「自從秦亂避徭役，子孫居此因
蟬聯」、「耄倪不復識官府，豈憚黠吏催租錢」對於戰爭與內外亂
事卻鮮少提及，由二人詩歌差異，可以得見汪藻更以大範圍在看
當代的史事與局面。

另外有〈夜雨遣興〉：

> 風雨鳴窗報客知，還孤月底探梅期。泉聲猶自斷還續，遙
> 想棲禽無定枝。[49]

---

48 （宋）李綱著；王瑞明點校：《李綱全集》（長沙市：岳麓書社，2004年），
  頁135。

49 （宋）汪藻：《浮溪集》，收錄於《四部叢刊初編縮本》第57冊，卷32，頁
  288。

靖康元年（1126），汴京陷落，欽宗名為出郊，實則遭金人軟禁
至青城，據《建炎以來繫年要錄》記載：「辛丑，淵聖皇帝在青
城……於是鄆王楷、景王杞、濟王栩、祁王模、莘王植、徐王
棣、沂王諤、和王栻、信王榛等九人與宰執何㮚、馮澥、曹輔、
翰林學士承旨吳开、學士莫儔、中書捨人權直學士院孫覿、禮部
侍郎譚世績、太常少卿汪藻皆留城外，余悉令入城。」[50]當時四
十八歲的汪藻，連同九位親王及高官，一同被困在南郊之所。一
代君王淪落成階下囚，隨行的汪藻有感於物是人非。又〈郊丘書
事〉：

> 琅輿深出未央門，十里圜壇氣象尊。珪璧三千周典備，貔
> 貅百萬漢兵屯。
> 青城浮靄連霜動，黃道微風帶日溫。不用靈光符聖武，從
> 來精禊答乾坤。[51]

曾經用來舉行祭天大典的青城郊丘，是何等的壯麗磅礴，祭祀用
品之多、典章制度之精美，在在顯現了宋朝的王者之氣，但如今
北宋君臣成為金人的階下囚，行動受到限制，內心的沉痛又該向
誰說？汪藻利用「連」、「帶」二字，生動的表現了他們的命運和
心情，看不清的迷霧，如同一行人的未來，難以明朗。據徐夢莘
《三朝北盟會編》載：

---

50 （宋）李心傳編撰；胡坤點校：《建炎以來繫年要錄》（北京市：中華書局，
　　2013年），頁26。

51 （宋）汪藻：《浮溪集》（臺北市：新文豐出版社，1984年），卷31，頁279。

孫覿狀曰：「正月初九日，二酋改作，帥致書請上出城議
尊號……。十日復幸於城，捨親王位，供帳蕭然，饋餉皆
不至，群臣相顧失色。蕭慶諷、李若水留吏三百人，余悉
遣，故人多放還者。於是金人以數輩持兵守闇謹誰何。日
將入，掩關外向，以鐵繩維之，燃薪擊柝，傳呼達旦。上
不堪幽閉之辱，往往出涕。」[52]

國家委屈至此，都是從何而來呢？「不用靈光符聖武，從來精禩
答乾坤。」作者不把國祚衰微歸罪於天災，而是借天災之名，控
訴人禍之實。汪藻明白北宋的衰落，正是徽宗以來朝綱不振、用
人不當所造成的結果。在金人的高壓關注下，若詩歌內容涉及兩
方政治，恐帶來危難，這也難怪在宋呂本中載有「遲留車駕」一
事：前此上在青城，齋宮無聊。何𢎥奏宜賦詩以遣興，乃以孫
覿、汪藻應制上詩，用時字韻。覿詩曰「噬臍有愧平燕日，嘗
膽無忘在莒時。」藻詩曰「敵帳夢回驚日處，都城心切望雲
時。」有以此達金帥，及見在莒之句，又斥其為敵帳，因摭此為
名，遂遲留車駕。儘管詩中無法明言，但胸中的激憤不得不發，
汪藻之所以為愛國詩人，可見一斑。

靖康二年、宋高宗建炎元年丁未（1127）汪藻四十九歲。正
月十日庚子，跟隨宋欽宗，有加金主徽號草定冊文。十四日甲
辰，隨淵聖皇帝（宋欽宗）在齋宮，陪同遣興，有詩據《建炎繫
年要錄》卷一：

---

52 （宋）徐夢莘：《三朝北盟會編》（臺北市：臺灣商務印書館，1983年），卷
74，頁110。

> 時帝（欽宗）在齋宮無聊。何鹵奏宜賦詩以遣興，夜遣中
> 使劉當時召孫覿賦即事詩，詩成賜酒。仍召馮澥、曹輔、
> 吳幵、李若水、譚世績、汪藻同賦皆以「歸回」二字為
> 韻。[53]

表達希望歸國。今日統計汪藻詩歌中出現「歸」字達八十五首，
「回」字達二十五首，可見其一生不忘北方疆土百姓忠義知情。

靖康二年（1127）四月癸未，汪藻到金陵之後深感六代興亡
在此興替，多少流落南方的臣子，對此深切悲傷。有〈過金陵〉
詩：

> 六代興亡跡愈陳，跡陳誰遣意如新。古今更欲悲何事，天
> 地長留景似人。雲壓山低惟妬晚，霧蟠江闊更含春。固知
> 到此無窮感，豈獨區區我一身。[54]

「跡陳誰遣意如新」一語點出了現在所面臨的歷史創傷記憶再現
問題，也看出局勢已經難以挽回，所以說出了「雲壓山低惟妬
晚」皇朝遲暮之狀，最後二句「固知到此無窮感，豈獨區區我一
身」以顯現千古忠誠之心相同，最終都仍是相同流亡至此地的
感慨。

建炎三年己酉（1129）：汪藻五十一歲。二月，有〈己酉亂

53　（宋）李心傳編撰；胡坤點校：《建炎以來繫年要錄》，卷1，頁28。

54　（宋）汪藻：《浮溪集》，收錄於《四部叢刊初編縮本》第57冊，卷31，頁277。

後寄常州使君侄四首〉[55]：

其一

汾水游仍遠，瑤池宴未歸。航遷群廟主，矢及近臣衣。胡馬窺天塹，邊烽斷日畿。百年淮海地，回首復成非。[56]

其二

草草官軍渡，悠悠敵騎旋。方嘗勾踐膽，已補女媧天。諸將爭陰拱，蒼生忍倒懸。乾坤滿群盜，何日是歸年。[57]

其三

身老今何向，兵拏未肯休。經旬甘半菽，盡室委扁舟。臺拆星猶矗，農饑麥未秋。日邊無一使，兒女詎知愁。[58]

其四

春到花仍笑，時危笛自哀。平城隆準去，瓜步佛貍來。地下皆冤肉，人間半刧灰。只今衰淚眼，那得向君開。[59]

---

55 金建鋒、杜海軍：《汪藻年譜》（桂林市：廣西師範大學碩士論文，2006年），頁35。

56 （宋）汪藻：《浮溪集》，收錄於《四部叢刊初編縮本》第57冊，卷30，頁269。

57 （宋）汪藻：《浮溪集》，收錄於《四部叢刊初編縮本》第57冊，卷30，頁269。

58 （宋）汪藻：《浮溪集》，收錄於《四部叢刊初編縮本》第57冊，卷30，頁269。

59 （宋）汪藻：《浮溪集》，收錄於《四部叢刊初編縮本》第57冊，卷30，頁269。

靖康之亂還未平復，己酉之亂接踵而至。宋高宗建炎三年（1129）金兵大軍南下，接連攻占建康、常州，直搗黃龍至趙中，宋高宗（趙構）沿海倉皇南奔，定都杭州（改名臨安），[60]江南人民受到戰事侵襲，民不聊生。汪藻在詩中毫不避諱自己的情感，簡單直當的描繪己酉之亂的景象，金兵們所向披靡的神態，對比節節敗退的宋兵，令人可嘆又痛心。但國家仍是有機會捲土再來的，詩中透過越王勾踐的典故、煉石補天的精神，呼籲所有的人民，只要南宋人民齊聚一心，堅定抗戰下去，復國之日指日可待。最後，汪藻發出深沈的表白，那些擁兵自重的大將，棄國家安危和人民不顧，使百姓身陷戰火痛苦之中，對於這些同胞們，汪藻是同情且不捨的。比起其他士大夫，他沒有以自身舒適為導向，一言一行都為著黎民，憤慨不敢抗敵的軍官，痛心山河破碎、強盜橫行。結尾則引用李白「萬重關塞斷，何日是歸年」和杜甫「今春看又過，何日是歸年」的詩句，不為個人遭遇叫屈，只盼替國家、民族和百姓發出心聲。

宋高宗紹興二年（1132）壬子，汪藻五十四歲。宋梁克家《淳熙三山志》卷七：「止戈堂，今安撫廳後架閣庫之北舊甲仗庫置大廳東廡……建炎四年建寇猖獗，程待制邁乞師於朝，乃出禁旅，命孟參政庾、韓少世忠討之。紹興二年賊平，遂更名堂曰

---

60 建炎二年是年春，正月丙戌朔，帝在揚州。五月乙未，詔：「蘇軾追複端明殿學士，盡還合得恩數。」秋，七月癸未朔，宗澤卒。甲辰，金人聞宗澤死，決計用兵。十一月戊子，李綱責授單州團練使，萬安軍安置。十二月金人遂大舉南下。（《宋史・高宗紀》、《續資治通鑑》、《建炎以來系年要錄》卷一二至一八）建炎三年己酉（1129）：五十一歲。二月，有〈車駕移蹕臨安府賀表〉，收錄於金建鋒、杜海軍：《汪藻年譜》（桂林市：廣西師範大學碩士論文，2006年），頁35。

止戈」[61]，汪藻有〈題止戈堂二首〉表達對於國家的關心之情：

其一

此老胸中百萬軍，暫勞試手犬羊群。山頭不復望廷尉，柱
後何須用惠文。解帶為城聊戲劇，賣刀買犢便耕耘。三山
勝處開華屋，千載人傳舊使君。[62]

其二

千里閩山驛騎飛，天書趣解海邊圍。異軍方逐蒼頭起，元
帥徐將白羽揮。翻就鐃歌春舉酒，收還烽火夜開扉。向來
萬事關兵氣，卻作風光坐上歸。[63]

詩歌背景是福建當地的民亂，汪藻寫出了自己對於孟庾平定民亂
的的讚揚。孟庾，是宋朝濮州人，濮州在今山東省鄄城縣北。宋
高宗時參知政事。紹興紹興二年（1132）七月，鎮壓諸路農民起
事後，擔任通議大夫。平定了福建的亂事。李綱也有〈甌粵
銘〉：

相彼甌粵，民俗剽悍。負氣尚勇，輕生喜亂。巨盜挺之，
蜂附蟻從。曾未期年，同惡內訌。王師之來，如雷如霆。

---

61 梁克家《淳熙三山志》卷七：「止戈堂，今安撫廳後架閣庫之北舊甲仗庫置
　　大廳東廡……建炎四年建寇猖獗，程待制邁乞師於朝，乃出禁旅，命孟參政
　　庾、韓少世忠討之。紹興二年賊平，遂更名堂曰止戈」，收錄於金建鋒、杜
　　海軍：《汪藻年譜》（桂林市：廣西師範大學碩士論文，2006年），頁47。
62 （宋）汪藻：《浮溪集》，收錄於《四部叢刊初編縮本》第57冊，頁278。
63 （宋）汪藻：《浮溪集》，收錄於《四部叢刊初編縮本》第57冊，頁278。

討叛舍服，千里震驚。鋒蝟斧螗，猶敢強距。轉戰逐北，
嬰城自固。怒其聲麑，以杭裔獄。翹其萌芽，以激霜雹。
肥牛償豚，一舉碎之。宥彼脅從，戮其鯢鯨。凶徒逆儔，
屍相枕藉。詰爾甌民，自今以往，愛育子孫，尊君稱上。
焚爾申冑，折爾甌兵。服勒未耕，以保其生。孝慈以忠，
砥礪名節。勤銘山阿，敢告者臺。[64]。

由二詩的紀錄，可以補充史書所不足，瞭解宋高宗在南方建立時，南方地方民亂仍是不斷，內憂外患之下，朝廷臣子的輔佐是否得當正是關乎南宋立朝重要之處。

紹興五年乙卯（1135），汪藻五十七歲，有〈挽刑部王侍郎詩二首〉[65]之作：

其一
詔蹕南來首賜環，清名誰不仰高山。獨操廷尉平反柄，徐步文昌侍從班。曾子哀矜情得後，皐陶明允罪疑間。中朝正賴公持議，那得超然便不還。

其二
滿朝忠恕更誰知，家有西京小杜書。揚子清貧安甔石，于公陰德大門閭。

---

64 （宋）汪藻：《浮溪集》，收錄於《景印文淵閣四庫全書》第1126冊，卷142，頁11。

65 （宋）汪藻：《浮溪集》，收錄於《四部叢刊初編縮本》第57冊，卷31，頁280。

雖嗟平進騫騰晚，正值中興選擢初。遺直至今談未已，故
知人不數曹蜍。

王侍郎指王衣（？-1134），也是輔佐高宗南遷的大臣之一，所描
述的文臣安邦定國的勞苦功高忠義圖像，同時也是剖析個人的勞
苦功高形象。以《世說新語》的曹蜍（生卒年不詳）比喻王衣的
忠誠與敦厚。「雖嗟平進騫騰晚，正值中興選擢初。」二句顯示
對於國家痛失英才，深感惋惜的忠義之情。紹興七年（1137）汪
藻五十九歲，作〈致政王參政輓詩二首〉，也寫出了王衣運籌於
帷幄之中的功績：「直道行藏世所難，拂衣談笑便休官。逢時合
上麒麟閣，執法先峩獬豸冠。兩國旄旛交境外，三年帷幄侍朝
端。龐眉未向清時老，萬事浮雲忽蓋棺。」[66]、「賜第崇寧一再
春，建炎方識老成人。早為勇退山林士，晚作中興社稷臣。手把
青箱傳後裔，日陪黃閣轉洪鈞。鄉關間闊雖千里，松檟相望亦海
濱。」[67]此詩也提出了「早為勇退山林士，晚作中興社稷臣」，
寫的是王衣，卻也顯示出汪藻對於國家盡忠的看法，在於運籌於
朝堂之中，而非以戰來安定國家。

　　汪藻直至紹興十三年（1143）六十五歲，在〈次韻桂林經略
李尚書投贈之句三首〉[68]中仍念念不忘國家大事：

---

66 （宋）汪藻：《浮溪集》，收錄於《四部叢刊初編縮本》第57冊，卷31，頁
　　279。

67 （宋）汪藻：《浮溪集》，收錄於《四部叢刊初編縮本》第57冊，卷31，頁
　　279。

68 （宋）汪藻：《浮溪集》，收錄於《四部叢刊初編縮本》第57冊，卷30，頁
　　269。

其一

方隅謀帥重，帝豈賈生疎。絕域須高枕，中朝輒引裾。邊
城雄鼓角，幕府省文書。暫作驂鸞去，群公歎不如。

其二

東越更新組，南陽別舊廬。中原猶鐵馬，遠使只銅魚。荒
俗宜深問，遺蠻勿重鋤。歸來正黃閣，將略自公餘。

其三

聞道中興帥，今除第一流。犬牙聊制敵，猿臂即封侯。把
酒逢元亮，哦詩得子猷。何妨留此傑，相與復神州。

「方隅謀帥重，帝豈賈生疎」形容國君英明，需要安邦定國的邊
疆大將，所以派遣李尚書前往邊塞，「中原猶鐵馬，遠使只銅
魚」、「何妨留此傑，相與復神州」，希望國家留下重臣協助，以
解邊疆困境。

紹興十六年（1146），汪藻六十八歲。[69]對於同遭戰火影響
的鄭固道，有〈鄭固道累書求寓屋詩走筆封寄〉：

平生金石交，政爾一固道。佳哉固道乎，所至即為寶。人
言醒而狂，我見影亦好。憶初煙塵飛，環累十萬竈。夕鋒

---

[69] 是年，有〈信州鄭固道侍郎寓屋記〉。〈信州鄭固道侍郎寓屋記〉：「彭城鄭固
道歟直承明而歸，得爽塏于上饒龜峰之下，種花蒔竹若將老焉……今為徽猷
閣待制提舉江州太平觀。」（本集卷十九）按：《建炎以來繫年要錄》卷一五
五：「十二月辛丑，徽猷閣待制提舉江州太平觀鄭望之言：『老而多病，乞守
本官致仕。』許之。仍遷一官。」金建鋒、杜海軍：《汪藻年譜》（桂林市：
廣西師範大學碩士論文，2006年），頁67。

通甘泉，兵氣塞穹昊。公為魯仲連，麾去如振槁。功成拂
衣去，不羨中令考。每逢泉石佳，便欲事幽討。晚行龜峰
旁，愛此千嶂抱。亟營背郭堂，羞作出山草。慨然懸其
車，避俗長卻掃。所嗟高明家，華屋幾人保。既留楊柳
枝，仍占杏花島。真成醉吟翁，何況無病惱。屬聞鴻冥
冥，痛恨歸不早。何當釋羈囚，把臂共傾倒。餘光玩桑
榆，踵息養梨棗。買鄰會有時，來往成二老。[70]

又有〈次韻鄭固道侍郎見寄長句二首〉[71]：

其一
一作班荊別，秋風幾度涼。論文隔尊俎，得句夢池塘。歲
晚思傾蓋，情親比陟岡。若為生羽翼，千里到君旁。

其二
憶昨遭戎馬，同浮十里江。括囊聊遯世，懷寶豈迷邦。眼
底雲空過，眉間雪未厖。不因參嚼蠟，那得寸心降。

對於過往戰爭經歷的創傷經驗，以及舊日朋友因為戰爭遭遇到的
分離與傷痛，午夜夢迴時總會回想起美好的過往時期，今日雖然
同樣流落異鄉為異客，所過的日子大不如前，但是絕不事二君的

---

70 （宋）汪藻：《浮溪集》，收錄於《四部叢刊初編縮本》第57冊，卷29，頁
256。

71 （宋）汪藻：《浮溪集》，收錄於《四部叢刊初編縮本》第57冊，卷30，頁
270。

忠義之心，詩中結語已經點出。而〈過臨平二首〉[72]：

其一

一別九霄路，風煙長滿衣。已成身老大，無復世輕肥。天闊鳥雙下，山寒人獨歸。曉來何似雨，春水半岩扉。

其二

睡起涼生岸，鉤簾坐小窗。麥風能起柁，梅雨不鳴江。往事心長折，歸途影自雙。依然蒲柳地，人老故先降。

對於孤身南遷，有著無限愁思，雖然心中對於朝廷有無限的擔憂，但自己卻仍是只能頻頻回首的隻影獨歸，詩中從「一別九霄路，風煙長滿衣」起，結尾在「依然蒲柳地，人老故先降」。不言明經過多久的時間，而更顯時間的長久，對於朝廷與國家的責任不敢一天忘掉。「已成身老大，無復世輕肥」取《樂府詩集》〈長歌行〉：「少壯不努力，老大徒傷悲。」[73]、杜甫〈秋興八首〉：「同學少年多不賤，五陵衣馬自輕肥。」[74]對於生命有限，而自己無法回饋國家，深感憂心。

　　在〈天長道中三首〉中，更可以看出汪藻心中對於隱居一直有著嚮往：「山行逢淺夏，濃綠屢低巾。地冷猶衣裌，村香已食新。菰蒲渾欲老，魚鳥自相親。倚杖看孤月，悠悠何處人。」

72　（宋）汪藻：《浮溪集》，收錄於《四部叢刊初編縮本》第57冊，卷30，頁270。

73　（宋）郭茂倩：《樂府詩集》（北京市：中華書局，1998年），頁442。

74　（清）彭定求編：《全唐詩》（北京市：中華書局，1960年），第7冊，卷230，頁2510。

「十年遊歷地，客子故難忘。下馬尋遺老，開門對夕陽。一鳩鳴
晻翳，數犢臥蒼茫。更欲東南望，疏星近鳥行。」「節物兼暄
暑，川原半雨晴。雉場時一雛，黽畝忽齊鳴。斗粟違高枕，囊衣
度古城。讀書成底事，投老失春耕。」[75]三首作品中可見對於鄉
野生活的嚮往，但是因為讀聖賢書當為國家服務，最終只能憂國
憂民，失去可以隱居享受田園之樂的生活。〈悼往二首〉中：「宿
草縱橫綠，春歸有底忙。百年知有盡，萬感要難忘。欲語如他
日，猶疑在我旁。人生今至此，不擬惜流光。」「意懶還須步，
愁多不更謳。蕭蕭寒著樹，咄咄老侵人。未滿窮愁願，先分夢幻
身。東風吹節換，送我淚痕新。」[76]更把對於朝廷的責任千萬愁
緒化成詩語，由於讀聖賢書當要有經世濟民作為，對於國家的忠
愛之情，使得汪藻不得不放棄嚮往的隱居生活。

　　然而，汪藻在面臨戰爭流離失所或天災造成百姓苦痛，卻因
一己之力有限，無法救難朝廷百姓之時，對於隱居生活的嚮往，
更是迫切。從其詩中可發現，多半真實反映了汪藻因為積極的忠
愛之情，轉而希望可以到達隱居遯世的生活。

第三節　文似陸贄「閎麗精深，傑然視天下」

　　〈浮溪集原序〉：

75　（宋）汪藻：《浮溪集》，收錄於《四部叢刊初編縮本》第57冊，卷30，頁
　　270。
76　（宋）汪藻：《浮溪集》，收錄於《四部叢刊初編縮本》第57冊，卷30，頁
　　268。

余曰天下有能事而文章為難，工由漢迄唐千有餘歲，一時
大手筆作為，文章閎麗精深，傑然視天下而自立于不朽者
蓋幾人而已。杜子美詩格力自大雄跨百代為古今詩人之
冠，至他文輒不工，荀卿所謂藝之至者不兩能信矣，夫道
喪文敝作者眾矣，詞句儇淺益不逮前，其間心競力取馳騁
上下欲一麾，以造古人之域而擇之，不精守之不固。殉名
而媮習鄙而陋固不足與于斯文，左太冲積十年之勤僅成一
賦，劉伯倫以一酒德頌終其身而一能之，善一語之工亦遂
列于作者之林而名後世。

今汪公之文所謂閎麗精深，傑然視天下者也，公平生無所
嗜好，至讀古聖賢之書屬為詞章，如啗土膏嗜昌歜為一
病，窹寐千載，心摹手追貫穿百氏，網羅舊聞推原天地道
德之旨。古今理亂興廢得失之跡，而意有所適者，必寓之
于此。登高望遠屬思千里凡耳目之所接，雜然觸于中，而
發于詠歎者，必寓之于此。嶇崛兵亂潛深伏隩悲歌慷慨酣
醉無聊而不平有動于心者。亦必寓之于此。伎與道俱習與
空會文從字順體質渾然不見刻畫如金鐘大鏞，叩之輒應愈
叩而愈無窮何其盛也。

公在館閣時方以文章為公卿大臣所推重，每一篇出余獨指
其妙處，公亦喜為余出也，後十五年公以儒先宿學當大典
冊，秉太史筆為天子視草始大。發于文深醇雅健，追配古
作。學士大夫傳誦，自海隅萬里之遠莫不家有其書，所謂
常楊燕許諸人皆莫及也。公詩自少作已有能名，及是與年
俱老興微，託遠得詩人之本意，覽者當自知之，公鄱陽人

諱藻字彥章云晉陵孫覿撰。[77]

汪藻擅長寫四六文，南渡初詔令制誥均由他撰寫，多為時人傳誦，被比作陸贄（754-805），〈皇太后告天下手書〉、〈建炎三年十一月三日德音〉是其代表作。孫覿序其集時推重他為大手筆。在徽、欽二帝被擄後，汪藻替元祐皇后書〈手書告天下〉：

> 比以敵國興師，都城失守。侵纏宮闕，既二帝之蒙塵；誣及宗枋，謂三靈之改卜。眾恐中原之無統，姑令舊弼以臨朝。雖義形于色，而以死為辭；然事迫于危，而非權莫濟。內以拯黔首將亡之命，外以舒鄰國見逼之威。遂成九廟之安，坐免一城之酷。乃以衰癃之質，起于閒廢之中。迎置宮闈，進加位號。舉欽聖已行之典，成靖康欲復之心。永言運數之屯，坐視邦家之覆，撫躬獨往，流涕何從？緬惟藝祖之開基，實自高穹之眷命。歷年二百，人不知兵；傳序九君，世無失德。雖舉族有北轅之釁，而數天同左袒之心。乃眷賢王，越居近服。已徇群臣之請，俾膺神器之歸。緣康邸之舊藩，嗣我朝之大統。漢家之厄十世，宜光武之中興；獻公之子九人，惟重耳之尚在。茲為天意，夫豈人謀？尚期中外之協心，共定安危之至計。庶臻小愒，同底丕平。用敷告于多方，其深明於吾意。[78]

---

77 （宋）汪藻：《浮溪集》，收錄於《四部叢刊初編縮本》第57冊，頁1。
78 （宋）汪藻：《浮溪集》，收錄於《四部叢刊初編縮本》第57冊，卷13，頁100。

全篇不到四百字，字字精確、簡明，先以中原無主，國勢危殆開頭，將二帝蒙塵、元祐皇后復立一事簡單概述。再以歷史角度陳述，強調需要明君即位，雖然靖康之難危及國家，但只要推舉康王，不但人心可待，社會必能趨於安定。利用晉文公重耳和光武帝劉秀的典故，以古譬今，以此鞏固君權及安定民心。具有對於百姓的號召力與建立宋高宗歷史正統的助益。

宋高宗繼位後，由於汪藻善於為文，適逢國家多事，因而詔令多出自汪藻之手。宋高宗更親自在自己御用的白團扇上書寫「紫誥仍兼綰，黃麻似六經」[79]十字賜之。

汪藻在青墩城軟禁被放還後，於當年八月呈給高宗皇帝〈奏論宋晦落職不當行詞狀〉：

> 自崇寧以來，綱紀日紊，其兼官據勢者，非賿結權幸，則權幸之親也。非誤國開邊以取賞，則奴事閹官以進身也。如此等輩，皆僕廝之材，本非士類，乘時詿謬，攘取公器如盜賊然。考其平生，一無分毫可得之理。以此清議不伸，搢紳道喪，天下切齒，馴致今日之禍。[80]

狀文中直指國家衰敗之因，痛訴卑劣之徒，看似負氣而發，其實內心充滿忠義之情，擔憂國家至極。忠言直諫，以「天下切齒」來指責宋高宗任用宋晦，認為宋晦不應當擔任儒者。

汪藻身為人臣，不受任何人的脅迫，一心以國家為第一考

---

79 （元）脫脫等撰：《宋史》，卷445，〈文苑七〉〈汪藻〉，頁13131。
80 （宋）汪藻：《浮溪集》（臺北市：新文豐出版社，1984年），卷31，頁17。

量，對於國家有益之事，從不懈怠退縮。如〈建炎三年十一月三日德音〉：

> 御敵者莫如自治，動民者當以至誠。朕自纘丕圖，即罹多故，昧綏懷之，遠略貽播越之深憂，雖眷我中原漢祚，必期于再復，而迫于強敵，商人幾至于五遷，茲緣仗衛之行，尤歷江山之阻，老弱扶攜于道路，飢疲蒙犯于風霜，徒從或苦繹騷程頓不無煩費。所幸天人協相，川陸無虞，倣治古之時巡即奧區。而安處言念連年之紛擾，坐令率土之流離，鄉閭遭焚刼之裁，財力困供輸之役，肆夙宵而軫慮如冰炭之交懷。

說明朝廷供需出現問題，面臨前所未見的危機，但詩中不忘勉勵臣子如同商代五次遷都，最後仍可以安定國祚，更加興盛，君臣定當以誠待民最終無懼江山險阻與強敵侵略，與百姓同心一意，定能夠扶助危邦。

> 嗟汝何辜，由吾不德，故每畏天而警戒，誓專克己以焦勞，欲睦鄰休戰，則卑辭厚禮以請和。欲省費恤民則貶食損衣而從儉，苟可坐銷于氛祲，殆將無愛于髮膚，然邊陲歲駭而師徒不免于屢興，餽餉日滋而征斂未逮于全復。惟八世祖宗之澤，豈汝能忘，顧一時社稷之憂，非予獲已少俟寇攘之息首圖蠲省之宜，況昨來蒙蔽之俗成，致今日凌夷之禍亟。

說明宋高宗自我反省必是自我德行不足，才遭到天意示警，為了
百姓生活安定才會給予金人大量厚禮已請求和平；為了體恤民生
疾苦，君臣皆已縮衣節儉，但是邊疆戰事仍未平定，國力尚未恢
復，只是絕對不忘宋代八世先皇對於百姓給予恩澤，定當振興圖
強，深刻自省解除國家一時的憂慮與危難。

> 雖朕意日求于民瘼，而人情終壅于上，聞主威非特于萬鈞
> 堂下，自遙于千里既真偽，有難憑之患，則遐邇銜無告之
> 冤已敕輔臣相與虛懷而聽納，亦令在位各須忘勢以諮詢直
> 言者，勿遣危疑忠告者靡拘微隱，所期爾眾咸體朕懷，尚
> 慮四民興失職之嗟，百姓有奪時之怨，科需苛急人心難俟
> 于小康，犴獄繁滋，邦法有稽于末減乃用迎長之節。特頒
> 在宥之恩，于戲王者宅中夫豈甘心于遠狩，皇天助順其將
> 悔禍于交侵，惟我二三之臣，與夫億兆之眾亟攘外侮協濟
> 中興。[81]

最終希望臣子共同扶持完成復興大業，期許君臣共同體察民情，
對於有失誤的政策與法令要接受建議並且改變，將之前犯的錯誤
加以彌補，以解除當時京城被攻陷，不得不遠狩的悲劇。

（一）勇於指陳權臣缺失

　　紹興元年（1131），除龍圖閣直學士知湖州（今浙江吳興
縣），擅長寫四六文，詔令制誥皆出自其手。官至顯謨閣大學

81　（宋）汪藻：《浮溪集》，收錄於《四部叢刊初編縮本》第57冊，卷13，頁
　　102。

士，封新安郡侯，為官清廉，「通顯三十年，無屋廬以居。」後知徽州，王黼貌美，汪藻曾戲之為「花木瓜」，後來王黼得勢，貶汪藻通判宣州。《靖康要錄》中記錄徽宗時權臣王黼在欽宗靖康元年被斬：

> 靖康元年二月二十三日，聖旨：「借到士庶金銀，令拘收籍沒王黼、李彥等房廊住宅田土及戶絕田產給還，願請空名官告、補度牒紫衣師號者聽。」
>
> 二十五日……開封府奏：「本府提事使臣韓膺等狀：『蒙差體究王黼所在。契勘王黼二十四日至雍丘縣城南二十里永豐鄉輔固村，為盜所殺，取到首級申報。』」[82]

（二）主張割地議和過程

《靖康要錄箋注》中所貢獻的歷史圖像：

1 維護李邦彥之語

靖康元年金兵攻宋更加積極，此時主和與主戰二勢力辯論正盛，在《靖康要錄箋注》[83]可以看出歷史真相，欽宗是主張和議的。

> 二月一日皇帝御明堂頒朔。詔：「聶山充發運使，措置軍興糧草，應江淮、荊浙、福建諸路軍政兵器，並令措置以

---

82 王智勇：《靖康要錄箋注》，頁170。
83 王智勇：《靖康要錄箋注》，頁215、254。

閒。或有差撥，並聽轟山節制。敢有稽違，盡行軍法。

二日宣撫司都統制姚平仲率步騎萬人刦金寨不克而奔。

三日李綱罷尚書右丞，親征行營司，种師道罷宣撫使，並廢罷親征行營使司。發運使轟山添差領開封尹依舊戶部尚書。

四日金人求上母弟為質，乃以駙馬都尉曹晟使其軍。晟尚榮德帝姬，與上同生，故遣之。避虜酋（金主）名名改晟曰實。

五日兵部員外即臧瑀、職方員外郎秦檜充割地使。

值得一提的是《靖康要錄箋注》原本記載是「虜酋」二字，到清人編《四庫全書》時已更改為「金主」。

五日手詔：「士庶伏闕上書，願見李綱、种師道，朕深諒爾等忠義，已令綱、師道傳旨撫諭。若更有乘時恃眾亂行，毆打內侍，令綱、師道以軍法從事，便令退散。如後去之人，當行軍法。」御批：「李綱依舊右丞、提舉京城四壁，應舊行營兵馬。」孟鉞上言：「臣近乞召用朱夢說、范宗尹事已蒙俞允，天下幸甚。……臣聞太常少卿李綱推孤忠自許之誠，首決天下之大事，蒙陛下處以股肱之任，雖愚懵無知之人，亦皆鼓舞欣忭，況忠直有識之士哉！今日忽聞李綱緣用兵少挫，已蒙加罪。

臣等學校諸生，素與綱無半面之雅，而邦彥亦昧平生，所以勸陛下進綱而退邦彥者，豈有他哉？蓋生靈之命與社稷存亡，在陛下用綱與不用，去邦彥與不去耳。天下公論如

此，臣等豈敢默然？」[84]

靖康元年二月十一日：「太宰李邦彥奏乞致仕，手詔：『李邦彥任政府屢年，累形憂國愛民之誼，以至慎惜名器，抑裁冗濫，獻納非一。朕在東宮時，熟聞嘉譽，策立之際，備罄忠誠。金人犯闕，其所建明，惟知利社稷、撫軍民為急，朕一一施行。眾志未能遍諭，乃作勿靖，鼓唱流言，又與前日異意元惡之人忽生怨憤，實駭予聽。已依所乞宮祠。播告中外，咸信勿疑。」[85]

《宋史》〈李邦彥傳〉有言：

徽宗內禪，命為龍德宮使，升太宰。知眾議不與，外患日逼，抗疏丐宮祠。金人既薄都城，李綱、種師道罷，邦彥堅主割地之議。太學生陳東數百人伏宣德門上書，言邦彥及白時中、張邦昌、趙野、王孝迪、蔡懋、李梲之徒為社稷之賊，請斥之。邦彥退朝，群指而大詬，且欲毆之，邦彥疾驅得免。乃以特進、觀文殿大學士充太一宮使。不旬日，吳敏為之請，復起為太宰。人皆駭愕，言者交論之。[86]

2　記載靖康年間百姓艱辛

二十六日，宰執等裒聚金銀，自乘輿服御、宗廟供具、六宮官府器皿皆竭，又送以服御、犀玉、腰帶、珍珠、寶

---

84 王智勇：《靖康要錄箋注》，頁238。
85 王智勇：《靖康要錄箋注》，頁305。
86 （元）脫脫等撰：《宋史》，卷352，〈李邦彥〉，頁11120-11121。

器、珍禽、香茶、錦綺、酒果之類，并以祖宗以來寶藏珠
玉等準折。復索之於臣庶之家，金僅及三十萬兩，銀僅及
八百萬兩。於是王孝迪建議，欲盡括在京官吏軍民金銀，
以收簇犒設大金軍兵所為名，揭長榜於通衢，立限俾悉輸
之官，限滿不輸者斬。許奴婢及親屬，諸色人告，以其半
賞之。都城大擾，限既滿，得金二十餘萬兩，銀四百餘萬
兩，而民間藏蓄為之一空。[87]

（三）以民生因素反打造戰船

汪藻〈撫州奏乞罷打造戰船等事〉一文：

竊惟陛下，屢降明詔求直言，欲聞民間疾苦、朝廷闕失，
盛德之事也，臣幸以侍從蒙恩領州，熟睹疾苦而不為陛下
一言，臣則有罪，臣嘗聞孔子之言，曰：「足食、足兵民
信之矣，或問不得已而去，于斯二者何先曰去，兵去。食
夫食之與兵不可去也，明矣」。聖人豈不知此而顧獨存區
區之信哉，以為不信之禍甚于，無食無兵不可不慎也。陛
下即位以來詔令之下，未嘗不以恤民為言，懇惻丁寧出于
誠意。官吏于常賦外秋毫及民者輒論之是宜父老扶杖往
聽，願少須臾毋死思見德化之成如書傳所載也。臣伏覩近
日百姓見朝廷命令之頒，反嘻笑咨怨其故何哉。陛下以空
文示民而民莫之信也，何則財利之在人間非無量數之物
也。譬一卮之水，酌之一卮則竭矣。豈復能供鍾釜之用

---

87 王智勇：《靖康要錄箋注》，頁176。

乎。國家逐路逐州逐縣之財皆有成數，量入為出其理當。

然今朝廷不問一路多寡有無，而責之漕臣。漕臣不問多寡有無而責之郡守，郡守不問一縣多寡有無而責之縣令。今日移文曰為某事支係省錢若干，不管闕誤明日移文曰為某事支經制錢若干，不管闕誤不稟承者以威命臨之，上下便文遞相逃責至縣而極矣。推移不行則浚民脂膏以應，期會此所以陛下有愛民之心而民莫之信也。且以臣所領一州言之歲，得酒稅錢不過六萬緡，而月樁大軍起綱水腳官吏軍兵請給衣賜打箭頭鐵葉等錢歲當用四十餘萬緡，不知此錢從何出哉。雖積欠當催而積欠非朝夕可得，以為不取之于民是欺陛下耳。然尚有可議者曰遽改之難臣請試指目前一兩事最急而病民者言之打戰船買箭箇翎毛是也。

本州正月初六日准安撫轉運司指揮撫州打戰船二十二隻，限五月畢出，違限期官吏竝重寘典憲，臣承命惶怖即時行下諸縣計置材植人工，方欲施工，間二月初六日又准安撫轉運司指揮本州改造大樣車戰船二十二丈、十六丈各一隻。本州辦集工料如前。三月初四日又准安撫使指揮分拋二十六車船各一隻下撫州候樣打造，三月初六日又准安撫轉運司指揮分拋二十車船一隻下撫州候樣到應期打造前後四牒。未嘗一同，雖其末止于打造二十車船一隻安撫轉運司每承聖旨指揮輒有改易，民間莫知執守，數月為之騷然。

今方候降樣不知其樣如何，豈復當改易也，木植人工驅而致之，水濱去州百餘里一月餘矣。樣未至間勢當復散，散

而復集是重擾也，不知此役何時已耶。建議者必曰官降度牒矣，何以民為不知軍興以來度牒，重重相因，雖減價不售今又州州承打船拋降倉卒，安能成錢亦其錢豈能及朝廷所降之數哉。借使便得此錢以官錢貼支，猶須四倍其數民間之費，又當數倍于此，蓋船之大者二十二丈法當用材四丈有餘。此材非深山窮谷中無有也挽而致之水濱豈一日之工一人之力哉。船之可用不可用，非臣所敢知，但見江西地理素薄民生甚微方此耕蠶之時，舉家暴露眎田桑盼盼然，不得為卒歲衣食之計，人人愁歎陛下所當恤也，不知誰為陛下畫此得無用程昌寓之言乎，昌寓人材難逃聖鑒是果足與參議論共功名之人哉，陛下聽其言而使數路生靈為之嗷嗷，臣竊以為過矣。至于箭箏翎毛有司當計實用之數下，所產州郡收買撫小州也。歲買箭箏二百萬翎毛一百餘萬一州之數，如此總諸州蓋不可勝計矣。

亦安用其數如此之多乎，大抵地非所生必求之他郡，今他郡各憂不足安能及人，此其價所以十倍也。故一箏之直幾百錢而翎毛則尤難遽集，至有縣令以翎毛決事者，詰朝訟者執翎毛羅立于縣庭之前，往往旋捕鴈雉鵝鷖取之物被其毒矣。豈特民乎夫，民既無聊如此而江西一路數千里之間群盜處處盤結以為勞而為民，不若安然作賊萬一群起合而為一，豈不為陛下宵旰之憂乎。況方解嚴之時尤當愛惜民力，若平居無日不擾，不知四方有警，陛下何以待之臣所以夙夜為國寒心者。此也此皆陛下與大臣畫可帷幄之中而臣乃以區區之愚妄言于闕庭數千里之外，其不為下所信也

必矣。然事固有不可忽者陛下胡不遺一二忠信之臣，按行
而巡問之乎，儻不如臣言臣當受罔上之罪，萬有一分可採
陛下何忍驅數州赤子使之相延而為盜哉，臣不勝憂懣待命
之至取進止。[88]

提出反對建造戰船北伐的訴求，主要是因為民生因素。因為朝廷
要建造軍艦、北伐或運送物資，卻未考量建造所需要的資金是來
自於徵收百姓稅賦。在建造戰船時，又因樣式難以決定，民工召
集又放回，勞師動眾，讓百姓沒辦法接受。

第四節　小結

　　汪藻在靖康之難前後經歷三朝，以其文才顯名於當時，對於
宋欽宗時期靖康年間二年的中央朝廷做了第一手的記載，《靖康
要錄》留存給歷史學者第一手的文獻資料，屬於戰爭史實的「負
面文化遺產」，足以提供後世瞭解。

　　在其〈挽留二兄〉一詩中讀者可以看出汪藻在亂世中想要歸
隱山林，卻放不下自己為宋皇朝培養的人才，詩云「聞挈囊衣指
故林，上堂長跪涕沾襟。肯將斷鴈相望影，來慰驚波未定心。客
路山川方積雪，吾廬桃李久成陰。歸鞍底用匆匆發，更促杯盤語
夜深。」[89]這首詩可以說明其對朝廷的忠義之情。

　　汪藻的詞作只留存三首，三首作品中都表現出深刻的愁緒，

88　（宋）汪藻：《浮溪集》，收錄於《四部叢刊初編縮本》第57冊，卷1，頁9。
89　（宋）汪藻：《浮溪集》，收錄於《四部叢刊初編縮本》第57冊，卷31，頁
　　278。

細算汪藻的生平雖然成名於宋徽宗之時，欽宗高宗二朝都受到君王仰仗與重用。但是處於北宋末年時期國家危難之時，加上徽宗時期與王黼及高宗時與秦檜想法不合，縱使文章與言論得以被君王採用，但是面臨這樣大的戰爭歷史創傷，汪藻的三首詞作中，〈點絳唇〉二之一：「新月涓涓，夜寒江靜山銜斗。起來搔首，梅影橫牕瘦。好箇霜天，閑卻傳杯手。君知否。亂鴉啼後。歸興濃於酒。」[90]其中的「夜寒」、「梅影」、「閑卻」、「亂」、「鴉啼」、「歸興」都表現出一種在國家面臨重大危機時，自己不能力挽狂瀾，起了不如歸去之語。〈點絳唇〉二之二：「高柳蟬嘶，採菱歌斷秋風起。晚雲如髻。湖上山橫翠。簾卷西樓，過雨涼生袂。天如水。畫樓十二。有箇人同倚。」[91]「蟬」一直都是居高嘶鳴的代表，汪藻即以蟬嘶暗喻自己的忠言直諫，「採菱歌斷秋風起」寫出了節氣變化，也道盡了世局變化。在〈小重山〉詞作中：「月下潮生紅蓼汀。殘霞都斂盡，四山青。柳梢風急墮流螢。隨波去，點點亂寒星。別語記丁寧。如今能間隔，幾長亭。夜來秋氣入銀屏。梧桐雨，還恨不同聽。」[92]也抒發了「殘霞」、「風急」、「墮」、「亂寒星」、「別語」、「還恨不同聽」等具有創傷情感的負面用語。如同蘇軾在〈六月二十日夜渡海〉中所寫的：「參橫斗轉欲三更，苦雨終風也解晴。雲散月明誰點綴，天容海色本澄清。空餘魯叟乘桴意，粗識軒轅奏樂聲。九死南荒吾

90　（宋）汪藻：《浮溪集》，收錄於《四部叢刊初編縮本》第57冊，卷32，頁288。

91　（宋）汪藻：《浮溪集》，收錄於《四部叢刊初編縮本》第57冊，卷32，頁288。

92　（宋）汪藻：《浮溪集》，收錄於《四部叢刊初編縮本》第57冊，卷32，頁288。

不恨，茲游奇絕冠平生。」[93]，以月喻指國君，以星星暗喻圍繞著月亮的群臣。

汪藻對於國家與百姓的忠義之情，表現在詩歌之中如同〈古鏡行〉：「我有辟邪鏡，得之咸陽宮。其陰為天池，一母將九龍。旁書負圖字，土蝕如旋蟲。緘以駭雞珍，妙極倕之工。請言照遠近，十裡秋毫空。豈不鑒脂澤，所貴肝膽通。問誰為此器，太古非人功。客聞重歎息，意欲窺靈蹤。高臺不辭倚，恐客難稱容。繩窮匣半啟，四室來悲風。日車當晝留，羞澀如頑銅。森然髮上指，凜若臨霜鋒。我還撫客手，此豈世寶同。揮淚兩無言，掩鏡鞏囊中。」[94]胸懷大志想要救國救民的正氣凜然之氣見於詩歌之中。以咸陽宮「古鏡」辟邪鏡自許，將古鏡給客觀賞與說明古鏡的功用，投射出自我如同古鏡除天下弊病的豪情，卻也對於當代時局不得有所作為，而有「揮淚兩無言，掩鏡鞏囊中」無能為力之感。

汪藻對於北方的國君領地與百姓，始終心繫在心中，在〈題至樂堂〉中：「倚空危榭壓城樓，千里風煙攝寸眸。二華忽從天外落，三河直入坐中流。何人解得為邦樂，有客難甘去國愁。投老復來江漢外，此生歸計日悠悠。」[95]寫景中以「倚空危榭壓城樓」表現出國勢與時局的無所依靠，汪藻至老都未曾忘記「去國愁」，縱然「此生歸計日悠悠」，卻從不忘記北方的朝廷與百姓。

---

93 （宋）蘇軾撰；（清）王文誥輯注：《蘇軾詩集》（北京市：中華書局，1992年），頁2366-2367。

94 （宋）汪藻：《浮溪集》，收錄於《四部叢刊初編縮本》第57冊，卷29，頁262。

95 （宋）汪藻：《浮溪集》，收錄於《四部叢刊初編縮本》第57冊，卷31，頁279。

在〈常山道中聞諸將屢捷〉：「一雨四十日，羲和安在哉。路憂石頭滑，雲怕天心開。隔水喚舟渡，逢人騎馬來。聞言江北好，一笑為傳杯。」[96]詩歌之中「一雨四十日，羲和安在哉」寫出的是天氣的陰雨，更是對於國勢與時局的無能為力，「路憂」、「雲怕」都顯現出戰亂的時代對於作者心靈創傷的影響，「隔水喚舟渡，逢人騎馬來」，話語一轉，終至聽到了江北有打勝仗的消息，一掃多日陰霾。

96　（宋）汪藻：《浮溪集》，收錄於《四部叢刊初編縮本》第57冊，卷30，頁269。

第四章

「寄語遺民知帝力，勉拋鋒鏑事耕桑」的葉夢得

　　葉夢得（1077-1148）較之於其他南宋傑出人物，主要在於他確實且有效的協助邊疆戰役與財政治理。王偉勇先生在《南宋詞研究》中談到南宋詞人及其作品時，更把葉夢得、陳與義、汪藻三人列為「公忠體國及硜硜自守之朝臣」一類，說明「此類人士雖不曾效命疆場，手刃仇敵，然能以忠言為甲胄，以禮義為干櫓，載仁而行，抱義而處：雖有暴政，不更其所，亦立名之士也。」[1]對於忠義的行為，認為不應當只局限於效命疆場，用武力殺敵，以直言直諫之忠言為盔甲與盾牌保衛國家、護衛百姓；以禮義規劃、訂立典章制度為護衛國家的武器；以仁義之心安撫內外亂事。堅持有所為而有所不為，雖然面臨金人的武力與權臣的迫害，仍不更動其所堅持的經世濟民初衷，更是應當得到後世揚名以立其傳記。

　　王偉勇先生稱葉夢得：「此中或有不滿奸鄉專權議和，犯顏直諍，以致見黜貶謫，或默然致仕退隱者。」[2]強調葉夢得不懼怕當時權臣與地方的兵亂，勇於上奏諫言國君，雖然被貶謫或引退，仍是勇於為所當為。相較於陳與義（1090-1138）與汪藻

1　王偉勇：《南宋詞研究》（臺北市：文史哲出版社，1987年），頁259。

2　王偉勇：《南宋詞研究》，頁259。

（1079-1154）屬於「恪守職責，義不苟合，行己有恥，硜硜自守者」[3]，葉夢得更是多了一份積極作為與勇氣。綜觀葉夢得的詞學作品，極具有顯明的忠義精神。《四庫全書總目提要》對於《石林居士建康集》評論：

> 夢得為蔡京門客，章惇姻家。當過江以後，公論大明，不敢復噓紹述之焰。而所著《詩話》，尚尊熙寧而抑元佑，往往於言外見之。[4]

強調葉夢得出身背景是新黨蔡京（1047-1126）培植的人才，更是章惇（1035-1105）的姻親，認為《石林詩話》中的思維模式與品評標準是偏向新黨的，到了南宋時期葉夢得才不再多論新黨的見解。宋代歐陽修（1007-1072）《六一詩話》中說明了文人在不得志時，以詩話將自己的理念表達出來。筆者已經在〈詩話創作的政治功用——以北宋最初三詩話為例〉[5]一文中詳細論述。《石林詩話》亦存在著類似發揚自我詩學與政治理念的功用。事實上新黨對於邊疆政策一直都是著重在增收賦稅、富國強兵以與外夷奮戰。《四庫全書總目提要》：

> 方回《瀛奎律髓》於其〈送嚴婿北使〉一詩，論之頗詳。

3　王偉勇：《南宋詞研究》，頁259。

4　（宋）葉夢得：〈石林居士建康集〉，收錄於（清）永瑢、紀昀等撰：《四庫全書總目提要》（臺北市：臺灣商務印書館，1983年），卷156，頁4-189。

5　林宜陵：〈詩話創作的政治功用——以北宋最初三詩話為例〉，《輔仁國文學報》第18期（2002年11月），頁129-162。

然夢得本晁氏之甥，猶及見張耒諸人。耳濡目染，終有典型。故文章高雅，猶存北宋之遺風。南渡以後，與陳與義可以肩隨。尤、楊、范、陸諸人皆莫能及。固未可以其紹聖餘黨，遂掩其詞藻也。[6]

對於《石林居士建康集》負面的評論，說明了葉夢得是新黨成員門客，由〈送嚴婿北使〉一詩說明夢得與章惇為姻親，可以見其新黨思想，但是因為早年與晁補之（1053-1110）、張耒（1054-1114）等舊黨人物來往之影響，從文章詩風可見其高雅與北宋遺風。稱葉夢得之文風與陳與義可以同等論待，尤袤（1127-1194）、楊萬里（1127-1206）、范成大（1126-1193）與陸游（1125-1210）尚且不及。今觀其所舉葉夢得詩作〈送嚴婿侍郎北使〉：

朔風吹雪暗龍荒，荷橐驚看玉節郎。楛矢石砮傳地產，醫閭析木照天光。傳車玉帛風塵息，盟府山河歲月長。寄語遺民知帝力，勉拋鋒鏑事耕桑。[7]

全詩寫出送女婿出使北方的叮嚀，新黨章惇的兒子章沖也是葉夢得的女婿，前四句寫出在凜冽的北風吹拂之下，侍郎帶著君王的意旨前往北方大漠之地，此行是冒著刀箭加身的生命危險前往，

6　（宋）葉夢得：〈石林居士建康集〉，收錄於（清）永瑢、紀昀等撰：《四庫全書總目提要》，卷156，頁4-189。

7　（元）方回選評；方慶甲集評校點：《瀛奎律髓彙評》（上海市：上海古籍出版社，2005年），卷24，頁1093。

在北方遼北一地代替君王照耀百姓。藉由出使化干戈為玉帛，促使宋朝與金朝的合約可以換來長久的和平，告訴所有北方的遺民，好好耕種安頓生活，二國之間將不再有戰爭。方回（1227-1307）《瀛奎律髓》稱：

> 石林葉夢得少蘊以妙年出蔡京之門，靖康初守南京，當罷廢。胡文定公安國以其才，奏謂不當因蔡氏而棄之。實有文學，詩似半山。然《石林詩話》專主半山而陰抑蘇、黃，非正論也，南渡後，位執政，帥金陵，卜居霅川，福壽全備。此詩「楛矢石砮」、「豎閎析木」一聯佳，取之。秦檜之和，雖萬世之下，知其非是，後四句含糊說過，無一毫忠義感慨之意，則猶是黨蔡尊舒、紹述之徒常態也。[8]

方回對於葉夢得依附新法成員起家不認同外，認為「寄語遺民知帝力，勉拋鋒鏑事耕桑」二句安撫北方遺民不要興起戰爭，與秦檜（1091-1155）相同支持和議，是對宋室皇朝不忠義的表現。所以方回不認為葉夢得詩歌之中具有忠義之氣，正是本文所探討的主要議題之一，本文站在歷史上公正的評論，本不應以主戰或主和有不同的見解，為狹義的忠義定義，應該要以對於國家安定與百姓安定確實貢獻為忠義表現。筆者已經於《北宋詩歌論政研究》[9]論證，新黨在宋神宗（1048-1085）與宋哲宗（1077-1100）時期本來為了百姓公利是主戰的，希望以變法與對抗外敵增加國

8　（元）方回選評；方慶甲集評校點：《瀛奎律髓彙評》，卷24，頁1093。
9　林宜陵：《北宋詩歌論政研究》（臺北市：文津出版社，2003年），頁61-90。

庫收入，進一步安定國土。但是宋徽宗（1082-1135）及欽宗（1100-1161）靖康之亂後所面臨的外患是強大的金王朝，新黨成員以國家公利角度轉為「主和」，這並不能代表新黨成員對於國家沒有忠義之情。

第一節　各時期的忠義表現

《宋史・文苑傳》中對於葉夢得同樣沒有隻字片語論及文學風格與成就。葉夢得學問洽博，工文詞，間有感懷時事之作，但他幾乎將所有書寫筆力重心放在如何勸諫君王對抗金人上面，由此可以瞭解葉夢得除了在文學史上有顯著的成就之外，其治理天下協助宋朝安邦定國的政治功用更是不亞於文學的成就。

一　哲宗時期

> 傳云：「葉夢得，字少蘊，蘇州吳縣人。嗜學蚤成，多識前言往行，談論亹亹不窮。紹聖四年登進士第，調丹徒尉。」[10]

葉夢得，蘇州吳縣人，本身的祖籍在南方，對於南方的地形與百姓生活十分瞭解，這也是在靖康之難後，朝廷退居南方，葉夢得可以發揮才能，全心輔佐朝廷建設長江流域邊防，並能確實規劃與安定民生經濟的原因。

---

10 錢建狀：《歷代文苑傳箋證（肆）》（南京市：鳳凰出版社，2012年），頁702。

　　宋哲宗紹聖年間，高氏太皇太后垂簾聽政時，葉夢得登進士門第，依此推知，紹聖年間是仁宗朝舊黨執政時期，葉夢得少年時期即已展現其議論與積極有所作為的特性。

二　徽宗時期

（一）直諫徽宗，不應以公利為發展方向，應當先治理百姓「心」

> 徽宗朝，自婺州教授召為儀禮武選編修官。用蔡京薦，召對，言：「自古帝王為治，廣狹大小，規模各不同，然必自先治其心者始。今國勢有安危，法度有利害，人材有邪正，民情有休戚，四者，治之大也。若不先治其心，或誘之以貨利，或陷之以聲色，則所謂安危、利害、邪正、休戚者，未嘗不顛倒易位，而況求其功乎？」上異其言，特遷祠部郎官。」[11]

宋徽宗任命其編修《儀禮》，並給予「武選編修官」[12]的武官階級，可見宋徽宗當時已經知道葉夢得具有帶兵與運籌帷幄沙場的能力。

---

11 錢建狀：《歷代文苑傳箋證（肆）》，頁702。

12 吳挺誌：〈評趙冬梅《文武之間——北宋武選官研究》〉：「武選官並非職業軍人，而係採用「武階」這種特殊階秩符號標誌身分的官制。作者認為：「武選官」是宋代特有的官制設計；北宋的地方統兵官大多由武選官擔任，而武選官並非職業軍人，其用意在減阻職業軍人掌握地方兵權，進而威脅中央政權的可能性。因為武選官階既不是文官，也非職業軍官，而是介於文官與軍職之間的第三種官僚。」，《新史學》第22卷第1期（2011年3月），頁167。

　　宋徽宗時，葉夢得經由新黨蔡京推薦，受到皇帝的賞識重用。雖然被視為新黨官員。但他清正耿直，對蔡京是直言不諱，例如他點出新黨為了對抗外敵，一意以變法徵收稅務增加「公利」來對抗邊防之策，百姓之間都以利益論事，最終天下將有重大亂事發生。更對宋徽宗建言獻策，認為朝廷不該再以「公利」為唯一重視發展方向，治理百姓應該由治其「心」起。要以仁義教導，如此百姓在危難之中才能對於國家與國君有所作為助益。因為此番言論，宋徽宗任命葉夢得為「祠部郎官」，祠部郎中是宋代從六品的官職，管理全國有關祭典與祠廟及醫官等國家禮儀工作。

（二）力阻蔡京

> 大觀初，京再相，向所立法度已罷者復行，夢得言：「《周官》太宰以八柄詔王馭群臣，所謂廢置賞罰者，王之事也，太宰得以詔，王而不得自專。夫事不過可不可二者而已，以為可而出於陛下，則前日不應廢；以為不可而不出於陛下，則今不可復，今徒以大臣進退為可否，無乃陛下有未瞭然於中者乎？」上喜曰：「邇來士多朋比媒進，卿言獨無觀望。」遂除起居郎。[13]

　　宋徽宗年間，葉夢得阻止蔡京再次拜相時，朝廷將新法中已經罷除的部分，再度施行。他勇於上書說明，認為雖然宋徽宗應該尊重宰相的相權，但是最後決定施行與否仍應該在宋徽宗，當時宋徽宗決定廢掉的法，現在不應該朝令夕改。他這種勇於直諫的忠

13　錢建狀：《歷代文苑傳箋證（肆）》，頁699。

義作為，被宋徽宗所稱美，認為當朝群臣皆依附於朋黨，只有葉夢得能夠獨立於黨爭之外，言所當言。

宋徽宗時在蔡京執政時的北宋朝廷是主張變法的，變法目的就是更改稅賦制度以增加收入，開邊疆，是主戰的，因為《宋史》是元人所主編，整個編撰對於主動興起戰事的宋人，是不能認同的。

（三）認為用人當以「德」為先

〈文苑傳〉中說明葉夢得：

> 時用事者喜小有才，夢得言：「自古用人必先辨賢能。賢者，有德之稱，能者，有才之稱，故先王常使德勝才，不使才勝德。崇寧以來，在內惟取議論與朝廷同者為純正，在外惟取推行法令速成者為幹敏，未聞器業任重、識度輕遠者，特有表異。恐用才太勝，願繼今用人以有德為先。[14]

勇於上諫宋徽宗，認為宋徽宗不應該以新黨與舊黨來取才，任用人才也不能以推行法令是否能夠快速達標與認同新法與否作為人材晉升的標準，一點出了新法施行的最大弊病，因為考核的制度，以法令施行確實與速度決定，最終導致新法施行出現許多弊病。葉夢得忠言直諫，認為任用官員應該以「器量」、「德」為主，要培養勇於直諫、有遠見的大臣，對於國家的長治久安才有所助益。

---

14 錢建狀：《歷代文苑傳箋證（肆）》，頁704。

（四）一再強調朋黨之弊對國家安全有重大影響

> （宋徽宗大觀）二年，累遷翰林學士，極論士大夫朋黨之弊，專於重內輕外，且乞身先眾人補郡。[15]

說出了《宋史》編撰學者與葉夢得的共同認知，認為朋黨之爭消耗了宋朝大量的國力，導致邊患不斷。認為朋黨之爭，影響朝廷官員耗費心力於內爭，無法共同對外對抗外侮，最後終至於影響邊疆安定。葉夢得身處宋徽宗朝朝內官員朋黨相依附之時，主動要求至地方任職，瞭解國家地方治理與民眾百姓所真正需要的。

（五）反對宦官童貫擔任宣撫使

> 蔡京初欲以童貫宣撫陝西，取青唐。夢得見京問曰：「祖宗時，宣撫使皆是見任執政，文彥博，韓絳因此即軍中拜相，未有以中人為之。元豐末，神宗命李憲，雖王珪亦能力爭，此相公所見也。昨八寶恩遽除貫節度使，天下皆知非祖宗法，此已不可救。今又付以執政之任，使得青唐，何以處之？」京有慚色，然卒用貫取青唐。三年，以龍圖閣直學士知汝州，尋落職，提舉洞霄宮。[16]

此處所指是崇寧元年（1102），大將王厚（？-1106）取湟州與青唐，蔡京任命童貫（1054-1126）為監軍一事，葉夢得認為監軍是宰相的職責，北宋有文彥博（1006-1097）、韓絳（1005-

---

15 錢建狀：《歷代文苑傳箋證（肆）》，頁705。
16 錢建狀：《歷代文苑傳箋證（肆）》，頁706。

1088）因為軍功立為宰相,依祖宗之法不該由宦官擔任。他因為不畏權貴,力爭為國為民,被貶謫地方,又被去除職務,「提舉洞霄宮」是宋朝用來安置被去位的宰相,領有俸祿與配給,卻沒有任何工作。葉夢得勇於上言蔡京,反對宦官童貫擔任宣撫使,雖然無法改變蔡京決定,但是足以見其不畏當權者的忠義形象。

（六）協助百姓陳請拒絕不合理的命令

宋徽宗政和五年時葉夢得起知蔡州,靖康初知潁昌府。〈文苑傳〉中說明他勇於為民發聲:

> 政和五年,起知蔡州,復龍圖閣直學士。移帥潁昌府,發
> 常平粟振民,常平使者劉寄惡之。宦官楊戩用事,寄括部
> 內,得常平錢五十萬緡,請糴粳米輸後苑以媚戩。戩委其
> 屬持御筆來,責以米樣如蘇州。夢得上疏極論潁昌地力與
> 東南異,願隨品色,不報。時旁郡糾民輸鏹就糴京師,怨
> 聲載道,獨潁昌賴夢得得免。李彥括公田,以黠吏告訐,
> 籍郟城、舞陽隱田數千頃,民詣府訴者八百戶。夢得上其
> 事,捕吏按治之,郡人大悅。戩、彥交怒,尋提舉南京鴻
> 慶宮,自是或廢或起。[17]

宋徽宗政和五年（1116）至潁昌府（河南省許昌市）任職,宋代安撫使稱為帥臣（宰相出巡時也兼帥臣之職）,是一路之長官。當使劉寄想以地方的良米輸入宮廷以獻給宦官楊戩,劉寄要求米

---

17 錢建狀:《歷代文苑傳箋證（肆）》,頁709。

品質要如同蘇州的米，以完成楊戩需求。葉夢得不畏權威，上疏說明潁昌地區種不出蘇州的米，希望朝廷依潁洲的品質收取，卻不被上報給宋徽宗，葉夢得仍堅持護衛地方百姓生計。其他地方的百姓因為官員一意符合劉寄及宦官楊戩所需，因此百姓深受其害，只有潁昌府的百姓得到協助，葉夢得解決了朝廷不合理的要求，還糾舉了李彥擅自搜括公田一事。「括公田」事件，指的是宋徽宗政和元年，宦官楊戩與李彥總領，動用地方黠滑依附的官吏，掠奪百姓田地成為公田，徵收租金，以聚斂民脂民膏。葉夢得接到八百戶百姓的上訴，逮捕地方官吏治以國法，得到百姓愛戴，因此得罪了劉寄及楊戩，因此多次被廢止職務。可以瞭解到葉夢得一心為百姓，不畏權威的忠義情懷。

三　高宗時期

（一）具體提出抗金方法

　　宋高宗駐蹕在揚州時，葉夢得也曾經上疏：

> 逮高宗駐蹕揚州，遷翰林學士兼侍讀，除戶部尚書。陳
> 「待敵之計有三，曰形、曰勢、曰氣而已。以地理山川為
> 本，勢以城池、芻粟、器械為重，氣以將帥士卒為急。形
> 固則可恃以守，勢強則可資以立，氣振則可作以用，如是
> 則敵皆在吾度內矣」。因請上南巡，阻江為險，以備不
> 虞。又請命重臣為宣總使，一居泗上，總兩淮及東方之師
> 以待敵；一居金陵，總江、浙之路以備退保。疏入，不

報。[18]

文中對於國家地理形勢與防備方式，有具體的建議，認為對抗金兵最重要在於：「形」，以江山土地為本，使得形可以穩固。「形」、「勢」是依傍天險地利、儲備軍糧與加強財政以建立堅強之勢。「氣」則是讓軍民有急切盡忠護國的決心，建議高宗必須南巡，以江水為依傍，準備兵糧與人民的米倉。要鞏固江山土地氣勢，應該派遣重臣固守金陵重要地點，以使敗退之時可以自保，可惜這樣明確有實際效用的上疏，並未能送到達高宗面前。

（二）阻止權臣朱勝非以軍用為由徵收民財

葉夢得因為阻止官員以前方戰事為理由收斂民間財務，而為高宗所採用，對民生經濟與安定有具體貢獻：

> 既而帝駐蹕杭州，遷尚書左丞，奏監司、州縣擅立軍期司掊斂民財者，宜罷。上諭以兵、食二事最大，當擇大臣分掌。門下侍郎顏岐、知杭州康允之皆嫉夢得，又與宰相朱勝非議論不協，會州民有上書訟夢得過失者，上以夢得深曉財賦，乃除資政殿學士、提舉中太一宮，專一提領戶部財用，充車駕巡幸頓遞使，辭不拜，歸湖州。[19]

由於當時朝廷官員以軍需為由，一再要求人民繳稅，葉夢得上奏給宋高宗，認為兵務和食糧應該分給不同大臣執掌，相互監督制

---

18 錢建狀：《歷代文苑傳箋證（肆）》，頁710。
19 錢建狀：《歷代文苑傳箋證（肆）》，頁711。

衡，忠義的言行得到宋高宗採用，卻被顏岐和康允之所嫉妒，又與當時權臣朱勝非的政見不同，因與知杭州康允之也不合，使得百姓上書狀告葉夢得治理財政分配有過失之處，縱然宋高宗認為葉夢得深具治理朝政的能力，想要加以重用，但葉夢得仍然無法認同朱勝非，自請離開，至湖州。

（三）運籌規劃確實保衛朝廷與建康城百姓安危

> 紹興初，起為江東安撫大使兼知建康府，兼壽春等六州宣撫使。時建康荒殘，兵不滿三千。夢得奏移統制官韓世清軍屯建康，崔增屯采石，閭皋分守要害。會王才降劉豫，引兵入寇，夢得遣使臣張偉諭才降之，以其眾分隸諸軍。濠、壽叛將寇宏、陳卞，雖陽受朝命，陰與劉豫通，夢得諭以福禍，皆聽命。及豫入寇，卞擊敗之，齊兵宵遁。[20]

在建康城危難之時，知人善任，推薦韓世清與崔增固守要害。當時已經投降於劉豫的王才引兵攻打建康城，葉夢得派遣張偉說服王才，分析利害得失禍福，說服王才改變依附劉豫的決定。並以言語分析，說服濠州、壽州叛宋歸齊將領寇宏、陳卞一起抗齊、反過來協助宋軍抗齊。

宋高宗紹興年間規劃加上佈署敵我情勢，對平定齊劉豫入侵宋建康等地，立有安邦定國軍功，發揮以文辭言語阻止兵亂的功用。對於國家的安定發揮了重要功用。

---

20 錢建狀：《歷代文苑傳箋證（肆）》，頁712。

（四）聯合地方勢力對抗南下金成功

宋高宗紹興八年、九年，協助君王規劃並聯合地方勢力抗金：

（紹興）八年，除江東安撫制置大使兼知建康府、行宮留守。又奏防江措畫八事：一、申飭邊備，二、分佈地分，三、把截要害，四、約束舟船，五、團結鄉社，六、明審斥堠，七、措置積聚，八、責官吏死守。又言建康、太平、池州緊要隘口、江北可濟渡去處共一十九處，願聚集民兵，把截要害，命諸將審度敵形，併力進討。金都元帥宗弼犯含山縣，進逼歷陽，張俊諸軍遷延未發，夢得見俊，請速出軍，曰：「敵已過含山縣，萬一金人得和州，長江不可保矣。」俊趣諸軍進發，聲勢大振，金兵退屯昭關。明年，金復入寇，遂至柘皋，夢得團結沿江民兵數萬，分據江津，遣子模將千人守馬家渡，金兵不得渡而去。[21]

成功集結地方數萬民兵力量，擊退南下的金軍，所表現的安邦定國忠義形象，是〈文苑傳〉中明確平定民亂的重要代表人物。葉夢得責任重大，負責留守行宮外，上奏邊防措施，一在重申重視邊防，二在公平分配地利，三在防守各地要害，四在約束邊塞要地往來船隻，五在團結地方百姓自我防禦力量，六在瞭解邊防偵查員回報的真實狀況，七在努力設立機構儲備積蓄，八在責成官吏死守所在地。並劃出十九處要塞，訓練民兵對抗，堅守疆土。

---

21 錢建狀：《歷代文苑傳箋證（肆）》，頁714。

金兵南下時張俊原本不敢出兵救援，葉夢得曉以大義，以萬一金兵渡江南下，張俊所守之地，亦絕對不可能保全，終於張俊出兵，金兵退守。第二年金兵再度南下至柘皋時，葉夢得以所訓練的民兵數萬，分據十九處要津，遣將守馬家渡，金兵不得渡河。對於南宋有確實安定江山社稷的功勞。

（五）整治財政

> 初，建康屯兵歲費錢八百萬緡，米八十萬斛，榷貨務所入不足以支。至是，禁旅與諸道兵咸集，夢得兼總四路漕計以給饋餉，軍用不乏，故諸將得悉力以戰。[22]

《宋史》中說明建康初期屯兵一年要八百萬緡的錢，米要八十萬斛，實為入不敷出，在葉夢得負責四路的財政供給與薪俸的財政治理規劃下，提供足夠的軍需與糧餉，諸將才得以全力迎戰，這對於南宋財政規劃與治理具有卓越明顯的貢獻。

（六）以計謀平定海寇

> 詔加觀文殿學士，移知福州，兼福建安撫使。海寇朱明猖獗，詔夢得挾御前將士便道之鎮，或招或捕，或誘之相戕，遂平寇五十餘群。然頗與監司異議，上章請老，特遷一官，提舉臨安府洞霄宮。尋拜崇信軍節度使致仕。十八年，卒湖州，贈檢校少保。[23]

---

22 錢建狀：《歷代文苑傳箋證（肆）》，頁715。
23 錢建狀：《歷代文苑傳箋證（肆）》，頁716。

葉夢得在擔任福建安撫史時。平定了朱明海寇一案,卻因為此事被貶,據《建炎以來繫年要錄》所記載,因為用計誘導五十餘群海寇相互殺伐,平定五十餘群海盜,其手段卻為當時監察單位議論其品德,因此葉夢得主動請老歸隱。

〈文苑傳〉皆只有論及葉夢得的政治功業,並未論及葉夢得的文學或詞學成就,應該是葉夢得的軍事與財政貢獻遠遠高於他的文學成就。

第二節　作品中的忠義情懷

葉夢得自幼便勤於學問,七歲時已能熟誦詩文。[24]葉夢得的詩學思想對於後世的詩學發展產生了重要影響。郭紹虞所言之白石、滄浪鼎足三,說明《石林詩話》在宋代詩話中所占有的重要地位,嚴羽《滄浪詩話》最主要的方法論特徵是「以禪喻詩」,他用禪的妙悟來比擬詩的妙悟,這種以禪喻詩在很大程度上是得益於石林的啟示的。[25]《石林詩話》讚揚王荊公晚年詩律的精嚴後,發表了意與言會,言隨意遣渾然天成的見解,認為詩歌創作要努力做到內容與形式的完美統一,明確的提到了詩歌創作和詩歌鑑賞的原則,認為評論詩歌要看其立意的高低深淺,氣格的高昂卑下,氣象的宏大微小。同時讚賞杜甫〈病柏〉、〈病桔〉、〈枯棕〉、〈枯楠〉四詩,認為作品反映了現實,因為民生經濟生活一直是葉夢得認定的詩歌思想內容的基礎,而反映現實生活則是詩

---

24 王兆鵬:《兩宋詞人年譜》〈葉夢得年譜〉:「元豐六年癸亥,石林七歲。是時,石林已能熟誦詩文。」(臺北市:文津出版社,1994年)頁133。
25 張晶:〈論葉夢得的詩學思想〉,《江海學刊》1997年第1期,頁158-162。

歌創作的根本任務，充實的思想內容是詩歌的藝術生命。[26]

　　除此之外，潘殊閑則是在其〈葉夢得《春秋》類著述考論〉中有十分詳細的葉夢得春秋學類著作考論[27]。本文於此就其作品中具有忠義情感作品分類論述：

一　歌頌抗金忠義之士

　　葉夢得在〈褒忠廟歌〉中祭奠為抗金殉身的將士，全詩確切表現出他的忠義精神與收復故土的盼望：

> 天生裔夷，以限四極。有不能然，乃嘯上國。既殄我民，
> 爾則逆天。惡稔而誅，天胡舍旃。在昔肅氏，厥貢楛矢。
> 不我來庭，敢干我紀。揭揭楊侯，梗其喉牙。萬夫一軀，
> 莫我敢加。誰謂爾狂，我馮我抑。誰謂備殘，我唑我斥。[28]

前十二句寫出天生四夷本來位處宋的疆域極限之外，原應來朝貢的外夷卻叛變，反而侵略朝廷。欺侮宋民，又違背天意，往昔四夷是朝貢宋廷，而今卻來違反宋室的傳承。用譴責的語氣說明對於金朝侵略的厭惡與斥責。詩歌一轉，到達全詩的宗旨在於歌頌保衛國家忠勇殉職：

---

26 樊運寬：〈葉夢得詩學理論初探〉，《學術論壇》1992年第5期。

27 潘殊閑：〈葉夢得《春秋》類著述考論〉中云：「《直齋書錄解題》卷三著錄十二卷。《遂初堂書目》經部春秋類著錄《春秋葉氏傳》不載卷數。」《湖州師范學院學報》第26卷第6期（2004年6月），頁14-17。

28 北京大學古文獻研究所編：《全宋詩》（北京市：北京大學出版社，1991年），第24冊，卷1407，頁16211。

天子曰嘻，惟我有臣。曷不贖之，人百其身。屹屹崇岡，
侯安于域。梡楎旅楹，侯有廟食。惟皇上帝，命侯來歸。
顧瞻山川，申我王威。侯食百世，旗纛旖旖。百靈齊趨，
從侯北指。侯車轟轟，于彼故疆。覆其穴巢，何有虎狼。
告功帝閽，帝笑為喜。四方既平，侯祀百世。曷慕匪忠，
歇畏匪死。簡于帝衷，惟忠弗畏。明明天子，與帝一心。
是播是崇，是顯自今。有流滔滔，貫于南邦。我詩孔昭，
配此大江。

寫國家幸運地獲得忠義之士護國得以安定，將以此廟宇供奉忠義
之士百世，希望忠義之士可以協助護國抗金北伐。歌頌君王將世
世代代相信所有已經殉職的忠義英靈，會護佑疆土，以此詩歌昭
告世人，應當效法忠義之士，為國犧牲，如此方能享受萬代供
養。另在〈寄順昌劉節使〉寫出了對於宋軍獲勝的心喜之情：

四海胡塵久未清，遙聞苦戰有奇兵。妖氛盡掃人誰敵，捷
奏初傳我亦驚。
授鉞已欣傳帝澤，揮戈終見靜王城。軒臺固有英靈在，更
遣將軍得令名。[29]

四海之中難得有停戰之時，宋軍的捷報讓葉夢得感到驚喜，「軒
臺」指軒轅臺，指帝王祭祀之處，日後定將有功之臣配享其中。
全詩以「妖氛盡掃」形容擊退金人的喜悅，表示這次的勝戰連葉

---

29 北京大學古文獻研究所編：《全宋詩》第24冊，卷1406，頁16196。

夢得也無法預料，極力稱美劉節使發揚宋高宗的恩澤與安邦定國的榮耀功勞。

二　積極參與邊疆戰事

（一）關心並積極參與邊疆戰事

葉夢得對於邊疆戰事是一直關心的，在〈府中即事〉一詩中，開頭即說明聽聞邊疆安定的的欣喜：

> 稍喜胡塵欲漸清，離宮雙闕照層城。不驚巷陌銅駝沒，自愧兒童竹馬迎。
> 衰謝詎堪仍簿領，病慵久已廢杯行。三山不動潮頭過，洶洶江流自不平。[30]

全詩對於戰事的稍微安定感到安心，直寫出自己一直心繫朝廷的忠義之情，對於避免皇朝覆亡，並免於荊棘埋銅駝的命而稍有釋懷，但是「三山不動潮頭過，洶洶江流自不平」二句更寫出了自己對於未來朝廷安危的擔心。

在〈聞邊報示諸將〉一詩中更說明和議不能完全解決問題：

> 插羽驚傳赤白囊，胡行如鬼尚跳梁。頗聞廟算無遺策，但遣封人謹豫防。

---

30 北京大學古文獻研究所編：《全宋詩》第24冊，卷1406，頁16186。

送死定知天悔禍，追奔寧使汝爭疆。將軍剩有封侯印，盡
掃無令一鏃亡。[31]

全詩提及收到古代遞送緊急情報的文書袋一事，以「胡行如鬼尚
跳梁」說明胡兵的快速戰鬥能力，以上諫口氣提醒朝廷不能「無
遺策」而要預備對策，請邊疆領地的「封人」注意胡人動靜。詩
中並發出豪邁之語，告訴胡人「送死定知天悔禍，追奔寧使汝爭
疆。」如果背叛盟約，宋軍定會全力出戰，守衛國土。在〈聞莫
尚書周侍郎已自鄂州過江入漢上〉寫出自動請纓：

再見狂胡力請平，將軍無事罷屯營。傳軍已割淮壖地，牙
帳仍收鄂渚兵。
勝日身猶堪杖策，衰年耳自厭鳴鉦。角巾初了東歸約，安
用區區峴首名。[32]

運用「峴首留碑」晉名將羊祜墮淚碑典故，說明自己雖已年老，
但是聽聞湖人再度南侵，將軍放棄屯營，決定割地，仍希望自請
出征，放棄自己歸隱的志向。全詩表現出老將伏櫪對國土不放棄
的忠義精神。另外在〈與惇立夜話有懷石林復用前韻〉中，對自
己三十年間面對金人的對抗，表達出堅持不懈怠的忠義情感：

有山不能歸，坐愧三十年。冠服豈不榮，狙猿強包纏。惟
余緇衣心，未敢忘賢賢。他日得吾子，匣藏駭龍泉。衰穨

---

31 北京大學古文獻研究所編：《全宋詩》第24冊，卷1406，頁16194。
32 北京大學古文獻研究所編：《全宋詩》第24冊，卷1407，頁16201。

為興起，此腸寧非天。羯胡玩兵久，亦悟終好旋。叩關復請吏，企頸志頗虔。休兵固有期，撫事猶涕漣。投懷幸傾瀉，知子非寒蟬。十日對榻語，夜窗了無眠。賈生侍宣室，趣席方招延。願上治安策，何者今當先。我行返故廬，趺坐看爐烟。功名會及時，佇子論燕然。[33]

此詩葉夢得自注：「余營石林，今幾三十年矣」。有感於自己在江蘇故鄉營造石林住所已經三十年了，今日卻仍無法放下國家事。「羯胡玩兵久，亦悟終好旋。」「休兵固有期，撫事猶涕漣。」寫出和議雖然成功，但是卻不保證可以長久平安，對於國事「願上治安策，何者今當先。」時時關心。

在〈水調歌頭〉其七中：

秋色漸將晚，霜信報黃花。小窗低戶深映，微路繞欹斜。為問山公何事，坐看流年輕度，拚卻鬢雙華。徙倚望滄海，天淨水明霞。　念平昔，空飄蕩，遍天涯。歸來三徑重掃，松竹本吾家。卻恨悲風時起，冉冉雲間新雁，邊馬怨胡笳。誰似東山老，談笑靜胡沙。[34]

此作寫於建炎三年（1129），葉夢得擔任尚書左丞，任職十四天後即被罷去，因此有感於時事而做了此詩，在秋色漸晚之時，在自家之中幽居，看著小路綿延，自比為晉朝的山簡，體悟到山簡

---

33 北京大學古文獻研究所編：《全宋詩》第24冊，卷1407，頁16204。

34 （宋）葉夢得著，蔣哲倫箋注：《石林詞箋注》（上海市：上海古籍出版社，2014年），頁29。

當時幽居不出仕只能坐看流年的苦衷，無奈雙鬢已經斑白，只能
望著蒼海之外，感嘆自己生平因為戰亂漂泊在不同的地方，雖然
可以過著歸隱的閒適生活，卻仍然擔心著北方的軍情緊急，希望
自己能如同隱居東山的謝安，國家之後在對抗北方金兵時仍然能
夠發揮守護國家百姓的功用。對於已經隱居的自己來說，安逸與
平靜的生活年復一年，但是「徙倚望滄海，天淨水明霞」一轉卻
仍是因為擔憂國事而只能感嘆「拚卻」一生，對於國家大事只能
「徙倚」。「念平昔，空飄蕩，遍天涯」寫出了一生的努力，國家
雖偏安南方，卻仍然不穩定。最終以「卻恨悲風時起，冉冉雲間
新雁，邊馬怨胡笳。」說出自己一直擔心的邊疆問題，「誰似東
山老，談笑靜胡沙」[35]更引用謝安石永嘉南奔典故，希望可以有
一位輔佐國君安定邊疆保護百姓的大臣，表現出不以一己之安逸
滿足，心心念念在於國家的忠義情感。〈定風波〉其二：

> 渺渺空波下夕陽。睡痕初破水風涼。過雨歸雲留不住。何
> 處。遠村烟樹半微茫。　莫笑經年人老矣。歸計。得遲留
> 處也何妨。老子興來殊不淺。簾卷。更邀明月坐胡床。[36]

此詞寫出自己對於歸隱的想望，但是引用李白〈寄上吳王三首〉

---

35 李白：〈永王東巡歌十一首〉其二題注：「永王璘，明皇子也。天寶十五年，
　安祿山反，詔璘領山南、嶺南、黔中、江南四道節度使。十一月，璘至江
　陵，募士得數萬，遂有窺江左意。十二月，引舟師東巡。」詩曰：「三川北
　虜亂如麻，四海南奔似永嘉。但用東山謝安石，為君談笑靜胡沙。」收錄於
　（清）彭定球編：《全唐詩》（北京市：中華書局，1960年），卷167，頁1724-
　1725。

36 （宋）葉夢得著，蔣哲倫箋注：《石林詞箋注》，頁70。

有：「去時無一物，東壁掛胡床」，這句詩引用《晉書》庾亮在武昌與殷浩之徒在南樓據方便摺疊椅「胡床」共同談論正事典故，顯示自己雖有心隱居，但為了國事只能四處奔勞，無心經營自我隱居生活，顯示自己忠義精神。〈陳子高移官浙東戲寄〉：

> 幕府陳琳老，官身戀故溪。解談孫破虜，那厭庾征西。未擬煩刀筆，聊應謝鼓鼙。登臨如得句，小字與親題。[37]

在與朋友移官浙東的對話中仍不忘「破虜」、「征西」，「解談孫破虜，那厭庾征西」說的是孫堅的夫人號孫破虜吳夫人輔佐孫氏王權，成就孫吳皇朝，及庾亮被稱為征西將軍，「未擬煩刀筆，聊應謝鼓鼙」寫到自己並沒有期望得到公文往來，只希望戰鼓可以停歇，不再接到邊疆有戰事。〈虜酋覆過河王師出討〉自注：「始議請和，余數言其不然」：

> 羽檄初徵天下兵，誤慚一陣守王城。秦兵出項終何得，漢將征遼會掃平。
> 便遣幽燕驅號令，久憐河洛汙膻腥。書生豈解論幾事，詎信平涼有劫盟。[38]

對於議和原先是不以為然的，原因是徵召天下之兵為了守王城，而今無法再恢復秦漢時代光榮，自稱是書生所言之事無人願意採用，然而引用唐德宗時「平涼劫盟」，唐兵與吐蕃的爭鬥為例，不

---

37 北京大學古文獻研究所編：《全宋詩》第24冊，卷1406，頁16193。
38 北京大學古文獻研究所編：《全宋詩》第24冊，卷1406，頁16194。

認同此次和議的條件與處境。這次的和議是因為金人將領破壞之前的和議，再次南侵，宋朝將領得勝後，宋朝卻主動的講和。這讓葉夢得感到非常不能接受。

葉夢得詩詞中的愛國思想，體現於對外敵入侵和朝廷無能的不滿與憤怒、期盼抗金勝利的決心，如他作於紹興八年的七言律詩〈再至建康〉其一：

> 老罷那知力已疲，君恩誤遣出車詩。犬羊可有中原地，熊虎空高大將旗。
> 江海百神朝魏網，風雲千里護彤揮。白頭再啟征西將，深愧甘棠詠去思。[39]

此詩由首二句可以得知，是再次被宋高宗徵召，協助護國，用「犬羊可有中原地」比喻金人將中原之地當成畜牧之場，表達出對於國土遭遇外賊入侵的悲憤之感，無奈在白首之時，再次看到戰事興起，運用「甘棠典故」比喻自己希望成為如同召伯施行文王之政的賢能輔臣，經世濟民，使百姓安居樂業。〈再至建康〉其二：

> 推轂何堪付老儒，腰間仍佩玉麟符。千門萬戶照天闕，二水三山非故廬。
> 談笑定誰能卻敵，衰慵真自笑非夫。淮南金鼓連滄海，為趣嫖姚速破胡。[40]

---

39 北京大學古文獻研究所編：《全宋詩》第24冊，卷1406，頁16186。
40 北京大學古文獻研究所編：《全宋詩》第24冊，卷1406，頁16186。

〈再至建康〉其二說明了自己再次來到建康的原由，是因為朝廷又遇到危難，詩中用配戴「玉麟符」來自比為受到隋文帝重用的臣子樊子蓋[41]，也把宋高宗比喻成賢能隋文帝，「千門萬戶照天闕，二水三山非故廬」寫出建康雖然繁華，卻並非自己所嚮往之地，但是「談笑定誰能卻敵，衰慵真自笑非夫」形容國家危難之時，自己絕非安於現今安逸之士，「淮南金鼓連滄海，為趣嫖姚速破胡。」更點出了四海戰起，自己具有決意破胡安定社稷的忠義氣概。

（二）對於與金和議的疑慮

〈赴建康過京口呈劉季高〉：

> 客路重經黃鵠前，故人能得暫留連。長槍大劍笑安用，白髮蒼顏空自憐。
> 照野已驚橫雉堞，蔽江行見下樓船。灞陵醉尉無人識，漫對雲峰說去年。[42]

全詩充滿憂國悲切之情，深沈悲壯。高宗紹興八年戊午（1138），和議開始之後，有的學者認為這是反對和議之作[43]，綜觀此文並

---

41 帝顧謂子蓋曰：「聯遣越王留守東郡，示以皇枝盤石社稷大事終以委公，特宜持重。今為公別造玉麟符，以代銅獸。」收錄於（唐）魏徵等撰：《隋書》（北京市：中華書局，1973年），卷63，〈樊子蓋傳〉，頁1491-1492。

42 北京大學古文獻研究所編：《全宋詩》第24冊，卷1406，頁16186。

43 文學鑒賞辭典編纂中心：《宋詩三百首鑒賞辭典》：「全詩切於憂國之情，深沈悲壯，高宗紹興八年戊午（1138年），和議開始之後，當時主和派竊取了大權，南宋小朝廷媚敵求和，執行投降政策將成事實，詩人此時以江東安撫

不能代表葉夢得主戰，雖然葉夢得是新黨蔡京所推薦的，新黨成員傾向主戰，但是如前文所論，葉夢得顧全大局，所主張應該是「和」與「守」。[44]而〈閱武士回邊報與山中信並至〉：

> 椎牛饗士隘轅門，投老兵間強自論。稍喜並邊無牧馬，卻慚空帳有驚猿。
> 乞盟似欲回天意，排難誰能報主恩。壯志蹉跎真便爾，獨懷搔首望丘園。[45]

引用《後漢書》的典故殺牛慰勞作戰軍士，也藉此提振士氣，但如今朝廷即將議和，將士無用武之處，而感到傷感，「乞盟似欲回天意，排難誰能報主恩。」正是說明和議的目的就是為了挽救國家的敗亡，而今協助國君排除危難才是最重要的。另外〈遣晁公昂按行瀕江營壘〉：

> 他日傳烽望夕煙，重來老更負戎旃。我言固自平平耳，王事那辭數數然。

制置葉夢大使兼知建康府的身分，在赴任途中，道經鎮江，懷著滿腔悲憤，訪晤了知得鎮江府友人劉季高，感嘆時事，賦呈此詩，表現對國事的共同憂虞。」（上海市：上海辭書出版社，2017年）頁265-266。

44 呂進主編：《愛我中華詩歌鑒賞》：「全詩緊切詩題而發，痛陳國事，抒憂國之情，吐肺腑之言，由於二人都是主戰派的愛國志士，志同道合，詩人直抒胸臆，希望共赴國難，一灑忠憤之淚。」（重慶市：重慶大學出版社，1993年）頁42。

45 北京大學古文獻研究所編：《全宋詩》第24冊，卷1406，頁16189。

　　轉餉未應勞木馬，摧鋒猶或要戈船。天威本自無多殺，萬
　　一征和屬此年。[46]

自注：「時聞虜遣烏陵思謨來請和」，詩中「天威本自無多殺，萬
一征和屬此年。」表達「和談」可以保有百姓的生命安全，是很
重要的，也是歷史重大貢獻，可見葉夢得對於和談也是認同的。

　　紹興十年（1140）五月、六月間，宋高宗接到劉錡的告急軍
情，連下數詔給岳飛，命岳家軍火速支援順昌，並表示允許岳飛
舉兵北伐，收復失地。[47]葉夢得當時聞此消息即刻準備應戰事
宜，並作〈聞兀朮將過淮再遣晁公昂覘師〉詩：

　　狂酋屢慣騁長驅，未省新軍有被廬。快飲忽辭金鑿落，先
　　聲須破鐵浮圖。趨官爾自疲千里，飛將吾寧較一夫。試向
　　八公山上望，當關何用守濡須。[48]

夢得對於此戰充滿信心，認為宋軍訓練有術，而金兵又是長途跋
涉而來，疲憊不堪，所以宋軍相當有勝算。可以瞭解葉夢得所認
同的和議，不是一味的忍讓，當戰仍應該作戰。

---

46 北京大學古文獻研究所編：《全宋詩》第24冊，卷1406，頁16194。
47 岳飛第四次北伐是岳飛發動的最後一次、也是規模最大的一次抗金北伐，發
　　生於紹興十年（1140）六月、閏六月和七月期間。岳飛率岳家軍主力，大敗
　　金軍統帥完顏兀朮（宗弼）的女真軍主力於郾城、潁昌等地，並聯合北方的
　　抗金義軍一道，收復黃河南北大片失地，使完顏兀朮被迫逃出開封退回北
　　方。但因為宋高宗趙構和權相秦檜要簽訂《紹興和議》等政治原因，岳飛的
　　第四次北伐終告失敗。
48 北京大學古文獻研究所編：《全宋詩》第24冊，卷1406，頁16194。

三　關心民生

　　葉夢得覺得經濟的穩定是最重要的，在〈連日邊報稍稀西齋默坐〉詩中說：

> 鼓角遙聞出塞聲，邊風吹鴈過高城。疆陲無復戊己尉，盜賊猶憐壬午兵。
>
> 歲晚胡牀閉深閣，夜長刁斗聽連營。便須從此傳烽息，要及春農論勸耕。[49]

　　「疆陲無復戊己尉，盜賊猶憐壬午兵。」[50]指出邊疆已沒有辦法出現像漢元帝初元元年屯田車師，設置戊己校尉，掌管屯田事務的「戊己尉」人才。如果經濟問題不解決，就會發生如同西晉時代的五胡亂華，造成大量的流民，眾多農民因為生計困難，南逃叛變，朝廷在「壬午」年間下令軍隊鎮壓的慘況。「便須從此傳烽息，要及春農論勸耕。」寫出了葉夢得衷心希望的仍是天下太

---

49 北京大學古文獻研究所編：《全宋詩》第24冊，卷1406，頁16190。
50 （漢）班固撰：《漢書》〈百官公卿表上〉顏師古注：「甲乙丙丁庚辛壬癸皆正位，唯戊己寄治耳；今所置校尉亦無常居，故取戊己為名也。有戊校尉，有己校尉。一說戊己居中，鎮覆四方，今所置校尉亦處西域中，撫諸國也」（北京市：中華書局，1962年），冊3，卷134，頁738。「戊己尉」漢元帝初元元年（西元前48年）屯田車師（今吐魯番盆地），設置戊己校尉，掌管屯田事務，為屯田區最高長官，監督安輯附近諸國。古代以天干標記方位，戊己居中，而所置校尉也居於西域之中，故名。《晉書‧張昌傳》中記載「壬午兵」指的是西晉時代，五胡亂華，眾多農民因為生計困難，南逃到蜀地，叛亂建立了大成國，晉朝太安二年（西元303年）年初的一個壬午日，晉朝朝廷頒布了詔書，徵發荊州地區的壯丁去蜀地鎮壓。

平，並非主動興起戰爭，主要的忠義對象除了君王之外，百姓的
生活也是他最重視的。另外在〈祈雨〉詩其二中說：

> 今年淮西廳胡騎，王師盡掃無餘類。武王伐紂報豐年，今
> 者驕陽豈天意。
> 東求三茅西采石，塔中至人肯徒視。明朝掣電駭翻盆，婦
> 子猶能飽遺滯。[51]

經過連年的內外征戰，對於淮西兵變平定之後所遇到的旱災感到
憂心不已，表達了朝廷的所有努力也就是自己所一心希求的，無
非就是「豐年」，希望四方神靈至人都可以聽到百姓的祈雨的心
聲，明朝下雨，使百姓安和。

　　對於民生的關鍵農事，葉夢得十分關心，在祈雨未得之後，
轉而運用民間方式，寫〈祈雨未應復請於茅山采石庶幾遂得之〉
其一：

> 苗當七八月之間，甘膏不濡何太慳。飛塵蓬勃晝欲暝，坐
> 視雲物占群山。
> 五日一風十日雨，天方勤民輔明主。作書未敢頌風伯，寄
> 謝群龍少勞苦。[52]

說明因為旱災不雨，祈雨後得見風雨，百姓得以解勞苦，寫此詩
感謝群龍賜雨以解百姓乾旱飢荒之苦。而其二：

---

51 北京大學古文獻研究所編：《全宋詩》第24冊，卷1407，頁16201。
52 北京大學古文獻研究所編：《全宋詩》第24冊，卷1407，頁16202。

群龍分馳不難興,噴薄雲霧隨飛騰。中田勿憂龜兆坼,倏
忽便看盈溝塍。

老農何功報神力,但趣官租飽軍食。中原卷盡胡無人,爾
土明年更開闢。[53]

身為保護百姓的官員,感謝群龍賜雨。另外在〈二月六日虜兵犯
歷陽方出師客自無將來有寄聲道湖山之適趣其歸者慨然寫懷〉寫
出朝廷不得不進行和議的原因:

松江浪靜如鏡平,菰蒲長春秋水生。晴沙回鴈久未到,坐
想白鷗增眼明。五年辜負釣船約,故人疑我真逃盟。豈知
塵纓不易濯,正想滄浪之水清。朝來鐵馬暗江北,中流疊
鼓雲濤傾。樓船十萬下采石,旗纛滅沒天戈橫。書生事業
今乃爾,授鉞孰敢辭專征。豈無傳檄走飛騎,漫復長嘯登
高城。文思天子民父母,大度未忍麋奇兵。澶淵一矢安五
世,明日儻或傳諸營。[54]

全詩寫金兵南侵與宋朝水軍對戰的狀況,說明自己對於隱居的
嚮往,最終因為忠義情懷必須護國而破滅,充滿書生投筆的壯
志。全詩從隱居的自我修養身心情感已經不可能,轉而寫二軍交
戰情況,最終雖取得戰勝,但是朝廷為了百姓的生活與性命的安
定,不得不如澶淵盟約選擇了和議。

---

53 北京大學古文獻研究所編:《全宋詩》第24冊,卷1407,頁16202。
54 北京大學古文獻研究所編:《全宋詩》第24冊,卷1406,頁16196。

　　此詩詩題就「虜兵犯歷陽方出師」點出了自己領兵出征之時接到朋友相約一起歸隱湖山的書信。起首六句寫出自己辜負與朋友相約共同歸隱之約，原因正是自己無法排除去對於國家的忠義責任情感。當此北方鐵馬臨江而來，戰鼓伴隨著波濤之聲，十萬大軍南遷之日，旌旗蔽天，作者受鉞於君王，出征保家衛國，期許自己能夠如同宋真宗澶淵之役般，全面獲勝，保護君王與百姓免受胡騎荼毒。

　　〈立秋兩首〉寫出面對金人的出兵，國家卻沒有適合的將領可以出征抗敵，多麼希望能出現如西漢趙破奴那樣奮勇殺敵的將軍：

> 江上西風萬里秋，際空高浪洶回流。他時譽賊真非策，此日摧鋒盍有謀。天險漫能憑故國，陸沈端覆恨神州。將軍競綰封侯印，誰為吾君更解憂。蕭關隴水隔天區，壯士何人是破奴。一日頓傳三節度，十年空鬥五單于。坐談激烈心猶在，疲俗雕殘喘未蘇。安得倉箱盈百萬，少令天下足軍儲。[55]

除了人才不足外，宋朝的軍餉也岌岌可危，葉夢得恨不得自己若能有錢相助國家該有多好，由此詩可見其對國家犧牲奉獻忠義之心表露無遺。「將軍競綰封侯印，誰為吾君更解憂。蕭關隴水隔天區，壯士何人是破奴。」四句表現出擔憂國家沒有可用之才，「一日頓傳三節度，十年空鬥五單于。坐談激烈心猶在，疲俗雕

---

55 北京大學古文獻研究所編：《全宋詩》第24冊，卷1406，頁16196。

殘喘未蘇。」對於連年征戰，朝庭損兵折將，再多的雄心壯志都難竟其事，葉夢得在這四句道出了朝廷的維護需要「安得倉箱盈百萬，少令天下足軍儲。」

四 靖康之難的創傷影響

在〈山間每歲正月望夜梅花正開多與客飲花下今年郡廨獨坐十四夜張暘叔晁激仲相過共話宣和間事慨然歸不能寐因以寫懷〉：

> 山頭野梅白玉花，月明弄影紛橫斜。青天無雲萬峰立，下有十畝幽人家。年年春歸不暇省，但掃雪徑尋寒葩。老夫已忘少年事，燈火豈念更繁華。一杯起步遍空谷，破屋歸臥暾朝霞。陪都復來亦何有，凜凜殺氣浮高牙。重關深鎖夜漏永，忽記昨夢翻長嗟。景龍門前一月會，金碗賜酒餘雄誇。神州陸沉近歸我，漢節方議通胡沙。天翻地覆那得料，忍復更聽漁陽撾。[56]

「山頭野梅白玉花，月明弄影紛橫斜。青天無雲萬峰立，下有十畝幽人家。年年春歸不暇省，但掃雪徑尋寒葩。」寫出縱然有如此天然美麗之景色，但是因為憂心國事，未能有心觀賞。「老夫已忘少年事，燈火豈念更繁華。一杯起步遍空谷，破屋歸臥暾朝霞。」四句回憶起年少北宋的繁華與今日生活的對比。「陪都復

---

56 北京大學古文獻研究所編：《全宋詩》第24冊，卷1406，頁16191。

來亦何有，凜凜殺氣浮高牙。重關深鎖夜漏永，忽記昨夢翻長嗟。景龍門前一月會，金碗賜酒餘雄誇。」此指宋徽宗時的太平景象，宋徽宗有〈醉落魄・預賞景龍門追悼明節皇后〉詞作：「無言哽噎。看燈記得年時節。行行指月行行說。願月常圓，休要暫時缺。今年華市燈羅列。好燈爭奈人心別。人前不敢分明說。不忍抬頭，羞見舊時月。」說出如今身處陪都，飽受戰亂威脅，卻回憶起徽宗時大宴群臣景象。「神州陸沉近歸我，漢節方議通胡沙。天翻地覆那得料，忍復更聽漁陽撾。」當時徽宗朝還一心立志收復失去的疆土，以聯金滅遼方式進行邊疆戰役，如今天地變色，終至只剩下憂傷之情，「漁陽撾」[57]指的是禰衡被貶謫擔憂國事哀傷之語。寫出對於靖康之難發生前的懷想。在〈登南城〉詩歌中：

> 大江南渡是長干，北望清淮歲已寒。廢壘至今聞鶴唳，蒼山從古自龍蟠。
> 鬢毛白盡空看鏡，髀肉銷來尚據鞍。折箠不能笞點虜，遺民猶有漢衣冠。[58]

北望已經失去的北方江山，用「廢壘」、「蒼山」、「鬢毛」寫出無法收復北方江山的自我譴責情感，更以「髀肉」寓意劉邦已久未在馬背上感嘆「髀肉復生」的反意，作者反指自己隨時有上馬作

---

57 （南朝宋）劉義慶：《世說新語》〈言語〉：「禰衡被魏武帝謫為鼓吏，正月半試鼓。衡揚枹為漁陽摻撾，淵淵有金石聲，四坐為之改容。」也作「漁陽摻」（北京市：中華書局，1983年），頁64。

58 北京大學古文獻研究所編：《全宋詩》第24冊，卷1406，頁16194-16195。

戰的準備。但是縱使策馬的箠杖已經折斷了仍鞭長未及，無法揮去狡黠的胡人，想起北方宋朝的遺民，仍舊穿著漢人服飾等待王師北定歸來之日，登高之時只能深深的自責與感懷，耳邊聽到的是「鶴唳」之聲，只能感嘆流年，空看自己鏡中白髮。又有〈自和〉一詩，表達對於國土淪陷的悲嘆：

> 生涯一茅屋，物役忘萬殊。再為東諸侯，作軍蒐被廬。追尋念往跡，六鶂慚宋都。浩歌記土風，誰能和且趨。自笑良巳隘，真成掘株拘。聊云效知止，未敢傷廉隅。茲山閒人多，龍蟠委崎嶇。寄我千里目，筇枝尚堪扶。但愁見中原，驚心愴嗟吁。何由返我室，小徑遵芊區。未用懷遠遊，蒼茫賦三閭。明當秣吾馬，解組戒僕夫。[59]

此詩說明自己本有的萬物唯一順應自然養生歸隱之志，「但愁見中原，驚心愴嗟吁。」二句一轉因為擔心中原戰禍，所以最後決定「當秣吾馬，解組戒僕夫。」矢志保家衛國。詩中可見作者是處於安定的環境之下，卻仍舊忘不掉當年北方的戰亂，自己心境如同三閭大夫屈原一般，蒼茫之間想起〈遠遊〉詩歌，不如前往遊仙世界，卻因為邊疆困境並未真正解除，所以留在俗世的物役之中，無法超然於物外，只能暫時拋下萬物莫不殊的境界。另外如〈臨江仙〉：

> 瀲灩湖光供一笑，未須醉日論千。將軍曾記舊臨邊。野塘

---

59 北京大學古文獻研究所編：《全宋詩》第24冊，卷1406，頁16188。

新水漫，煙岸藕如船。　　卻怪情多春又老，迴腸易逐愁
煎。何如旌旆鬱相連。凱歌歸玉帳，錦帽碧油前。[60]

詞中抒發了自己的忠義情懷，對於國家不得不屈居於金人的威
脅，「卻怪情多春又老，迴腸易逐愁煎。何如旌旆鬱相連。」寫
出自己擔憂國事與戰事，面對出外征戰的將軍，期許他早日凱旋
歸來，再次與百姓共享國土康寧的景色。此詞為「次韻洪思誠席
上」，洪思誠於宋徽宗時曾經至穎昌府一遊，葉夢得在欽宗時也
曾道訪穎昌府，於是有感而發而思念起往日情誼而作。

　　作者在紹興九年（1139）第二次帥建康府有〈虞美人〉之作
贈蔡子因：

梅花落盡桃花小。春事餘多少。新亭風景尚依然。白髮故
人相遇、且留連。
家山應在層林外。悵望花前醉。半天煙霧尚連空。喚取扁
舟歸去、與君同。[61]

用《世說新語》新亭對泣典故中，王丞相怒斥對泣的臣子，暗諷
南渡後的一些當權官僚，像東晉時過江諸人一樣，面對「神州沈
陸」，感嘆「風景不殊，正自有河山之異」而不思進取恢復。進
一步寫自己光復國家山河的壯志已無法實現，此時的朝廷已經傾
向力主和談，南北分立了。

60　（宋）葉夢得著，蔣哲倫箋注：《石林詞箋注》，頁116。
61　（宋）葉夢得著，蔣哲倫箋注：《石林詞箋注》，頁148。

〈八聲甘州‧壽陽樓八公山作〉：

> 故都迷岸草，望長淮、依然繞孤城。想烏衣年少，芝蘭秀
> 髮，戈戟雲橫。坐看驕兵南渡，沸浪駭奔鯨。轉盼東流
> 水，一顧功成。　千載八公山下，尚斷崖草木，遙擁崢
> 嶸。漫雲濤吞吐，無處問豪英。信勞生、空成今古，笑我
> 來、何事愴遺情。東山老，可堪歲晚，獨聽桓箏。[62]

此作於紹興十年（1140），登壽陽（今安微省壽縣）城樓及八公
山而作。以謝安作為典故，暗喻對抗金人的心情。「東山老，可
堪歲晚，獨聽桓箏」，指謝安年老時被晉孝武帝疏遠，一次，在
陪孝武帝喝酒時，當時的名士桓伊引用曹植〈怨歌行〉曰：「為
君既不易，為臣良獨難。忠信事不顯，乃有見疑患。」獻唱。說
出自己心中對於國家危亡與戰事不斷的忠義情懷，「千載八公山
下，尚斷崖草木，遙擁崢嶸。漫雲濤吞吐，無處問豪英。」更道
出了自己對於國家局勢無能為力的深切悲哀與擔憂。張軼芳認為
葉夢得的愛國詞最突出的還是抒發空有一腔抗敵愛國壯志，卻無
路一請纓的悲憤[63]，事實上本詞作可以更深一步思考，葉夢得的
愛國忠義情懷，並不侷限在請戰上面，而是可以安邦定國顧及整
體的運籌帷幄之賢臣臉上也出現了未曾有過的擔憂與悲傷，所以
才舉謝安為例。不應該以此認為葉夢得是積極主張與北方一戰的
主戰派臣子。〈水調歌頭〉：

---

62 （宋）葉夢得著，蔣哲倫箋注：《石林詞箋注》，頁33。
63 張軼芳：《葉夢得及其詞研究》（保定市：河北大學碩士論文，2007年），頁
17-18。

霜降碧天靜，秋事促西風。寒聲隱地初聽，中夜入梧桐。
起瞰高城回望，寥落關河千里，一醉與君同。疊鼓鬧清
曉，飛騎引雕弓。　　　歲將晚，客爭笑，問衰翁。平生豪
氣安在，走馬為誰雄。何似當筵虎士，揮手弦聲響處，雙
雁落遙空。老矣真堪愧，回首望雲中。[64]

紹興八年至十年間（1138-1140），葉夢得再次帥領建康城的兵
馬。題作：「九月望日，與客習射西園，余偶病不能射。客較勝
相先。將領岳德弓強二石五斗，連發三中的，觀者盡驚。因作此
詞示坐客。前一夕大風，是日始寒。」[65]在紹興八年的九月初九
重陽佳節登高時，感受到的是霜降節氣的寒冷，秋風吹來高城回
望，遠望北方的山河，所以感嘆山關與河防，因為議和已成定
局，失去的故土與家園，再也無法收復，千里軍民的心境皆寥落
不堪，只能與友人在西園騎射練習，飲酒宴席中相互寬慰。想起
自己平生豪氣與奔波，皆已不再，坐客相笑中，葉夢得回首所望
之處在北方的邊地雲中，感嘆流年無法恢復，山河壯志未酬的忠
義情懷可以由此得見。〈卜算子〉詞作題作：「夜鳳凰亭納涼」：

新月掛林梢，暗水鳴枯沼。時見疏星落畫簷，幾點流螢
小。歸意已無多，故作連環繞。欲寄新聲問〈采蓮〉，水
闊煙波渺。[66]

64　（宋）葉夢得著，蔣哲倫箋注：《石林詞箋注》，頁13。
65　（宋）葉夢得著，蔣哲倫箋注：《石林詞箋注》，頁14。
66　（宋）葉夢得著，蔣哲倫箋注：《石林詞箋注》，頁183。

在夜晚的江南，看著皎潔的新月，聽著流水的聲音，滿天的星斗相映著雕美的屋簷，伴隨著螢火蟲的微微亮光，在一片江南美景涼夜中。葉夢得轉而想起此時君臣已經無人思及北方失去的江山與所有國仇家恨，葉夢得也只能「故作」自己也已沉浸在江南的生活之中了，吟唱著〈採蓮〉曲「江南可採蓮，蓮葉何田田」，看著遼闊的山水遠方的山河皆在煙波之外。〈念奴嬌〉：

> 雲峰橫起，障吳關三面，真成尤物。倒卷回潮，目盡處、秋水黏天無壁。綠鬢人歸，如今雖在，空有千莖雪。追尋如夢，漫餘詩句猶傑。　　聞道尊酒登臨，孫郎終古恨，長歌時發。萬里雲屯瓜步晚，落日旌旗明滅。鼓吹風高，畫船遙想，一笑吞窮髮。當時曾照，更誰重問山月。[67]

此作寫於建炎四年（1130）春天「次東坡赤壁懷古韻」，是葉夢得和程俱、江子我相唱和，追憶之前遊歷北固山的作品。[68]「吳關」所指的就是建康城府附近的北固山。「萬里雲屯瓜步晚，落日旌旗明滅」寫出對於當年防守的危難記憶，《建炎以來繫年要錄》說明建炎二年（1128），葉夢得曾經請宋高宗南巡，以江為天險，宋高宗認為由揚州到瓜步有五十里的距離，金兵如有動作再起程應該來得及。葉夢得則認為河道寬度只能容許一舟行駛，不是一日之間來得及避難。因此葉夢得往往夜不能眠，隨時注意金兵動靜。「落日旌旗明滅」點化杜甫〈北征〉：「回首鳳翔縣，

67　（宋）葉夢得著，蔣哲倫箋注：《石林詞箋注》，頁49。
68　（宋）葉夢得著，蔣哲倫箋注：《石林詞箋注》，頁50。

旌旗晚明滅」[69]的詩句，寫出面對戰爭時的恐懼與危急。靖康之難的創傷，使得葉夢得不管身處何種境況，心中都時時有著對於國家局勢的擔憂情懷。

第三節　小結

綜而論之，陳振孫評葉夢得：「平生所歷州鎮，皆有能聲。」其所處家國遭逢劇變，南渡後，更多忠義護國之心，雖受新黨成員推崇，然其不為權臣所威脅，而能堅守安邦定國的自我期許，達成使命。

《四庫全書總目提要》中說明《石林詩話》：「是編論詩，推重王安石者不一而足。而於歐陽修詩，一則摘其評〈河豚詩〉之誤，一則摘其語有不倫，亦不復改，一則摭其疑『夜半鐘聲』之誤。於蘇軾詩，一則譏其『繫瀣割愁』之句為險譎；一則譏其『捫三尺字』及「亂蛙」兩部句為歇後；一則譏其失李廌；一則譏其不能聽文同；一則譏其石建牏廁之誤，皆有所抑揚於其間。蓋夢得出蔡京之門，而其婿章沖則章敦之孫，本為紹述餘黨。故於公論大明之後，尚陰抑元佑諸人。然夢得詩文，實南、北宋間之巨擘。其所評論，往往深中窾會，終非他家聽聲之見，隨人以為是非者比。略其門戶之私，而取其精核之論，分別觀之，瑕瑜固兩不相掩矣。」[70]評論者對於葉夢得所作《石林詩話》中批評蘇軾推重王安石不認同，事實上如此評論也落入了黨爭的是非之

69 （清）彭定球編：《全唐詩》，卷217，頁2275。

70 （清）永瑢、紀昀等撰：《四庫全書總目提要》（臺北市：臺灣商務印書館，1983年），卷156，〈石林詩話〉，頁5-226。

中，縱使仍然不免於黨爭成見，評論者對於葉夢得的文學成就也認同他是北宋到南宋間的大家。

王兆鵬《唐宋詞史論》[71]、潘殊閑〈二十世紀以來葉夢得研究綜述〉[72]都對葉夢得的詞有所評論。說明了中原淪陷於金人之手，朝廷偏安江左，官員中有希望議和的，有主張積極抗金，北伐拯救徽欽二帝的。主和與主戰之爭成了另一個重大黨爭議題，主戰還是主和，成為南宋政壇上的焦點。南宋詞包括豪情壯志詞，就是在這樣的政治環境中發展的，葉夢得、陸游、張元幹、張孝祥等，也都飽含激情的創作了許多作品。葉夢得的作品在南渡前後，詞風的轉變有其獨特的歷史地位，葉夢得與張孝祥都成為連接蘇軾與辛棄疾之間的轉折點，足見其詞作之中更可見其。

葉夢得寫出紹興七年（1137）淮西兵變一事，在〈淮西軍大破賊兵連六告捷喜成口號二首〉詩中也提到：

> 一戰聊麾十萬師，西來捷報走黃旗。六騾壯騎終須去，九虎將軍亦謾為。面內疲民元不改，從中勝算自無遺。臨軒想見天顏喜，百辟歡聲動玉墀。蛇豕何知闞近坰，且欣鏖戰掃膻腥。寄聲急走破羌帖，歸路還經征虜亭。多難兵間頭更白，放懷物外眼終青。花殘不負巖邊約，更看前焚老上庭。[73]

71 王兆鵬：《唐宋詞史論》，北京市：人民文學出版社，2000年。

72 潘殊閑：〈20世紀以來葉夢得研究綜述〉，《樂山師範學院學報》第19卷第9期（2004年9月），頁18-22。

73 北京大學古文獻研究所編：《全宋詩》第24冊，卷1406，頁16197。

對於內亂的平定，葉夢得將淮西兵變打勝仗的喜悅之情表露無遺，「面內疲民元不改，從中勝算自無遺。臨軒想見天顏喜，百辟歡聲動玉墀。」寫的正是朝廷因為兵變被平定得以安定，葉夢得的擔憂得以放下，對於朝廷的忠義之情。

葉夢得雖為蔡京所推薦，但以其早年所學經歷，可以瞭解他受蘇軾舊黨成員影響甚深，但是由其作品與對策，與陳與義及汪藻相比，比較主張應戰對戰的，這和當時王安石變法治理財富，增加稅收以因應對戰是相近的。但是治國以心始的想法又近於舊黨與仁義安夷狄的想法，所以說葉夢得應該是不拘於新舊黨中，主張應變守護國土的忠義之士。

葉夢得《石林春秋讞》、《春秋考》的貢獻[74]，在於孔子作《春秋》有定魯史為周史，代天子以行法的正統用意，援用古代禮制解經。新法中王安石、王雱父子所撰《三經新義》，將《詩經》、《尚書》、《周禮》所有注疏統一說法。葉夢得對於《春秋》特別用心處理，《石林春秋讞》、《春秋考》，不和新黨經典牴觸，更重視其對於正史與禮制的重視，瞭解其以制度來安邦定國的忠義之情。葉夢得的詞風充滿英雄氣、狂氣和逸氣，擅長於詞中融入經史子集典故及前人的文句。[75]

葉夢得論大量政治功績，卻不論及文學成就，入〈文苑傳〉之因，應當在於葉夢得是蔡京所推薦，而蔡京被列入奸臣傳，葉夢得的功蹟與文學成就應當可以單獨列傳，卻因為是蔡京所推薦，所以只列入了〈文苑傳〉，文中卻極力陳述葉夢得力阻蔡京

---

74 姜義泰：《葉夢得春秋傳研究》，新北市：花木蘭出版社，2008年。

75 楊勝：〈淺探葉夢得詞的用典和點化技巧〉，《現代語文期刊》（2009年12期），頁47-48。

的政治功勞，卻沒有隻字片語論及文學風格與成就。

　　葉夢得在其《春秋考・原序》有自述學者閱讀他的著作之順序：「自其《讞》推之，知吾之所正為不妄也，而後可以觀吾《考》；自其《考》推之，知吾之所擇為不誣也，而後可以觀吾《傳》。」[76]由此可見葉氏希望讀者第一閱讀他的《春秋讞》，是書除了是研究葉氏學術的第一步外，也是補正三家傳注的重要材料，對於《春秋》經傳的許多問題都在其中，可以從中看到宋代《春秋》學的最大特色：以經為尊，以傳為輔，經傳若有衝突則以經為正。因此筆者將重點集中在葉氏《春秋讞》之上，旁及《春秋傳》及《春秋考》，以作為輔證之用。[77]

　　陳與義、汪藻、葉夢得三人同有抗金事蹟，三人中陳與義、汪藻記載文學成就多於政治功業，葉夢得重其功業，而未說明其文學成就。陳與義重於詩、汪藻長於四六、葉夢得重於對策。和陳與義、汪藻比較下，葉夢得的主張與施政方向偏向新黨，是屬於比較主戰的一方，但是仍然運用了大量的文學與史學著作《石林春秋讞》三十卷、《春秋考》三十卷、《建康集》、《石林詞》一卷、《石林詩話》一卷、《石林燕語》、《岩下放言》一卷、《石林奏議》十五卷，奠定南宋的歷史地位。

　　相對於〈文苑傳七〉中其他作者而言，葉夢得用語多「破胡」、「破虜」激動語氣，加上葉夢得確實能運籌作戰得勝，因此常被誤判為主戰的代表，事實上葉夢得是主守派，如同陳與義認

76　（宋）葉夢得：《春秋考》，收錄於商務印書館四庫全書出版委員會：《文津閣四庫全書》（北京市：商務印書館，2005年）第51冊，〈經部春秋類〉，頁141。

77　許瑜容：《葉夢得《春秋讞》研究》（高雄市：國立高雄師範大學經學研究所碩士論文，2015年7月），頁3。

為如果和議不成，就要有應戰的能力。值得注意的是，在〈文苑傳〉中多只討論了他大量的政治功蹟，例如：擔任蔡州知府時，開糧倉救濟災民，使得同僚怨懟於他對社稷百姓的忠義情懷。葉夢得的功蹟與文學成就應當可以單獨列傳，但〈文苑傳〉卻不論及文學成就，究其因，應當在於葉夢得是蔡京所推薦，而蔡京被列入〈奸臣傳〉，所以只見〈文苑傳〉中盡是極力陳述葉夢得力阻蔡京的政治功勞。

第五章

「正自饑欲死，敢言忠有餘」的程俱

　　程俱生於元豐元年（1078），卒於紹興十四年（1144）[1]。字致道，衢州開化（浙江）人。哲宗紹聖四年（1097），擔任蘇州吳江縣主簿，監舒州太湖鹽場，以勇於上書論事被罷。徽宗政和元年（1111），起知泗州臨淮縣，官職任滿後寓居吳地。與葉夢得交遊，由於葉夢德認為程俱善於撰述論理，因此將程俱推薦給宋徽宗，擔任著作佐郎。徽宗宣和二年（1120），被賜上舍上第的榮譽。宣和三年，除禮部員外郎，以病老告歸。高宗建炎三年（1129），當時擔任秀州知府，正是金兵攻占臨安之時，程俱奉命帶著財帛前往宋高宗行在之處，棄華亭城。紹興元年（1131），擔任秘書少監，上《麟臺故事》五卷，因此被拔擢為中書舍人。紹興元年（1132），因為被言官議論當時棄秀州華亭城沒能守城一事，遭到罷職，舉江州太平觀。隨後有機會任職，卻堅持不受秦檜徵召任命。十四年，卒，年六十七。今存主要著作《北山小集》四十卷、《麟臺故事》五卷。程俱所表現的忠義圖像除了詩詞韻文作品外，主要在於《麟臺故事》的紀錄，保存了北宋以前

1　葉渭清編：〈程北山先生年譜〉，收錄於（宋）程俱：《北山小集》（北京市：人民文學出版社，2018年），頁705。

的文獻與文物，以文化傳遞方式成就了南宋的正統。[2]

第一節　史書中的忠義情懷

（一）宋哲宗

程俱，字致道，衢州開化人。以外祖尚書左丞鄧潤甫恩，補蘇州吳江主簿，監舒州太湖茶場。[3]

程俱生於世家，祖父程迪是宋仁宗慶曆二年榜眼，外祖父鄧潤甫擔任尚書左丞，父親程天民是熙寧六年進士。九歲喪父，隨母寓外祖父家，從小飽讀詩書，遍覽經史。哲宗紹聖四年，以外祖父鄧潤甫恩蔭入仕，補吳江縣（今屬江蘇）主簿，監舒州太湖（今屬安徽）鹽場。[4]

（二）宋徽宗

坐上書論事罷歸。起知泗州臨淮縣，累遷將作監丞。近臣以譔述薦，遷著作佐郎。宣和二年，進頌，賜上舍出身，除禮部郎，以病告老，不俟報而歸。[5]

2　北京大學古文獻研究所編：《全宋詩》（北京市：北京大學出版社，1995年）第25冊，頁16235。

3　錢建狀：《歷代文苑傳箋證（肆）》（北京市：鳳凰出版社，2012年），頁719。

4　李欣、王兆鵬〈程俱年譜（上）〉，《中國韻文學刊》第20卷第2期（2006年6月），頁97-106。李欣、王兆鵬〈程俱年譜（下）〉，《中國韻文學刊》第20卷第3期（2006年9月），頁83-91。

5　錢建狀：《歷代文苑傳箋證（肆）》，頁719。

1　因直言上書被貶

　　宋哲宗紹聖四年（1097），程俱二十歲時因為外祖父鄧潤甫恩蔭補為假承務郎、擔任吳江主簿。元符三年（1100）正月，宋徽宗即位，肆赦放免秋苗，地方官藉口「講求遺利」之名，卻行營私之實，程俱就此發出議論，但因為這是宋徽宗的旨意，因此程俱被貶：「財用之在天下，譬之眾川之水……今諸路之賦入則眾川是也，萬頃之陂則總計是也；決漏如江河則無藝之費是也，崎嶇回遠、引線脈之流以益之，則講求遺利是也，凡無藝之費一切罷之，則息民裕國之政具在守而毋失，可以有餘。」[6]對於地方官員紛紛施行新法徵求民利，加以議論，為百姓生計著想，卻反而在宋徽宗建中靖國元年遭到朝廷貶謫。政和元年（1111），程俱擔任泗州臨淮縣令、任兗州。

　　〈太湖沿檄西原道即事三首〉寫出此時心境：「司空山頭朝出雲，西原渡口十里陰。煙中雞唱未及午，白雨作泥泥已深。」對於自己與國家社稷的未來都充滿了疑惑與不確定，前路難行如同深陷於污泥之中；其二：「上崖下谷鳥道中，前屬後巾魚貫從。西山路暗光已夕，東山山頭餘日紅。」寫出一片哀淒悲涼，似乎此後人生如同夕陽西下，有光明不再的感觸，看出了國勢危亡的前兆。其三：「道旁甕盎如汝陽，石間電電如呂梁。不知身世在何許，舉頭四山鬱蒼蒼。」[7]對於日後的自己與國家同感悲傷與無可奈何、四顧茫然之情。

6　（宋）程俱：〈講求遺利公申狀〉，（明）程敏政：《新安文獻志》，收錄於《文淵閣四庫全書》（臺北市：臺灣商務印書館，1983年）第1376冊，卷94上，頁560。

7　（宋）程俱：《北山小集》，頁41。

2 通判延安鎮江府期間認識葉夢得

政和七年（1117），通判延安府、鎮江府（江蘇鎮江）。在鎮江府期間與葉夢得交遊，葉夢得於宣和五年程俱母親過世之後，為程俱母親寫墓誌銘[8]。

3 宣和二年，進頌，賜上舍出身，除禮部郎

宣和二年，再轉任承議郎，程俱被宋徽宗賜給五品服，得到近臣葉夢得薦舉，被任命為秘書省著作佐郎，賜上舍出身，奠定日後《麟臺故事》的基礎，此時的程俱開始有機會編修文獻，入秘書省。政和八年擔任禮部員外郎。宋徽宗詔觀書於秘閣，得賜御筆書畫等表達賞識之意，遷升朝奉郎。

（二）宋高宗

1 建炎年間諫言宋高宗重德政與賞罰措施

> 建炎中，為太常少卿、知秀州。會車駕臨幸，賜對。俱言：「陛下德日新，政日舉，賞罰施置，仰當天意，俯合人心，則趙氏安而社稷固；不然，則宗社危而天下亂，其間蓋不容髮。」高宗嘉納之。[9]

程俱擔任太常少卿前往秀州任職時，曾經接待路經秀州的宋高宗

---

8 後至紹興五年（1135）五月，因金兵南下攻略之故，又遷其母靈柩至程氏故里，並於紹興七年（1137）正月，乙酉「始克葬於雲臺鄉雲門山之原」，朝廷贈程俱母親為碩人。

9 錢建狀：《歷代文苑傳箋證（肆）》，頁723。

一行人，並且向宋高宗進言勤修國政，明定賞罰措施，應當與民意相符合，才可以在此亂世中安定國家與百姓，直言如果不能確實做到，天下危亡已經是無可挽回，宋高宗不只加以稱美並確實採納。並有〈乞免秀州和買絹奏狀〉[10]為地方百姓上奏狀，乞求讓秀州百姓繳稅不用換成地方不生產的「絹」來代替，免得增加百姓負擔，有助於民生經濟的忠義諫言。

2 金兵攻打所守城池時，選擇聽命高宗將財物運用海運運往高宗所在處

> 金兵南渡，據臨安，遣兵破崇德、海鹽，馳檄諭降。俱率官屬棄城保華亭，留兵馬都監守城。朝廷命俱部金帛赴行在，既至，以病乞歸。[11]

在金兵攻陷所守，原先力守的程俱，聽令於朝廷，棄城保留人力與軍力，把所有可運用物資帶往臨安，交給高宗，高宗才得以建立具有經濟實力的朝廷，完成任務後，程俱覺得對不起原來堅守城池的部屬與百姓及在北方的徽欽二帝，因此自請選擇罷官歸隱。

3 上奏修日曆先行修撰保留當代文件，以顯現南宋正統地位

> 紹興初，始置秘書省，召俱為少監。奏修日曆，秘書長貳得預修纂，自俱始。時庶事草創，百司文書例從省記，俱摭三館舊聞，比次為書，名曰《麟臺故事》上之。[12]

---

10 （宋）程俱：《北山小集》，頁631。
11 錢建狀：《歷代文苑傳箋證（肆）》，頁724。
12 錢建狀：《歷代文苑傳箋證（肆）》，頁726。

紹興年間擔任南宋延續北宋設置的單位秘書省中官員,「日曆」為
南宋繼承北宋正統的史料文獻,先行修纂。對於南宋正統地位的
貢獻在於上奏「修日曆」,選取北宋開國初期設在開封的「昭文
館」、「集賢院」、「史館」三館所蒐集的五代諸國書籍及文物。程
俱將其事蹟編入《麟臺故事》,以代表傳承北宋的正統文化意義。

4　當務之急在於朝廷要廣納忠直言論

> 擢中書舍人兼侍講。俱論:「國家之患,在於論事者不敢
> 盡情,當事者不敢任責,言有用否,事有成敗,理固不
> 齊。今言不合則見排於當時,事不諧則追咎於始議。故雖
> 有智如陳平,不敢請金以行間;勇如相如,不敢全璧以抗
> 秦;通財如劉晏,不敢言理財以贍軍食。使人人不敢當
> 事,不敢盡謀,則艱危之時,誰與圖回而恢復乎?」[13]

擔任侍講期間,指出了國家當前的真正問題在於臣子不敢盡情說
出有益於國家的言論,也無法盡臣子對於國家有所助益的作為。
因為進言如果不得所用,與當權者不合,常常因此被排除於朝廷
之外,一旦所執行的改革在確實實踐後卻得到失敗的結果時,往
往就會追究當初提議改革的人,而予以治罪。所以縱然有陳平
(?-B.C.178)、藺相如(生卒年不詳)、劉晏(716-780)之類的
能人賢士,也不願意盡心協助恢復已經喪失的宋朝江山。其中引
用唐玄宗(685-762)所重用的唐晏,比喻程俱自己最有特色,
劉晏在玄宗朝時舉神童科,曾經擔任秘書省正字,曾經對玄宗說

---

13 錢建狀:《歷代文苑傳箋證(肆)》,頁727。

天下大事只有「朋」字無法正，以上諫玄宗當時朋黨勢力影響之大。劉晏在唐朝時輔佐唐肅宗與代宗治理安史之亂後的財政，疏通運河、治理鹽務，控制物價，使得唐代宗時期財稅收入豐富，人民安居樂業，朝廷安定，這應該就是程俱希望協助靖康之亂後國政治理，完成宋朝國泰民安的忠義期望。

6　用於直諫，反對武官轉文臣

> 武功大夫蘇易轉橫行，俱論：「祖宗之法，文臣自將作監主簿至尚書左僕射，武臣自三班奉職至節度使，此以次遷轉之官也。武臣自閤門副使至內客省使為橫行，不系磨勘遷轉之列，其除授皆頒特旨。故元豐之制，以承務郎至特進為寄祿官，易監主簿至僕射之名；武臣獨不以寄祿官易之者，蓋有深意也。政和間，改武臣官稱為郎、大夫，遂並橫行易之為轉官等級，蓋當時有司不習典故，以開僥幸之門。自改使為大夫以來，常調之官，下至皂隸，轉為橫行者，不可勝數。且文臣所謂庶官者，轉不得過中大夫，而武臣乃得過皇城使，此何理也！夫官職輕重在朝廷，朝廷愛重官職，不妄與人，則官職重；反是則輕，輕則得者不以為恩，未得者常懷觖望，此安危治亂所關也。」[14]

程俱忠義之情表現在不為當朝權臣影響、強調依祖宗之法，文臣有文臣轉任的規定，武臣有武臣傳任升遷的規則，如果武臣轉文臣在元豐新法中也是不被認可的，特別是武臣不能轉成文臣。當

---

14 錢建狀：《歷代文苑傳箋證（肆）》，頁728。

時武功大夫蘇易要轉為文臣稱郎或是大夫,造成當時官制錯置,今日要轉為皇城使,更是不合祖宗之法的。程俱直言如果官職的制度混亂,朝廷不重視官職的選任,將造成禮制混亂,輕易得到的人不用心治理,覺得不公平者心懷怨懟,將危及國家治理階級與百姓安危。

7　因為徐俯與宦官來往不同意他擔任建議大夫

> 徐俯為諫議大夫,俱繳還,以為:「俯雖才俊氣豪,所歷尚淺,以前任省郎,遽除諫議,自元豐更制以來,未之有也。昔唐元稹為荊南判司,忽命從中出,召為省郎,使知制誥,遂喧朝聽,時謂監軍崔潭峻之所引也。近聞外傳,俯與中官唱和,有『魚須』之句,號為警策。臣恐外人以此為疑,仰累聖德。陛下誠知俯,姑以所應得者命之。」不報。後二日,言者論俱前棄秀州城,罷為提舉江州太平觀。久之,除徽猷閣待制。[15]

因為徐俯(1075-1141)和宦官交遊有唱和的作品,因此程俱勇於直諫,不認同徐俯品行足以擔任諫議大夫,程俱堅持退還不肯行文發布任命徐俯公文,並以唐朝元稹(西元779-831年)依附宦官得以擔任荊南判司,而為當朝忠義人士反對為例,阻止高宗任命徐俯為諫議大夫。卻也引來言官議論他曾受命棄城投降,攜帶財務到宋高宗行在一事議論,而遭到朝廷罷去中央職務,轉任江州太平觀,之後才又任命為徽猷閣待制。

---

15 錢建狀:《歷代文苑傳箋證(肆)》,頁728。

8　拒絕為權臣秦檜所用的忠義之情

> 俱晚病風痺，秦檜薦俱領史事，除提舉萬壽觀、實錄院修
> 撰，使免朝參，俱力辭不至。卒，年六十七。俱在掖垣，
> 命令下有不安於心者，必反覆言之，不少畏避。其為文典
> 雅閎奧，為世所稱。[16]

秦檜曾經推薦程俱修撰實錄，且免於上朝參議，但是程俱仍是不
肯為權臣所左右，推辭不受。[17]最終在六十七歲時過世。《宋
史・文苑傳》中特別強調程俱的忠義情意，在朝廷輔佐之時，如
果君王命令有讓程俱覺得措施不妥之處，必定反覆勸諫，不懼怕
任何可能遭致的禍患，忠言直諫。其文章如同本人典雅之外更是
胸懷家國，思慮廣博且深入，為當代人所稱美。

第二節　作品中的忠義情懷

《北山小集》的研究多集中在詩歌方面，包括對其詩文的校
注及其詩歌藝術風格的研究等，例如王水照、羅海英的《南宋文
學史》將程俱稱為「四六名家」[18]。在《歷代賦評注》[19]的《宋

---

16 錢建狀：《歷代文苑傳箋證（肆）》，頁729。
17 李欣、王兆鵬〈程俱年譜（上）〉，頁97-106頁。李欣、王兆鵬〈程俱年譜
　（下）〉，頁83-91。紹興十四年（1144）六月初，程俱病稍癒，然已意冷於仕
　途，因此，提前向朝廷提出致仕的請求，被朝廷恩准轉為左中奉大夫。不期
　於當月去世，朝廷聞知遺表，又增其為左通奉大夫。九月葬於家鄉開化之北
　原，在葬禮前後，時人程瑀即為之撰成《行狀》。
18 王水照、羅海英：《南宋文學史》（北京市：人民出版社，2007年），頁41。
19 趙逵夫等著：《歷代賦評注》，成都市：巴蜀書社，2010年。

詩鑒賞辭典》和陶文鵬主編的《宋詩精華》，都收錄了程俱的
〈豁然閣〉，並對這首詩進行了賞析。有關程俱詩歌的研究也紛
紛受到廣泛的關注，如李欣的《論程俱詩歌的沖澹閑遠之美》，
論述了程俱的詩歌無論是描寫自然山水題材還是抒寫自適情懷的
言志之作，都體現出沖澹、閑遠之美，並分析了這種風格形成的
原因。徐建華、廖秋華的〈程俱近體詩用韻研究〉[20]主要考察程
俱近體詩的用韻情況從而歸納出其近體詩用韻的特點。《北山小
集》，共收詩歌六七四首，內容豐富，其中有很多感時傷懷的詩
歌表現了程俱複雜的內心世界，以及坎坷的人生經歷，總體來
說，王瑜瑾將這類詩歌分為以下幾類：「哀嘆年華易逝老病幽獨
之作」、「感嘆昨是今非、物是人非」、「羈旅漂泊，憂思無限」、
「送別懷友贈答酬唱之作」。[21]

　　本文不只就詩歌論述，也對其文章進行探討，尤其具有忠義
情感的作品都有深入的研究。

　　程俱在宋哲宗元祐八年十六歲時[22]就有〈送朱伯原博士赴太
學（癸酉）〉詩作：

> 朱公將赴成均時，炎炎六月雲峰奇。閶門鼓聲催畫鷁，陂
> 塘菡萏方華滋。朝雲回首暮雲合，汗青嵬磊扃巖扉。先生
> 顧此重惜去，片帆未肯乘風飛。賤子乃前致以詞，誠知去
> 魯心遲遲。丈夫出處會有時，從來猿鶴焉能知。醇儒況復

---

20 徐建華、廖秋華：〈程俱近體詩用韻研究〉，《浙江樹人大學學報》第17卷第3
　 期（2017年5月），頁84-85。
21 王瑜瑾：《程俱北山小集研究》，上海市：華東師範大學碩士論文，2013年。
22 （宋）程俱：《北山小集》，頁710。

生盛世，終老巖穴將何為。公其去矣莫回首，君王仄席思
賢久。公懷慷慨善哉言，挽舟便出楓橋口。[23]

朱伯原指的是程俱姊夫朱長文，程俱對於朱長文要前往太學學
習，說出自己滿心的祝福與忠義效法之情，前六句以景鋪陳寫出
六月的景色與送別的心情，第七句開始點出縱使故鄉與故友情誼
讓人難以割捨，但是宋哲宗需要賢能之士輔佐朝廷，期勉朱長文
發揮儒生經世濟民的功用，慷慨進言，對於國家朝廷有所助益，
這也是程俱一直以來所重視與努力的方向。

一　忠言直諫的忠義之情

因忠言直諫被罷，卻不改其忠義精神，宋徽宗元符元年二十
一歲有〈數詩述懷〉之作[24]寫出自己的憂思：

一生共悠悠，今者曷不樂？二十起東山，誤為微官縛。三
年瞬眣耳，郵傳那久托？四壁自蕭然，青編束為閣。五更
霜鐘動，起視星錯落。六律聿其周，忽忽更歲篇；七哀哦
幽韻，感念驚獨鶴；八極豈不廣？衰懷了無托；九原嘆多
賢，死者那可作？十里望煙村，天隨去寥廓。[25]

因為議論宋徽宗即位所施行「肆赦放免秋苗」，程俱指責地方官

23　（宋）程俱：《北山小集》，頁152。

24　（宋）程俱：《北山小集》，頁712。

25　（宋）程俱：《北山小集》，頁41。

員訴求〈吳江回申講求遺利傳〉:「竊以謂天下無藝之費如此類
者,倘一切罷之,則神宗皇帝息民裕國之政具在,守而勿失可以
有餘,某愚無知妄陳管見,謹具申縣衙伏乞備申使州伏裁言。」
[26]反而遭貶謫,對於自身的遭遇,用詩歌表達出自我的心志。起
首以自問自答方式寫出自己的憂思,既然自己的一生有限,因何
無法得到快樂?感嘆自從二十歲開始任官後,就被官職所束縛。
終還是在此三年時間,轉瞬時間即過,才志仍然不得施展,所得
仍然蕭然,文章仍不得為世所用。在五更夜半之時只剩下夜半自
我聽著鐘聲,仰望滿天星斗,難以入眠。「六律聿其周,忽忽更
歲」,指自己任職依循音樂與氣候法度[27],從來沒有踰越規矩,
卻被貶謫淪落至此,只能獨自吟誦〈七哀〉幽怨之作,將驚慌無
奈的情感寄託於四海八荒之中,最終感嘆自古賢士多流落在野,
只能遠望滿詩山村煙,寄託自我忠誠之意。

此次被罷職,還以孟浩然作品寫下〈癸巳歲除夜誦孟浩然歸
終南舊隱詩有感戲效沈休文八詠體作〉,訴說自己忠義情感不得
見用的悲傷,其一〈北闕休上書〉:

> 說將且不暇,于時真自疎。深慚叔孫子,未辦茂陵書。正
> 自飢欲死,敢言忠有餘。平生刪啟志,本不羨嚴除。[28]

以孟浩然詩句為題寫出自己不得君王所用的忠義之情,縱使明知

---

26 (宋)程俱:《北山小集》,頁300。
27 (漢)司馬遷:《史記》〈律書〉:「王者制事立法,物度軌則,壹稟於六律,
    六律為萬事根本焉。」(北京市:中華書局,1963年),卷25,頁1239。
28 (宋)程俱:《北山小集》,頁168。

道會不得官俸，卻絕不影響忠言直諫的初衷，並說明自己本心嚮往田畝生活，並不欣羨嚴謹受拘束的朝廷生活。

其二〈南山歸敝廬〉：

> 故廬今茂草，新構羨茅茨。久慕泉石約，空令猿鶴悲。一塵端可共，三徑復誰期。會結忘年友，歸雲茹紫芝。[29]

以歸南山之句引出自己也有歸隱之心，但是因為一心想為國家盡忠，才放下歸隱之心。今日被貶謫，或許應該就此放棄盡忠朝廷，與山林友人度過餘生，為自怨自艾之作。

其三〈不才明主棄〉：

> 沃壤有多稼，良工無廢材。固知時不棄，正坐老無媒。病驥終難駕，寒花不易開。古來天下士，取次沒蒿萊。[30]

不才明主棄一詞，引出程俱感到自古天下能人志士，盡皆埋沒在田野之地不為所用。全詩期望自己能有汲引自己的賢士，協助自己貢獻才能，為時所用。此詩創作之後終於還是如願得到葉夢得的引薦。

其四〈多病故人疏〉：

> 雁足慵難寄，雞棲出厭頻。路長時有夢，人遠邈如新。膠

---

29 （宋）程俱：《北山小集》，頁169。
30 （宋）程俱：《北山小集》，頁169。

> 漆唯窮士，雲泥隔要津。囂囂亦何病，懶放任天真。[31]

〈多病故人疏〉一詞引出自己與君王阻隔重重，對於不能寄雁之足傳達自己忠義之情給徽宗，引用《詩經》王風中〈君子于役〉一詩「雞棲於塒，日之夕矣，羊牛下來」，[32]以妻子等待服公署勞役的丈夫歸來為喻，形容自己的盡忠職守，對於諫言不得重用反遭貶黜，以「雲泥」形容自己與君王的阻隔重重，不如寄情於山林之中。

其五〈白髮催年老〉：

> 轉眼過三紀，搔頭見二毛。先秋同柳弱，早白誤山高。種種從渠落，青青竟莫逃。形骸姑置此，痛飲讀離騷。[33]

此處以屈原自比，表達出自己與屈原相同對於眼看國家危殆，所進之言卻不得為用，在年華逐漸老去之時，悲傷感懷中行吟澤畔之情。另有〈青陽逼歲除〉[34]、〈永懷愁不寐〉[35]、〈松月夜窗虛〉[36]皆一再寫出自己的不肯放棄與如同屈原行吟澤畔，盡忠之

31　（宋）程俱：《北山小集》，頁169。

32　（宋）朱熹：《詩集傳》（北京市：學苑出版社，2015年），卷4，頁3。

33　（宋）程俱：《北山小集》，頁170。

34　〈青陽逼歲除〉：「憔悴身仍健，崢嶸歲又窮。天寒春未應，臘盡雪初融。萬化豈有極，一生常轉蓬。誰知元不動，日月自西東。」收錄於（宋）程俱：《北山小集》，頁170。

35　〈永懷愁不寐〉：「腷膊南枝鵲，鏗宏半夜鐘。寥寥數寒漏，唧唧類吟蛩。馬革思強仕，牛衣慕老農。此身何處是，展轉聽朝舂。」收錄於（宋）程俱：《北山小集》，頁170。

36　〈松月夜窗虛〉：「透隙風號屋，翻簷雪灑窗。遙知迷九澤，似欲卷三江。引

情，徘徊惆悵，幽情慷慨，深深可以感受忠情可憫。

〈舟行過吳江有感〉[37]詩二首，以屈原〈招魂〉之情表達自己的哀傷：

> 其一
>
> 陳跡端如幻，羈懷祇自驚。十年窮不死，四海寄餘生。蒲柳成衰質，枌榆憶舊耕。重吟五湖句，慷慨動幽情。
>
> 其二
>
> 棲棘空迴首，飛鳧竟折腰。祇今隨泛宅，敢復歎沉僚。行路終難拗，迷魂不可招。山川良是昔，恍似鶴歸遼。

第一首對於十年的官場漂泊，不為所用，眼看時局多變，自己年華老去，常感身不由己，無法對於朝廷進言與盡忠，有不如自放情懷於山水之間的慷慨之情。第二首卻仍頻頻回首，不願放棄，以〈行路難〉、〈招魂〉二詩詩意，說明如果可以，自己願如同丁令威典故化為鶴歸去故鄉。

〈罷吏客郡城已數月滯留忽已歲暮浩然興歎作一首〉：

> 一行作吏向吳城，五見姤隅上薄冰。魏覬三章堪自約，殷源百尺敢言登。

睡翻書帙，澆愁泥酒缸。無因踏松月，癡坐對青釭。」收錄於（宋）程俱：《北山小集》，頁171。

37 （宋）程俱：《北山小集》，頁200。

> 揶揄祇送人為郡，噎媢初非我負丞。鞅掌棲遲俱害性，不知鬚鬢欲侵凌。[38]

因忠言直諫遭到貶謫，對於年華老去仍無所作為，浩然長嘆。「噎媢初非我負丞」點出自己如同韓愈（西元768-824年）在〈曹成王碑〉中所形容的唐朝曹成王李皋（西元733-792年）。李皋在唐上元元年受命為溫州長史，到達溫州後，看見百姓饑荒，為了協助百姓解除百姓痛苦，衣不解帶處理政務，並且下令敲開糧倉的鎖，把所有官府糧倉中的物資給予人民，因此救活了數十萬百姓。朝廷得到奏報，升其官職，卻因為名聲過於響亮，「觀察使噎媢不能出氣」，反而與御史一起攻擊他，朝廷聽任李皋被貶潮州刺史。程俱以感同身受的歷史寫實筆法，同時比喻自己因為人民發聲，反而遭受觀察使與御史的羅織罪名，因此自我期勉定當如同韓愈當初救護百姓般忠義愛國護衛百姓。更以「鞅掌棲遲俱害性」以《詩經・小雅・北山》篇中所寫「或棲遲偃仰，或王事鞅掌」[39]譬指朝廷中有毀謗他人整天只知道遊樂休息應酬者，也有人為了朝廷的事情用心忙碌，而無法正常作息穿戴整齊。以此指責朝廷中醉生夢死的士大夫。

紹興二年（1132），因為不認同徐俯與宦官交遊攀附宦官可以擔任諫議大夫，程俱忠言直諫，卻被貶謫，還有〈戲呈虞君明察院謩（癸巳）〉寫出自己被貶謫心情：

---

38 （宋）程俱：《北山小集》，頁158。

39 （宋）朱熹：《詩集傳》，卷13，頁1-2。

其一

三仕三已心如空，一壑一丘吾固窮。門施雀羅正可樂，車如雞栖良不惡。

胸中九華初欲成，綵衣玉斧雙鬢青。世間何樂復過此，不失清都左右卿。

其二

長安陸海知洪爐，五金出入無精麤。平生椎鈍堅重質，一往融液隨流珠。

請觀五石大瓠種，正以濩落浮江湖。環中何者為榮辱，千鍾何如三釜粟。坦途緩步東方明，大勝跨虎臨深谷。[40]

全詩寫出自己因為愛護百姓，不畏權威，勇於進言，最終三次被貶謫，雖然沒有志同道合之士能夠一起努力，但仍是無所退卻。他也表達了在長安城中找不到相同關心朝政的人，如同在洪爐之中，心急如焚，卻無能為力的境況，更直抒自己猶如莊子寓言中無用之大瓠，空有忠厚的質地，在朝廷之中卻常不得所用，最終流落江湖。但是轉念而想雖然如今沒有高官俸祿，但是離開了爭鬥顯如猛虎環伺、如臨深淵的朝廷環境，反而是走向平靜與光明的人生坦途。

40　（宋）程俱：《北山小集》，頁34。

二 「餘年儻窮健，猶及中興朝」戰亂中期待中興之情

〈殷浩廢處信安偶覽衢州圖經故居尚有遺址有感予懷書四十字〉：

> 中軍時所廢，我廢坐衰殘。軒冕儻來寄，炎涼非意干。空函嗟外重，小品亦徒看。異代均流落，還來客信安。[41]

寫出與殷浩共同因為忠義上諫被貶的異代共通情感，殷浩（303-356）在東晉時期擔任中軍將軍，奉命攻打許昌、洛陽，兵敗而歸，被桓溫彈劾流放，直至病逝後，前部屬顧悅之上書，冤情才得以洗清。此詩旨意在期待有朝一日朝廷中興，自己得以遭到重用與平反。

以杜甫忠義之心自許，寫下〈觀老杜久客一篇其言有感於吾心者因為八詠〉。

其一〈羈旅知交態〉：

> 故里翻為客，衰年亦倦遊。犢褌慚北阮，膰饋略東丘。門巷遊麋鹿，闤闠風馬牛。翟公良可笑，大署欲何求。[42]

對於自我遭受貶謫，以西漢翟公被貶謫與再次擔任廷尉的典故來自勉：「一死一生，乃知交情；一貧一富，乃知交態；一貴一

---

41 （宋）程俱：《北山小集》，頁183。
42 （宋）程俱：《北山小集》，頁183。

賤，交情乃見。」[43]希望可以得到推薦汲引而再次有所作為。

其二〈淹留見俗情〉：

> 扶病來城郭，棲遲又幾年。炎涼驚節變，榮悴與時遷。掉
> 臂人趨市，駢頭蟻慕羶。回觀衰冷地，古竈不生烟。[44]

「掉臂」引用《史記》孟嘗君揮手而去自由閒適的典故，與「駢
頭」爭相討論的對比，說明自己也想瀟灑揮手歸隱而去，無奈忠
義之情深耕在心，為了百姓與家庭，不肯放棄經世濟民。末二句
以自己的衰冷與起首的「扶病」對比，寫出自己一片冰心在玉壺
的忠義情感。

其三〈衰顏聊自哂〉：

> 禿髮無重綠，疏髯已半凋。識風搖老炷，火宅樹衰標。往
> 事那堪記，幽懷不自聊。餘年儻窮健，猶及中興朝。[45]

最後四句提到的戰亂創傷記憶是不堪回憶的往事，幽懷忠義之
心絕對不改變，一切都是需要等到國家「中興」，再現北宋盛世
之時。

其四〈小吏每相輕〉：

> 鼠輩何知禮，奴曹只世情。鴟鴉嚇鸞鳳，螻蟻困鯤鯨。舍

---

43 （漢）司馬遷：《史記》，卷120，〈汲鄭列傳〉，頁3114。
44 （宋）程俱：《北山小集》，頁184。
45 （宋）程俱：《北山小集》，頁184。

者時爭席，將軍莫夜行。豈堪供一笑，正自不須驚。自
注：子美詩又云：「何當官曹清，爾輩堪一笑。」東坡詩
云：「爾輩何曾堪一笑。」[46]

〈文苑傳七〉中作者多推崇蘇軾，由此可以得見《宋史》編撰者
對於北宋黨爭所持的歷史觀點，是支持舊黨。此詩寫出自我在被
朝廷貶謫之後又被再次任用，心中驚魂不定的情感。

其五〈去國哀王粲〉：

獻納無明略，衰遲只故鄉。養痾憑藥裹，掃跡寄僧坊。不
作荊州客，空悲漢署郎。登樓那暇賦，衰鬢白蒼蒼。自
注：「王粲少為蔡中郎所禮。」[47]

此詩以王粲自比，努力提出自己具體的建議希望有益國家，藉由
王粲寫出自己忠義之情。王粲曾經知道京師不可留，拒絕權臣邀
請不肯被召用，南下至荊州，任職於劉表之下，程俱仍說明自己
縱然白髮多病，仍不會放棄為國盡忠。

其六〈傷時哭賈生〉：

僭逆真苕燕，腥羶尚井蛙。蒼生困徵斂，黃屋久咨嗟。北
狩終當返，東巡亦未賒。皇基甚宏遠，四海會為家。[48]

---

46 （宋）程俱：《北山小集》，頁184。
47 （宋）程俱：《北山小集》，頁185。
48 （宋）程俱：《北山小集》，頁185。

「蒼生困徵斂，黃屋久咨嗟。」此二句為生民發聲，詩歌中發揮了勸諫的功用，「黃屋」指天子的車蓋，對於中興的忠義情感在末四句中寫出，希望北狩東巡的天子可以早日歸來，共同創造與發揚宋代的基業。

其七〈狐狸何足首〉：

> 宿敕雖毛舉，中原尚土臲。時聞殲狗鼠，未遂戮鯨鯢。冠蓋翔鴛鷺，兵戈集虎貔。埋輪豈無意，攬轡欲誰期。[49]

寫出中原戰亂之苦，當此之際地方民亂不斷，「埋輪豈無意，攬轡欲誰期」喻指自己本來就打算「埋輪」，堅守本位，不作任何退縮，以「攬轡澄清」典故，表示自己當初為官時也有澄清拯救天下蒼生的忠義之情。此詩為自己當時棄守華亭將所有財帛京海路運往行在所在之地做了解釋，希望所有閱讀詩歌者可以瞭解不得不有所取捨的原因，正因為自己要協助朝廷安定，才不得不棄守。

《四庫本》其七作：

> 任爾威堪假，其能久自持。引明徒纍纍，逐利自嬉嬉。有態偏工媚，無端亦善疑。高懸秦鏡日，鼫技竟何施。[50]

則是用比較含蓄的用語，說出了自己任由他人狐假虎威而遭致獲

49　（宋）程俱：《北山小集》，頁185。
50　（宋）程俱：《北山集》，收錄於《景印文淵閣四庫全書》（臺北市：臺灣商務印書館，1983-1986年），第1130冊，卷10，頁7。

罪的委屈與不平。

其八〈豺虎正縱橫〉：

> 點虜頻窺塞，潢池或弄兵。未傳朱泚首，時勞亞夫營。四
> 海幾糜爛，群凶會鼎烹。皇威清海岱，談笑掃攙搶。[51]

此處描寫了金兵與地方民亂在當時造成的危害，如今朝廷並沒有
如唐代宗時期的段秀實般可以用笏擊、韓旻以劍斬殺朱泚首級的
勇士，只能依靠駐紮在邊疆的周亞夫一般的賢人將士協助維護與
保國。全國皆處在混亂與危殆之中，內外交迫。詩中可見期待朝
廷能夠在談笑之間平定亂世，中興宋軍，更能威震四海，等到江
山清明之日，具有正向的忠義情感。

〈酬葉翰林喜某除官東觀（庚子）二首中說明了自己以文章
與紀錄史事的方式效力於國家的忠義情感。

其一

> 冰谷難通杜曲天，淺聞那識絳人年。揮斤始免從輪扁，操
> 牘寧堪佐史遷。正恐商樊譏浪仕，可令齊魯歎無傳。笭箵
> 挂壁空回首，林有孫枝竹長鞭。[52]

全詩以《詩經・小雅・小宛》：「如履薄冰」典故起首，說明處在
冰谷之地難到達遠方之地「杜曲」，「杜曲」引唐彥謙〈長溪秋
望〉中：「杜曲黃昏獨自愁」之意：說明自己所知有限，更以

---

51 （宋）程俱：《北山小集》，頁186。
52 （宋）程俱：《北山集》（臺北市：臺灣商務印書館，1983年），卷10，頁1。

《左傳》襄公三十年中絳縣老人典故，以不知「年」代表什麼意思，以寓意自己在漫長的歲月之中已經不知道今夕是何夕，其中引用莊子典故所言「郢人逝已，誰與盡言」，及「輪扁斫輪」典故說明，凡事不只可以意會，還應當確實重在實踐，許多的史事經由記錄，往往失真，所以努力記錄日曆，以到達司馬遷的成就。「正恐商樊譏浪仕」指的是傳說樊噲曾經在劉邦未任官前，對於劉邦賒欠其購物金錢，加以譏笑，可惜當時齊魯之間和戰的緣由都沒有留存，說明記史者記載詳盡正是程俱創作的使命感所在之處。「笭箵挂壁空回首，林有孫枝竹長鞭」二句寫雖然捕魚隱居的器具一直都在，歸去山林思緒一再興起，但因為自己堅持不肯放棄報效國家與守護百姓，所以以文筆堅持及守住自己的職責。

> 其二
>
> 列宿羅胸妙補天，巨鼇峰頂號耆年。致君舊擬唐虞上，去國徒驚歲月遷。夢筆絲綸建瓴下，懇棠膏澤置郵傳。平生傾倒燕臺意，可使英豪慕執鞭。[53]

第二首稱美對方也是期許自己，已經有多年的所學與學識。用盡全力，挽救局勢，「致君舊擬唐虞上，去國徒驚歲月遷」引用杜甫安史之亂後希望報效國家力挽頹勢的詩句，以此表達自己深刻的忠心、入世決心。決心用優美的文采與忠言直諫的議論「高屋建瓴」力挽狂瀾。如同〈甘棠〉中召公德政讓百姓蒙受恩澤，希望好的方法與德政可以相互傳遞與切磋。期許朝廷如同燕昭王能

53　（宋）程俱：《北山集》，卷10，頁1。

更設黃金臺，有求賢的決心，如此可使天下豪能之人願意效勞保
衛國家，國家方能有中興之時。

在〈高郵旅泊書懷寄淮東提舉蔡成甫觀兼呈鄭使君弇三首〉
（癸未）其一中寫出：

> 久客頗自厭，長歌胡不歸。束書方有適，捧檄定焉依。塵
> 裡音容改，山中信息稀。十年長漫浪，深覺負荷衣。[54]

明確說明自己客居異鄉為朝廷中興奔波，縱然時時想著不如歸
去，但是對於討伐敵國兵亂的職責未了，只能暫時放下歸隱的期
待。第二首說出：

> 命矣周南滯，時哉冀北空。居無刮目視，動有轉喉窮。泛
> 宅如蠻蜑，淫書伴蠹蟲。飄蓬故人念，賴有繡衣公。[55]

對於留滯於此地不得北歸，深感哀傷之情。其三：「長夏熱欲死，
迎秋氣已清。蚊蠅任來往，螟螣尚縱橫。行止厭人問，棲遲真自
驚。使君高義在，解榻見深情。」[56]第三首寫的是現實生活的困
苦難忍，包含對於南方生活的水土氣候都難以適應，但是支撐自
我全力以赴的唯一原因，在於志同道合對於國家有相同忠義之情
的友人。

宣和七年（1125），程俱為禮部員外郎，向朝廷請辭，還未等

---

54 （宋）程俱：《北山小集》，頁159。
55 （宋）程俱：《北山小集》，頁159。
56 （宋）程俱：《北山小集》，頁159。

到朝廷公文，金兵南下，程俱全家一起南逃，在〈寒夜遣懷〉中：

> 強醉重雲欲散鹽，三更飛霰忽驚簾。大呼何與癡人事，此
> 意多應俗士嫌。
> 出戶仰看天漫漫，持盃愁作夜厭厭。消除心事都無處，下
> 盡中軍三百籤。[57]

寫出了寒夜之中以酒去寒，卻仍舊驚醒，由於深切擔憂軍事危
急，與軍籤急下徵兵的朝廷驚險處境。

在〈避寇村舍〉（戊申）中也寫出戰亂逃難景象：

> 再脫兵戈裡，全家走路塵。百年同是客，萬事不如人。幻
> 境終歸盡，生涯正要貧。故人知在否，魂斷楚江濱。[58]

詩歌之中寫出一路逃避金兵追捕的景象，全家都陷於戰亂流亡之
中，一心期待中興之日到來，自注：「寇至之日，江子支、趙叔問
適泊舟江口，未知今在否。」全詩寫出金兵南下一生所付出的終
究成為幻影，由「故人知在否，魂斷楚江濱」二句更可以顯現程
俱的忠義之情不只給予君王，對於朋友亦是具有義的存在。在
〈避寇村舍戲踏杷顛撲〉：

> 試踏百齒杷，怳如乘風航。翫覷不自持，尋丈得仆僵。牛
> 驚更疾足，天全偶無傷。代斷既創手，學製安可嘗。田翁

---

57 （宋）程俱：《北山小集》，頁158。
58 （宋）程俱：《北山小集》，頁171。

一笑粲,何日千斯倉。[59]

寫出農家的辛苦與自己對於農民的體恤,瞭解農事的辛苦與困難,最終的希望是天下的倉廩可以富足,才得以顯現出對於百姓的忠義之情。

〈晨起梳頭髮白且稀有感〉全詩寫出胡人南侵之後,自己如何竭盡全力上諫與輔佐國君,忠義情感見於言表,全詩引用多個典故,如周公一沐三握髮,對應主題中「晨起梳頭髮白且稀有感」之語,表現出自己的憂心,自己與君王如同賈誼對於宣帝,無法讓君王瞭解自己的忠誠,道出自己與賈誼相同對於朝廷共同的忠愛與憂心:

> 餘髮已種種,我懷亦依依。風林無安巢,寒日無餘輝。束髮隨官牒,前言服良規。豈惟會計當,自詭牛羊肥。妄獻北闕書,野芹安足希。一掛邪士籍,徒嗟寸誠微。惓惓畎畝志,正作禍患機。羈危不如人,行行向知非。[60]

以回顧的筆法開始說明自己已經年老,引用的是《左傳‧昭公三年》所記載盧蒲嫳曾經領兵殺害崔杼之子崔成與其親屬,而後他向齊景公說明自己「餘髮已種種」,已經老邁,對國家大事不能有所影響。程俱以其有感自我已經衰老不能再有所作為,至今卻仍無安身之所,想起自己自擔任官職開始,一直都奉公守法,從

---

59 (宋)程俱:《北山小集》,頁141。

60 (宋)程俱:《北山小集》,頁116。

來都不用心經營自我生計。卻因為諫言討論徽宗政策，遭到貶謫，對於自我仕途坎坷哀嘆再三。〈晨起梳頭髮白且稀有感〉：

> 世變不可料，胡塵暗王畿。真人起白水，帝命式九圍。誤沐宣室召，白頭侍經幃。誰言螢爝光，敢近白日暉。[61]

一轉為靖康之難金兵攻進汴京，「真人起白水，帝命式九圍」所借指東漢讖緯之學流行，王莽設置的「貨泉」錢幣，日後為劉秀把四字拆開成「白水真人」四字，以因應其起兵於南陽白水鄉，「白水真人」是劉秀認定自己是應天承命的中興漢朝的天意。並引《詩經》「帝命式於九圍」成語，指商湯中興命令垂範九州城，皆指宋高宗受命於天將要中興宋皇朝之意。程俱自我期許努力用心以典章制度與經典文化傳播輔佐高宗，不厭其煩的忠言直諫君王。

三　邊疆治理建議

在送行使者出使時有詩歌〈送傅舍人國華使高麗二首〉[62]：

其一
長嘯溟波又一遊，眼中壺嶠接滄洲。紫薇垣近三臺象，銀漢槎回八月秋。七制還須補天筆，一帆聊展濟川舟。從容歸奏承清問，膏澤東南四十州。

61　（宋）程俱：《北山小集》，頁116。
62　（宋）程俱：《北山小集》，頁174。

其二

翩翩渌水泛紅蓮，一紀重來擁使罏。雲外兩星明漢節，海
東千里戴堯天。舊聞箕子多遺俗，會使匈奴失左肩。五十
年來蒙惠渥，故應微風莫深鑴。

此作說明了程俱對於邊疆治理的瞭解與建議，強調與高麗友好的
重要性，高麗在金國女真族旁，如果可以與宋朝友好，將使金國
士氣大減。「舊聞箕子多遺俗」運用高麗在《史記》、《尚書大
傳》、《漢書》等史料文獻上說明商朝的箕子前往建立的史事為
由，五十年來與宋朝交好，期勉出使者此行定當成功。

北宋建國於西元九六〇年靖康之難發生於一一二六年，此詩
當作於一一一〇年，靖康之難還未發生之前，程俱對於邊疆問題
已經十分重視。

〈興龍節日有感二首〉：

其一

往歲興龍節，寰區樂未央。姜任垂德化，夔契拱巖廊。事
逐流年往，憂隨愛日長。嘉時真易失，追想故難忘。[63]

此詩所指「興龍節」是宋哲宗生日十二月八日，古今對比，對於
往日北宋時期慶祝宋哲宗生日之時歡樂景象，時時追憶難忘。

---

63 （宋）程俱：《北山小集》，頁187。

其二

往歲坤成節，群生鼓舞中。至公同造化，和氣浹羌戎。佐
佑三王治，彌縫十亂功。戎衣何日定，無處問高穹。[64]

第二首的「坤成節」形容往年宋哲宗母親向太后生日時舉國歡欣
鼓舞的景象，當日與邊疆各國相處良好一片祥和，今日軍隊身
上的戰服卻無法卸除，昂首問天這樣戰亂的日子何日才可以結
束。宋哲宗時太皇太后垂簾聽政，對於邊疆也是採用變法前「以
仁義安夷狄」的懷柔政策。

四　非自願的田園生活忠義情懷

程俱與陶淵明、柳宗元相同之處，在於他們都有非自願性的
歸隱因素，柳宗元明顯是因為貶謫之後始有田園歸隱之作、陶淵
明則是因為五斗米之亂與朝廷局勢混亂，避禍避亂時不得不歸
隱。因此這些歸隱之情，其中都包含著很高的忠義愛國氣節，以
及明顯可感受的閑遠沖澹。李欣〈論程俱詩歌的沖澹閑遠之美〉
[65]中也說明了程俱很重視承繼陶淵明詩歌風格的柳宗元，如〈和
柳子厚讀書〉[66]、〈和傅沖益冬夜獨酌用柳子厚飲酒詩韻〉[67]、
〈和柳子厚詩十七首〉等詩。而〈覺衰〉、〈讀書〉二詩，宋代的

64　（宋）程俱：《北山小集》，頁187。
65　李欣：〈論程俱詩歌的沖澹閑遠之美〉，《理論月刊》第2期（2007年），頁138-
　　141。
66　（宋）程俱：《北山小集》，頁27。
67　（宋）程俱：《北山小集》，頁29。

曾季狸早就指出:「蕭散簡遠,穠纖合度。置之淵明集中,不復可辨。」[68]可以肯定程俱的田園歸隱類作品具有詩壇地位。

程俱在早年的作品如同〈豁然閣〉之作本來是充滿了遼闊的正面志向:

> 雲霞墮西山,飛帆拂天鏡。誰開一窗明,納此千頃靜。寒蟾發澹白,一雨破孤迴。時邀竹林交,或盡剡溪興。扁舟還北城,隱隱聞鍾磬。[69]

對於未來充滿協助天下清明,朝廷正大光明的自我期許。希望有人可以引薦,共同效法竹林七賢之交,祈願一同協助朝廷,最終仍以「盡剡溪興」乘興而至,興盡而返的典故結語,表達出自己不得見用於朝廷,而被迫接受非自願的田園悠閒情感。

而後再遭遇到一連串的自身貶謫與兵亂後有〈旅舍寫懷〉一詩,以屈原作離騷處境自比:

> 半世江湖寄此身,冰壚何意及陽春。離騷痛飲非名士,款段還鄉亦善人。
> 病木作花真強活,長魚沈陸恐摧鱗。清時英俊如麻葦,敢歎長年甑有塵。[70]

---

68 （宋）曾季狸《艇齋詩話》,收錄於丁福保:《歷代詩話續編》（北京市:中華書局,1983年）,頁295。

69 （宋）程俱:《北山小集》,頁40。

70 （宋）程俱:《北山小集》,頁177。

詩中寫出自己半生都在異鄉流落，始終未能等到被重用之時，雖然期勉自己應該如同竹林七賢名士般超脫於現實是非之中，卻仍然如同屈原因為憂國憂民，不得不吟寫《離騷》之句，應當如同馬援從弟所說當一方縣吏，乘坐馬車駕著行動緩慢的馬出行才是士大夫的生活[71]，但是程俱卻懷有屈原與馬援忠義愛國之情，所以在田園之中，不為所用之時，更加殷切希望得到報效國家社稷機會。

〈得小圃城南，用淵明歸田園居韻六首〉：

> 城南美林塹，城上皆青山。山光照庭戶，於此可盡年。穰穰千石區，化作魚蒲淵。秋蕖渺無際，紅鮮間田田。邂逅得小隱，連山在其前。流泉帶其左，鬆篁接風煙。它年營把茅，不待雪滿顛。寧圖五鼎食，坐失十載閑。願比小人腹，一飡期果然。[72]

建炎元年（1127），避難鎮江的程俱，在四海皆兵的狀況之下，也寫下了非自願性的田園生活，在美麗的田園景色之中，加上是「它年營把茅，不待雪滿顛。」二句點出了他年之後才能夠隱

71　（南朝宋）范曄：《後漢書》〈馬援列傳〉：「封援為新息侯，食邑三千戶。援乃擊牛釀酒，勞饗軍士。從容謂官屬曰：『吾從弟少游常哀吾慷慨多大志，曰：『士生一世，但取衣食裁足，乘下澤車，御款段馬，為郡掾史，守墳墓，鄉里稱善人，斯可矣。致求盈餘，但自苦耳。』當吾在浪泊、西裡閒，虜未滅之時，下潦上霧，毒氣重蒸，仰視飛鳶跕跕墮水中，臥念少游平生時語，何可得也！今賴士大夫之力，被蒙大恩，猥先諸君紆佩金紫，且喜且慚。」（北京市：中華書局，1965年），卷24，頁838。

72　（宋）程俱：《北山小集》，頁96。

居,因為朝廷社稷百姓仍是需要他的。引用〈論衡〉中所稱
「文吏空胸,無仁義之學,居住食祿,終無以效,所謂『尸位素
餐』者也。」[73]之典故對於自己非自願的田園生活,雖然此地在
戰亂中可以安穩過日子,但是自己絕對不會忘記自己的職責,一
定可以有忠心報國的機會。

> 其二
>
> 說難死韓非,法蔽嘆商鞅。當時軒冕計,肯作刀鋸想。辰
> 來陰影集,事過流電往。胡為意無窮,機械日爭長。俗中
> 多局促,正覺斯道廣。斯道不可迷,荒塗闖榛莽。[74]

對於自己因為直言上諫被貶謫,深感悲憤,思及韓非因為寫作
〈說難〉遭到李斯妒忌殺害:商鞅因為施行法令改革成功,傷及
既有權力者權力,最終為權臣所陷害。反思當時二人出仕之前肯
定都未曾思考過會遭受到如此際遇,最終自己還是只能在隱居的
生涯之中自我寬慰。

　　〈九日寫懷〉寫出積極入世的精神,雖然詩歌中有陶淵明隱
士田園之風,但是如同陶淵明也是不得不歸隱一般,程俱在詩歌
之中寫出自己一心為國盡忠的心情:

> 節物驚心兩鬢華,東籬空繞未開花,百年將半仕三已,五
> 畝就荒天一涯。

---

73 黃暉撰:《論衡校釋》(北京市:中華書局,1990年),卷12‧〈量知〉,頁547。
74 (宋)程俱:《北山小集》,頁96

> 豈有白衣來剝啄，亦從烏帽自欹斜，真成獨坐空搔首，門
> 柳萊棄豫暮鴟。[75]

自注引用高適〈九日〉：「縱使登高秖斷腸，不如獨坐空搔首」，
寫的同樣是對於國家的危難擔心與憂懼的共同忠義情感。在經過
重陽登高團聚的日子中，發現自己已經年華老去，沒有收復北方
江河的機會。

　　在〈哦詩夜坐瓶罍久空無以自勞寄吳興趙司錄江兵曹〉之中
也顯現出願意放棄歸隱田園的生活，為了國家征戰沙場：

> 詩成不直一杯水，年大常懷千歲憂。何須中令能強記，正
> 要將軍為破愁。
> 故人久負丘壑志，公子欲尋梁宋游。相逢儻有蒲萄淥，肯
> 向西涼博一州。[76]

感嘆在亂世中寫作詩歌對於國家的危難沒有更快速助益，卻唯
有詩歌可以相贈友人，期望可以有所作為，前赴戰場為國家爭取
失去的疆土，具有投筆從戎的忠義的情感，代表了自我不甘於
賦閒之心意。

　　在〈感春三首用退之韻〉中所寫，在兵亂之中退居田畝的憂
心與期待中興之時。

75　（宋）程俱：《北山小集》，頁163。
76　（宋）程俱：《北山小集》，頁163。

其一

春物感兵氣，微陽有無間。遙天覆長路，仰視青漫漫。歸
來如新燕，巢土初未乾。投跡浪自喜，乘和亦翩翩。安得
出八極，舉身青霞端。[77]

寫出春天雖已到來，自己所感受到的卻是兵家殺伐之氣，歸去的
路漫長且難行，新燕歸來，所建築的新巢還潮濕未乾，只能讓自
己暫時自放於田園之中，與天地一起迎接春天，期待自己可以脫
離這宇宙八極之中，飛身天地之外，忘記所有憂愁。其三：「星
星亦種種，那復三萬尺。春光浩無邊，淡淹周八極。向來遊樂
地，鼙鼓森矛戟。賤貧非所歎，稅駕無安席。常虞風濤際，咫尺
燕越隔。卻笑同谷翁，哀歌諒何益。」[78]寫出在昔日安寧的田野
之中現在已經成為危險充滿戰鼓與劍戟的危險戰地，貧賤無法生
活已經不是最重要的問題，現在是沒有一個可以休息安枕的地
方。在國難危殆之時，感嘆自己寫這些哀歌又有何助益。

五　《麟臺故事》所顯現的忠義圖像

王照年在《程俱及其《麟臺故事》考論》中也說明：「《麟臺
故事》第二章《麟臺故事》的成書第一節出書背景在於：一、靖
康之難與書籍之厄。二、南宋初秘書省的廢而復置」[79]，可以瞭

77　（宋）程俱：《北山小集》，頁97。
78　（宋）程俱：《北山小集》，頁97。
79　王照年：《程俱及其《麟臺故事》考論》（北京市：中華書局，2017年），頁76-
　　79。

解此書創作之時，程俱確實是有傳承宋代朝廷正統典章的目的與用意，這也是程俱以文學文化貢獻方式，對於國家與百姓所顯現真正忠義表現。

《麟臺故事》的價值，就《麟臺故事》所現存的內容而言，其數量實際上只有原本的一半多一點，而其中所敘及到的人物之眾多，又可稱得上《麟臺故事》有別於其他同類證的一大特色，經過統計，僅僅以北宋時期的文人為準，該書所記載就有近三百人，多數記載的文人都是曾經任職於館閣的文臣。足以瞭解程俱認為文人功業的傳承與記載是朝廷延續的重要依靠。

羅玉梅、王照年在〈程俱官場仕途考究〉[80]，也說明程俱生長在儒術之家，秉性剛正誠直，擔任官職時以氣節高遠著稱，勇於上諫直言朝政缺失，縱使一再獲罪遭貶，仍不改其志節；其為文，「典雅閎奧」為世人所稱，其詩詞立意深邃、氣骨硬朗，以用律高妙見長，著述長於史撰，以《麟臺故事》貢獻最大。

《麟臺故事》的資料來源主要有兩個方面，為北宋所修歷朝「會要」所載的史料，二為作者本人「采撷見聞」的材料[81]。此書敘事及語言方面所表現出的文學性特色在開創「分條列目」編排形式，特別是其不同於宋代其他筆記，也影響了後世文集的編撰方式。《麟臺故事》雖然被列入《唐宋史料筆記叢刊》和《全

---

80 王照年：《程俱及其《麟臺故事》考論》，頁2-35。
81 （宋）程俱撰；張富祥校正：《麟臺故事校證》（北京市：中華書局，2000年），頁4-5。張富祥《麟臺故事校證前言》認為該書現存的內容採條目，特別是徽宗朝以前的條目大部分可從現在通行的《宋會要》中查到，其中有的照錄《會要》原文，原文有的則經過作者節略或稍加改寫，還有個別條目從內容和文例分析也應是《會要》之文，而今本《會要》已不存就這點來說，《麟臺故事》稱得上是種專題性質的「會要」。

宋筆記》之中。但依據撰述體例及內容中專門記述北宋官方史
料，應放入文史文獻類才是，此詩深深具有傳承皇朝正統地位的
意義。《四庫全書總目》稱：「乾隆九年重修翰林院落成，聖駕臨
幸，賜宴賦詩，因命掌院學士鄂爾泰、張廷玉等纂輯《詞林典
故》。乾隆十二年告成奏進，御制序文刊行。凡八門，一曰臨幸
盛典、二曰官制、三曰職掌、四曰恩遇、五曰藝文、六曰儀式、
七曰廨署、八曰題名。……考翰林有志，自唐李肇始。洪遵輯而
錄之，凡十一家，然皆雜記之類也。其分條列目，匯為一編者，
自程俱《麟臺故事》始。」[82]說明了程俱《麟臺故事》影響日後
帝王文獻編撰具有宣示正統的意義。《麟臺故事》將全書分為十
二個篇目，在各個篇目中再依照北宋朝一祖七宗年號為序，按
年、月、日順序用史實來說明重要歷史事件，清晰瞭解北宋機構
建廢沿革與典章制度。南宋人陳騤任職秘書省少監時期也依照程
俱《麟臺故事》的精神，編撰出《南宋館閣錄》十卷。

　　《麟臺故事》所顯現的忠義圖像主要圍繞在「朝廷之正統」
忠義之中，力求為當時社會發展服務。這主要在強調北宋「祖
宗」重視三館文人的選拔與君王重視文臣的英明。

　　　　祖宗朝，三館宿官或被夜召，故宿直惟謹。[83]

記載北宋的館閣制度夜宿官員的嚴謹及職責，也顯現北宋君王對

82 （清）永瑢等撰：〈詞林典故八卷〉，收錄於《四庫全書總目》（臺北市：臺
　　灣商務印書館，1983年）第2冊，卷79，頁2-658。
83 （宋）程俱：《麟臺故事》（臺北市：臺灣商務印書館，1975年），輯本卷二
　　〈職掌〉，頁15。

於政務的認真與盡職，夜宿三館的官員時時會被夜召詢問政事。此記載具有對於國家正統與顯揚君王德性的忠義意義。

> 故刑部胡尚書嘗云：「祖、宗時，館職暑月許開角門，於大慶殿廊納涼。因石曼卿被酒扣殿求對，尋有約束，自後不復開矣。」[84]

由這段文獻記載說明北宋朝原本朝廷是開有偏門，讓館職學士有緊急事務與君王可以隨時匯報，但是因為石曼卿曾因醉酒叩門請求與君王對話，為了君王安全，所以才關了偏門。此段記載也是說明北宋朝廷君王對於朝廷政務的關心與夙夜匪懈。

> 祖宗時有大典禮，政事講究因革，則三館之士必令預議。如范仲淹〈議職田狀〉，蘇軾〈議貢舉〉者即其事也。詳議典禮，率令太常禮院與崇文院詳定以聞。蓋太常禮樂缺之司，崇文院簡冊之府，而又國史典章在焉。合群英之議，考古今之宜，則其施於政事、典禮必不詭於經理矣。熙寧中，軾任直史館，嘗召對，親奉德音，以為：「凡在館閣，皆當為朕深思治亂，指陳得失，無有所隱。然則承學之士，其有不思所以竭忠圖報者乎？」[85]

這段文獻說明北宋初期制度，昭文館、史館、集賢院為三館總名崇文院，掌管圖籍校讎之事，原本在典禮之議定上，是由館閣學

84　（宋）程俱：《麟臺故事》，輯本卷五〈恩榮〉，頁7。

85　（宋）程俱：《麟臺故事》，輯本卷三〈選任〉，頁11-12。

士預先議定完成，再向君王匯報，但是宋神宗熙寧中，蘇軾任職
史館時，曾經直接接獲君王對召，直接與君王商議，忠言直諫，
獲得神宗肯定，至此後，事先議定再呈給君王的制度有所變動。
此段記載說明北宋君王對於忠義言論的尊重與重視。

> 祖宗時，館職到館一年理通判，資序三年理知州，已係通
> 判者二年理知州，開升不用舉主。[86]

這一段說明北宋館職學士任職滿一年就可以擔任通判，滿三年就
可以擔任知州，如果擔任通判兩年後就可以依規定擔任知州，外
派或升職不需要人舉薦與推薦，強調北宋皇朝對於三館任職學士
的禮遇，也是傳承北宋重視文人與禮遇文人的重要記載。

> 祖宗朝，館職多以試除，亦有自薦而試者。至道三年，金
> 部郎中、直史館李若拙上書自陳，乃命學士院試制誥三
> 道，因以為兵部郎中、史館修撰。時若拙既已為館職矣，
> 又自陳丐遷，蓋與張去華乞與詞臣較其藝文優劣而得知制
> 誥者同類。此可謂誤恩，非可以為永訓也。[87]

這一段強調北宋三館制度中，選拔是以正式考試為任命派任依
據，但是也有特例「以自我推薦」參加考試者，如李若拙在至道
三年（是宋太宗與宋真宗共用的年號）自我推薦，於是國君下令
特別出三道題讓他考試，得以改遷兵部郎中史館修撰。這是因為

86　（宋）程俱：《麟臺故事》，輯本卷四〈官聯〉，頁5。
87　（宋）程俱：《麟臺故事》，輯本卷三〈選任〉，頁1-2。

李若拙與張去華在爭文學優劣的排名，實在是不可取代的。程俱
認為應該以考核執政之事的能力與熟諳典章制度的才幹，來顯現
國君對於三館制度的重視與文人的禮遇。

> 祖宗朝，又有館閣讀書，或上書自陳，或英妙被選，或宰
> 執子弟。景德初，撫州進士晏殊年十四，特召試詩、賦各
> 一首，乃賜進士出身。後二日，復召試詩、賦、論三題於
> 殿內，移晷而就，上益嘉之，以示輔臣及兩制、館閣攷卷
> 官，擢為秘書省正字，賜袍笏。[88]

館閣讀書學習的學子，有上書自請學習的，有因為才能特別被選
擇入學、也有位居要職的子弟入選學習，當時晏殊十四歲時就因
為特召考試，被加以進士出身，再召試三題進入殿內召試，得到
皇上嘉許，特別加以官位的。

這一系列的例子中可以發現，本書的創作重點確定傳承「祖
宗」朝廷的文化傳承，可以促使後世瞭解南宋對於北宋的正統
政治與典章致度文化的承繼。也是程俱被列為〈文苑傳〉代表的
主要原因。

> 至道二年九月，以都官郎中黃夷簡直秘閣。上言：「浙右
> 人無預館閣之職者，夷簡因自陳故吳越王僚佐，嘗從王入
> 朝。詞甚懇激，上憐之，故是有命。先是，江南之士如徐

---

[88] （宋）程俱：《麟臺故事殘本》，收錄於《四部叢刊廣編》（臺北市：臺灣商
務印書館，1981年），卷1，頁9。

弦、張洎之流，翱翔館閣者多矣。」[89]

北宋在宋太宗時期，就因為黃夷簡的才能與忠言直諫被看見，特別入選館閣，記載中稱美了君王對祖宗之法重視，但是為了安撫與北宋政權原本對立的江南文士，如其中徐鉉、張洎等文臣，雖然與太祖、太宗時期，曾經一度有意、限制他們通過館閣之途進入朝廷中央，但是至道二年天下局勢穩定後，隨即開放來自江南文士擔任重職，以此顯揚宋朝廷的用人重視才能，不分地域。程俱撰寫《麟臺故事》之時，南宋王朝已經寄居南方，以此記錄彰顯朝廷重視南方文士，確實表現出《麟臺故事》的政治安邦定國功用。

程俱的忠言直諫表現在勸諫高宗上還有：

> 國家之患，在於論事者不敢盡情，當事者不敢任責，言有用否，事有成敗，理固不齊。今言不合則見排於當時，事不諧則追咎於始議。故雖有智如陳平，不敢請金以行間；勇如相如，不敢全璧以抗秦；通財如劉晏，不敢言理財以贍軍食。使人人不敢當事，不敢盡謀，則艱危之時，誰與圖回而恢復乎？[90]

國家最重要的是對於言官的重用，如果不重視直諫言語，直諫之士進言如果謀事不成就容易遭禍難貶謫，天下縱有陳平、藺相

---

89 （宋）程俱：《麟臺故事殘本》，收錄於《四部叢刊廣編》，卷1，頁10。
90 （元）脫脫等撰：《宋史》，卷445，〈文苑七〉，頁13136-13137。

如、劉晏佑才能之士，已無法獻計保全國家、安定經濟，如此中
興朝廷幾乎已不可行。

> 元豐官制行，始以龍圖閣直學士判將作監王益柔為秘書
> 監。明年，出知蔡州，以司勳郎中葉均為秘書少監，不閱
> 月，會李常為禮部侍郎，太常少卿孫覺有親嫌，遂以覺為
> 秘書少監，而均為太常少卿。明年，右諫議大夫趙彥若以
> 越職言事降為秘書監，然亦皆一時之選也。均，故翰林學
> 士清臣之子。[91]

文中寫孫覺因為「有親嫌」所以改「太常少卿」為「秘書少
監」，葉均改為「太常少卿」，強調館職的選拔與任用受到重視，
程俱寫作《麟臺故事》，表揚北宋重視館閣任用的公正性，更有
勸諫宋高宗的忠義精神。

第三節　小結

綜而論之，明代人程敏政（1445-1499）稱程俱與汪藻二人
「對掌內外制，為南渡詞臣稱首」[92]，葉夢得為程俱《北山集》
作序：

> 紹聖末，余官丹徒，信安程致道為吳江尉，有持其文示余

91　（宋）程俱：《麟臺故事殘本》，收錄於《四部叢刊廣編》，卷1，頁15。
92　（明）程敏政：《新安文獻志》，收錄於《欽定四庫全書》（臺北市：臺灣商
　　務印書館，1986年），〈先賢事略上〉，頁9。

者，心固愛之，願請交，未能也。政和間，余自翰苑罷領
宮祠，居吳下，致道亦以上書論政事與時異籍，不得調，
寓家於吳，始相遇。則其學問風節卓然，有不獨見於其文
者。即為移書當路，論以言求士，孰不幸因此自表見，其
趣各不同，若欲論其過，一斥不復錄，天下士幾何，可以
是盡棄之乎？併上其文數十篇，宰相見而驚曰：「今之韓
退之也。」亟召見政事堂。會有間之者，復得閑秩，然宰
相知之未已也。[93]

說明了與程俱的相遇與推薦程俱的原因，對於程俱的品格稱美不
已，以文以載道、對於唐代朝廷忠言直諫的韓愈比之。

《四庫全書總目提要》有云：

俱天性忼直，其在掖垣，多所糾正。如高宗幸秀州賜對札
子，極言賞罰施置之當合人心。論武功大夫蘇易轉橫行札
子，極言朝廷之當愛重官職。又徐俯與中人唱和，驟轉諫
議大夫，俱亦繳還錄黃，頗著氣節。今諸札俱在集中。其
抗論不阿之狀，讀之猶可以想見。至制誥諸作，尤所擅
場。史稱其典雅閎奧，殆無愧色。[94]

此處指的〈乞免秀州和買絹奏狀〉是為了地方民生經濟上宋高宗
奏狀，為秀州百姓經濟請命，經濟的安定是宋代能夠延續政治統

---

93 （宋）程俱：《北山小集》，頁697。

94 （清）永瑢等撰：〈北山小集四十卷〉，收錄於《四庫全書總目》第4冊，卷
156，頁4-190。

治的重要因素之一，文中說：

> 臣邇者伏遇聖駕巡幸，道由本郡，臣以守臣蒙恩賜對。親
> 奉玉音，以謂守臣六職，當以恤民為務所以固邦本而寧國
> 家者，訓飭甚備，令臣訪察疾苦，咸以上聞。此以見陛下
> 愛民澤物至誠之心出扵天縱，實社稷之福、天下之幸。[95]

全文強調君王駕臨秀州，應當重視百姓生活是國家的根本，臣子
的職守中重要的一環是撫卹人民，以保衛國家安寧與延續朝廷的
統治穩固，所以勉勵君王要愛護百姓，對於國家百姓與君王的忠
義勸諫見於文字記載。在〈繳蘇易轉行橫行奏狀〉中忠言直諫說
明官職依照體制授予的重要性：

> 朝廷愛重官職，不妄與之，則官職重，若朝廷輕以與人，
> 得者冗濫，則官職輕。官職輕，則得者不以為恩，未得者
> 常懷觖望。何謂得者不以為恩？異時橫行至少，得者即為
> 異恩，今則人人可以循次轉行。[96]

這一段話語上諫給宋高宗，說明以文治國的重要性。官職的濫發
將會造成怨懟與官員不重視自己的官職，進而對於君王威信與國
家安全有所危害，對於程俱的詩風評價則是特別具有古風特色：

> 詩則取迢韋、柳以上闖陶、謝，蕭散古澹，亦頗有自得之

---

95 （宋）程俱：《北山小集》，頁631。
96 （宋）程俱：《北山小集》，頁672。

趣。其〈九日〉一首，毛奇齡選《唐人七律》，至誤以為
高適之作。足知其音情之近古矣。[97]

指的是〈九日寫懷〉[98]一詩，其高古之情近於高適，高適與程俱
在實際的政治經世濟民上也都成就了重大的功業。高適在安史之
亂後，以藩鎮的力量保全了地方百姓的生活與經濟安定，程俱則
是在國家危難之時輔佐宋高宗以遵守祖宗之法與重典章制度治
國，保全了宋朝南渡後的安定生活與安全。

---

97 （清）永瑢等撰：〈北山小集四十卷〉，收錄於《四庫全書總目》第4冊，卷
   156，頁4-190。
98 （宋）程俱：《北山小集》，頁163。

第六章
「孤臣難自力，報國意無窮」的
張嵲

　　張嵲（1096-1148），經歷了靖康之亂[1]，多次因為勇於忠言直諫，縱使因此被罷，也仍不改其報效君國之心。忠義情懷多表現在勇於提出明確重要具體可行的建議與奏章，其詩歌之中充滿了忠義之情。相較於陳與義、汪藻、葉夢得、程俱，張嵲身處在南宋中興安定氛圍之中的，是更加願意接受與敵國和議的，雖然對於北宋故國的懷念仍舊存在，但是對於宋高宗與秦檜也比他們四人有更多的稱美與認同。由張嵲的轉變，我們可以深刻感受到當時南宋經濟的安定，促使君臣的情感已轉向珍惜當下，慢慢走出創傷記憶的共同方向。

第一節　史書中所顯現之忠義情懷

（一）宋徽宗年間

　　張嵲，字巨山，襄陽人。宣和三年，上舍選中第。調唐州

1　北京大學古文獻研究所編：《全宋詩》（北京市：北京大學出版社，1995年），第25冊，頁16235-16374。張嵲生於（1096-1148），字巨山，曾任上舍中第、唐州方城尉、房州司法參軍、關利州路安撫司幹辦公事、秘書省正字、校書郎、著作郎、福建路轉運判官、實錄院檢討、起居舍人、侍講、實錄院同修撰、知衢州、提舉江州太平興國宮，作《紫微集》三十卷。

方城尉，改房州司刑曹。劉子羽薦於川、陝宣撫使張浚，闢利州路安撫司幹辦公事，以母病去官。[2]

宋徽宗時期的張嵲，依正規科舉制度任職，由劉子羽（1086-1146）推薦給張浚[3]（1097-1164），張浚當時擔任川、陝二地安撫使，此時的張嵲應當從張浚處學習與瞭解到許多邊疆治理的重要性，因此日後上書建議宋高宗以儒臣治理天下，以安定天下，不使武臣專權以此避免橫生戰爭。

在宋徽宗時期的張嵲，經歷靖康之難時期，當時由於母親生病所以並未任職於中央朝廷。

在歌頌忠義臣子的劉忠顯（1067-1127）二組輓詞中，可以得見張嵲對於忠義臣子的重視，將抗金名儒劉子羽的一生功業描繪出來，記載了劉子羽及其家族有多次抗金重大戰功，卻被權臣朱勝非（1082-1144）所中傷，劉忠顯是劉韐，也是推薦張嵲的劉子羽之父，哲宗元佑九年進士，欽宗靖康元年開封淪陷之時，被遣往金營談和，金人招降不為所動。靖康二年自殺就義，高宗賜諡號「忠顯」。其子劉子羽繼承父志，多次抗金立有戰功。〈劉忠顯輓詞〉[4]中：

---

2 錢建狀：《歷代文苑傳箋證（肆）》（北京市：鳳凰出版社，2012年），頁734。
3 張浚出身進士，靖康年間擔任太常簿，曾經因為抗金名將李綱支持對金戰役失敗，彈劾李綱。宋高宗時奔赴在應天府即位的高宗行在，擔任殿中侍御史，又因韓世忠逼死諫臣，除去韓世忠觀察使職位。
4 （宋）張嵲：《紫微集》（臺北市：臺灣商務印書館，1975年），卷6，頁15。

其一

黃屋辭丹闕，貞臣赴敵營。解言終不反，先面竟如生。誰
並當時節，獨流千祀名。承家有賢嗣，諒不愧西平。

第一首寫劉韐不畏生死勇敢離開京朝廷，前往敵營談判，當時意
氣風發的神情彷彿仍在眼前，並稱美其子孫劉子羽可以傳承忠義
家風。

其二

抗節群公愧，攄忠異國尊。威稜千古在，奸佞百年存。盛
德源流遠，公朝禮物敦。豐碑昭令德，榮耀及來昆。

第二首寫出劉韐的忠義之氣得到金國的尊敬，威懾千古的奸佞人
士，歌頌其德行將源遠流長光耀於世。

其三

天運丁陽九，蒙塵事可傷。群寮徒陷敵，賊子更臣張。自
古寧無死，惟公獨有光。向來從偽者，生意日荒涼。

第三首記載劉韐深陷敵營，金人邀其變節臣服一事，劉韐選擇自
盡就義，留名千古，與其他投降的臣子形成顯明的對比。

其四

視死如歸士，捐軀徇國臣。殺身雖一概，為義豈無因。孔
墨休相並，張南僅比倫。微公今史上，死節定何人。

第四首進一步寫出創作此詩的目的在於死節赴義的臣子，擔憂不
見於史冊之中，所以希望以此詩讓眾人瞭解。

其五
臨難不忘死，為忠已足多。全生猶有路，仗節竟如何。可
驗平生志，宜令後世歌。諸儒主褒貶，毫髮未容訛。

最終寫出在危難之時仍能置生死於度外的作為，值得稱美其忠義
之心，反思活著的自己如何執節報效國家，只有將這些忠義之士
的行為記載於詩歌之中留傳於文獻之中，讓後世學習。因此以五
首組詩記載了劉公的一生，及其抗金視死如歸的忠義行為。又
〈忠顯劉公輓詩〉[5]：

其一
自從玉帛交殊域，一見寒盟為隱憂。亂相方虞鄰國難，廟
堂誰聽徙薪謀。
義如杞殖仍忠壯，識比申胥不怨尤。松柏蕭蕭九原路，高
名常共建溪流。

寫出劉韐曾經對於之前的盟約有所隱憂，但是當時朝廷為了與遼
國之間的戰爭，提薪救火，就如同杞殖（？-B.C. 550）在伐莒的
戰爭中殉國一般，劉公終至為國殉命，其復國的膽識如同伍子胥
般，值得歌頌，千古永享祭祀。

5　（宋）張嵲：《紫微集》，卷8，頁8。

其二

抗論中朝猶在耳，鳴弓仇敵已臨城。王都竟失金湯固，朝
士方貪雀鼠生。

慷慨一朝先奮節，華戎終古共知名。可惜千官臣偽後，蕭
蕭華髮盡垂纓。

一再上諫朝廷卻不被採用，直至金兵兵臨城下，如同屈原為護國
自殺殉死，第二首所寫的更是王都淪陷之時。多數朝廷大臣只知
逃生，只有劉韐深入敵營慷慨奮戰，其威名震懾敵營，可惜當時
多數臣子只能哀傷惋惜無法有所作為。

（二）宋高宗年間

1 以重「守」勸諫宋高宗

紹興五年，召對，嵲上疏曰：「金人去冬深涉吾地，王師
屢捷，一朝宵遁，金有自敗之道，非我幸勝之也。今士氣
稍振，乘其銳而用之；固無不可。然兵疲民勞，若便圖進
取，似未可遽。臣竊謂為今日計，當築塢堡以守淮南之
地，興屯田以為久戍之資，備舟楫以阻長江之險，以我之
常，待彼之變。又荊、襄、壽春皆古重鎮，敵之侵軼，多
出此途。願速擇良將勁兵，戍守其地，以重上流之勢。」
召試，除祕書省正字。[6]

主張固守江淮，不宜主動興戰。認為金人之所以敗逃，並非全然

6　錢建狀：《歷代文苑傳箋證（肆）》，頁735。

是宋軍的功勞，朝廷應當在淮南地方固守領地，以長江為天險，屯田備船，「以我之常，待彼之變」，並在「荊」、「襄」、「壽春」三地擇良將勁兵是最重要的。這樣的議論正與宋高宗心中所想的相同，對於百姓的長治久安也是最具體的忠義建議。

2　以天人感應為民請命減輕稅賦

> （紹興）六年，地震。嶸奏：「比年以來，賦斂繁重，征求百出，流移者擠溝壑，土著者失常業，地震之異，殆或為此。願深思變異之由，修政之闕，致民之安。」[7]

「天人感應之說」從北宋新舊黨爭時已經存在[8]，舊黨人士認為因為變法不符合天意才會有災異發生，然真正的原因在於，變法朝廷政策改變，人民來不及適應，不能有足夠的準備，終至於危害加大。所以張嶸此處認為紹興六年的地震，原因在於朝廷賦稅太重，導致流民流離失所，最終導致長江以南原住民的生活被打亂，上天降禍，張嶸此處流露出希望朝廷修改賦稅撫卹百姓，才能安定國家社稷的忠義情感。

3　與宋高宗上諫應當派任儒臣安撫百姓，才能安定地方以防止民亂

> （紹興）七年，遷校書郎兼史館校勘，再遷著作郎。嶸因對言：「吳、蜀，唇齒之勢也。蜀去朝廷遠，今無元帥一

7　錢建狀：《歷代文苑傳箋證（肆）》，頁736。

8　林宜陵：《北宋詩歌論政研究》（臺北市：文津出版社，2003年），頁479-498。

年矣。蜀之利害，臣粗知之。忠勇之人，使之捍外侮則可，至於撫循斯民，則非所能辦也。宜於前宰執中，擇其可以任川事者委任之。然川蜀繫國利害，非腹心之臣不可，今早得一賢宣撫使為要。」又言：「自駐蹕吳會以來，似未嘗以襄陽、荊南為意，今宜亟選儒臣有牧御之才者為二路帥，使之招集流散，興農桑，治城壁，以為保固之資，益重上流之勢。」既而何掄以刊改《神宗實錄》得罪，語連嵲，出為福建路轉運判官。[9]

擔任校書郎兼校勘史館職務時，仍堅持忠言直諫，在對於四川的治理上有自我特別重要的看法，對於蜀地一年沒有元帥鎮守深感憂心，認為要選任有能力的文官去蜀地安撫治理百姓，建議朝廷要派任宣撫使至蜀地治理，才能安定蜀國民心。

對於朝廷沒有重視襄陽與荊南二地的安撫，認為這才是當務之急的工作，之所以重用儒臣治理的原因，就在於希望他們能招募與安頓流離失所的百姓，開墾土地男耕女織，治理城牆與修葺房屋，這樣才能夠穩定國本，長治久安。

及至何掄刊改《神宗實錄》，其中有不合宋高宗之意者，因此連累了當時任職校勘史館的張嵲被罪責，才被迫離開朝廷中央轉任福建轉運使。

4 上諫希望朝廷杜絕權臣朋黨

上疏略曰：「古之人君，其患有二，不在於拒諫，在納諫

---

9 錢建狀：《歷代文苑傳箋證（肆）》，頁737。

而不能用；不在於不知天下利害，在知而不以為意。陛下
渡江十年矣，外有勍敵之國，內有驕悍之兵，下有窮困無
聊之民。進言者多矣，今皆以為陳腐而別取新奇之說；任
事者眾矣，今皆習是以為當然而更為迂闊之事。此近於納
諫而不知用，知利害而不知恤也。為今之計，朝斯夕斯，
非是二者不務，數年之後，庶其有濟！有國之所惡者，莫
大於朋黨，今一宰相用，凡其所與者，不擇賢否而盡用
之，一宰相去，凡其所與者，不擇賢否而盡逐之，宜其朋
黨之寖成也。」[10]

在上諫中又說明南宋立國十年間，朝廷之中已經形成朋黨，此時
外有金國威脅，內有地方民亂擁兵自重者，朝廷卻因為朋黨之
爭，只以宰相之言為主，對於不與宰相同黨所進之言雖然有益國
家，卻不加採用。當此之際正是秦檜主導政局之時，張嵲此上疏
足以見其上諫之時不畏當朝權臣的忠義精神。

5　宋高宗選擇張嵲草擬的討伐金人檄文詔告全民

九年，除司勳員外郎，兼實錄院檢討官。金人叛盟，上命
兩省、卿、監、郎、曹各草檄以進，獨取嵲所進者，播之
四方。十年，擢中書舍人，升實錄院同修撰。[11]

金人背叛盟約，張嵲對於金人的違背合約，寫下的檄文最符合事
理與高宗的期望，是以獲選，隨即詔告天下，更有安定民心的重

---

10 錢建狀：《歷代文苑傳箋證（肆）》，頁738。
11 錢建狀：《歷代文苑傳箋證（肆）》，頁739。

要功用。由此可以知道張嵲以文章安邦定國，對於國家的忠義情懷，更可看出文學與文化具有經世濟民的確實價值。

6　議論王德雖收復兩郡，但擅自退兵，不應該受賞

> 論王德收復宿、亳兩郡，乃擅退軍，使岳飛勢孤，金人，授承宣防御使，何應罰而反賞？封還詞頭，乞罷已降轉官指揮。未幾，右正言萬俟卨論嵲為侍從日，薦引非才，以酬私恩，邊報始至，托疾家居，由猖獗是罷去。[12]

對於武將王德因戰功得到獎賞覺得不應該，因為他擅自退兵，造成岳飛所帶領的宋軍陷入了絕境，應罰不應賞，封還獎賞的文書，並降王德擔任官指揮。因此遭到怨懟，以推薦之人有酬答私恩之嫌，並非可用人才為理由，被萬俟卨（1087-1157）論議，因此以疾病為理由自請居家，終至罷官。

在〈辛酉二月十六日出暗門循城如北關登舟二首〉[13]有紹興十一年（1141年辛酉）離去的心情描寫：「春水悠悠繞廢臺，竹輿幽軋轉城隈。路人不解知逐客，謂是尋春湖上來。」「城國排雲鎖病身，豈知城外物華新。非緣放逐循牆去，不見西湖萬頃春。」寫出的是被罷去的感傷與心情，縱有春色美景也無心欣賞，「城國排雲鎖病身」道出了一心所擔心的是國家的安危與邊疆前線的戰事。

12　錢建狀：《歷代文苑傳箋證（肆）》，頁740。
13　（宋）張嵲：《紫微集》，卷10，頁15-16。

7 為政嚴酷法守紀,以〈中興復古詩〉詩響應朝廷遵古禮文之舉

> 頃之,起知衢州,除敷文閣待制。為政頗尚嚴酷,歲滿,
> 得請提舉江州太平興國宮。時方修好息兵,朝廷講稽古禮
> 文之事,嶸作〈中興復古詩〉以進。上將召用,會疽發背
> 卒,年五十三。子昌時。[14]

張嶸罷官之後知州衢州時,擔任官職治理地方以「嚴酷」為
名,後提江州,正值宋朝與金朝雙方和平之時,朝廷希望以古文
與禮法安定國家,張嶸以〈中興復古詩〉文采與政績得到重視,
最終卻因病未能上任。

　　由這段史書記載看來,張嶸能夠受到朝廷重用的原因,仍然
在於他寫作文章表達和國君心意相同,當此之時張嶸所表達的忠
義情感是得到正面回饋的,也確實可以嘉惠鼓舞百姓。如果張嶸
上諫與權臣意見相左之時,往往遭到貶謫或罷去,這樣的忠義情
感,則能留待後世歷史給予公評,並給予尊敬。

第二節　作品所顯現之忠義情懷

一　歌頌中興作品

　　紹興十八年宋金的戰事停止之時,張嶸秋七月獻上〈紹興中

---

14 錢建狀:《歷代文苑傳箋證(肆)》,頁742。

興復古詩〉[15]：

> 天監我宋，受命以人。咋為亂階，以啟聖人。皇帝嗣位，
> 其仁如春。萬邦欣載，共惟帝臣。

此八句寫出因為上天考驗宋室，所以授命給宋高宗平定天下，宋高宗即位後，百姓受此德政如沐春風。海外各國都俯首稱臣，安定四邦，歌頌宋高宗之語，符合〈周頌〉的用心。

> 垂衣高拱，惟務儉勤。恤民不怠，懋稽勤分。卑宮勿飾，
> 服御無文。膳食取具，不羞庶珍。內宮弗備，簡御嬪嬪。
> 抑損戚畹，登崇縉紳。吏除苛繞，獄去放分。刑罰不試，
> 號令不頻。旰食宵衣，導率以身。

此段一一歌頌宋高宗的德政，用心朝廷政務，勤勞用心，對於朝廷用度節儉，盡全力撫卹百姓，協助規劃並勸勉百姓開墾耕地，減輕宮殿用度不加以裝飾，穿著不加奢華，三餐所食皆平常食物不取珍饈之食。後宮女眷簡單樸實。對於外戚不加功績，對於文人特別尊崇。除去苛刻算計他人的官吏，減免獄中人的刑罪。使得百姓安居樂業不犯刑罰，不輕易下令擾亂百姓。稱美宋高宗「旰食宵衣」，以身作則，成為臣子的表率。

> 行之期年，天下歸仁。皇帝躬行，過於堯禹。如天不言，

15　（宋）張嶕：《紫微集》，卷1，頁7-10。

> 乃帝之所。內資稟命,外須訓撫。不有相賢,孰資察補。
> 天舍其衷,遺之碩輔。實惟舊臣,乃吾肱股。昔以夢求,
> 今以德錯。

說明高宗將德政施行多年,以仁德情感治理天下,所以天下人皆
行仁義之道。宋高宗事必躬親,更勝於堯帝和禹帝。其仁德照撫
百姓同天之恩德,卻不自居功勞,所作所為適得帝王其所。高宗
治理天下,大臣們奉稟其旨意,對外百姓加以訓勉與撫卹。更有
賢能的宰相協助補察時政。上天施予宋室,輔佐朝政的舊臣,確
實是朝廷的夢寐以求的肱股大臣。

> 皇帝曰咨,惟予與汝。我唱而和,無或疑阻。如手如臂,
> 如心如膂。如彼事神,汝為椒糈。如彼琴瑟,相待戛拊。
> 相臣受命,於帝其訓。敢憚夙宵,以圖淑問。衣不及帶,
> 冠不暇正。內事撫摩,外修好聘。忍尤攘紛,徂惟定。

此段進一步同時歌頌宋高宗與臣相,由此可以看出張嵲是認同秦
檜對於宋朝偏安南方是功不可沒的,也是正面肯定與歌頌秦檜的
代表。

> 皇帝之考,克邁帝舜。相臣佐之,茲惟無競。上感穹昊,
> 下格殊鄰。以暴為恩,易頑以馴。母后既歸,東朝侍御。
> 天下載歡,若饑得哺。天子躬儉,惟親是豐。未明求衣,
> 朝長樂宮。禮備家人,養以天下。先意承旨,事無違者。
> 天子行孝,天下承風。胥訓胥效,比屋可封。

張嵲歌頌宋高宗與秦檜和議成功，以德報怨，感動上天與殘暴的
金人，以馴服的方式說服頑強的金人，將宋高宗的母親送回，可
以讓宋高宗盡孝道，天下歡欣鼓舞，彷如饑渴之人得到哺育。天
子自己孝順母親必定親力而為，自奉儉約，將豐美食物給予母
親，足以為天下楷模。

　　進一步歌頌宋高宗建立中宮：

> 乃建中宮，以母四海。詩首關雎，易稱中饋。天子之尊，
> 亦資內助。上奉慈顏，下式寰宇。事親底豫，化民致和。
> 始於壺閫，邦國是訛。

讓皇后母儀天下，以完成《詩經》首篇窈窕淑女君子好逑的人
倫，促使百姓效法齊家治國平天下，皇后協助奉養太后，照顧百
姓，使得邦國之中流傳著皇后仁厚的美德。

　　記載了宋高宗建立太學：

> 太學肇建，四方是極。增博士員，導以經術。有來英髦，
> 充紝上京。三年大比，以考其成。異時之用，維公維卿。
> 石渠廣內，圖書之淵。羽陵之蠹，斷簡之編。是息是游，
> 英俊在焉。逸群之彥，比跡卿云。懷材待問，發聞揚芬。
> 馳騁古今，上下典墳。考正律度，是為景鐘。

促使四方賢能之士前往，教導以經書與學術，人才濟濟充滿京
城，三年一試，以選拔人才培訓任用擔任官職。

　　並記載指出宋高宗在增進民生的努力：

> 導和殖財，國用以豐，不窕不槬，咸中典刑。有渙其章，
> 上公是銘。茲器惟則，允為國經。德爵之亞，莫尚惟齒。
> 班序顛毛，以為民紀。鄉飲既行，郡吧是遵。洙泗之風，
> 無復斷斷。井田既壞，民困劫假。乃正經界，以實多寡。
> 賦入既均，貧富不病。

引導和議，厚植貨殖財力，完成國用豐厚，如同《左傳》中所言：「天子省風以作樂。器以鐘之，輿以行之。小者不窕，大者不槬。」[16]所有的刑法都依循中庸之道，符合法度。

最終提及自己因「薦引非才，以酬私恩」遭到議論，是一個罪臣，本不該上書，但是為了歌頌盛事，仍上此詩以稱美：

> 方之皇帝，爓火太陽。顧無歌詩，垂世用光。詞臣伏罪，
> 無以塞責。誰其詩之，以佐皇德。下罪張嵲，過不自揆。
> 日官西掖，待罪文字。敢頌厥美，以贊後功。江漢崧高，
> 不足比靈斯。

在〈賀師垣賜御書一德格天之閣牌，并鍍金器皿，青羅凉繖。從人紫羅衫，鍍金腰帶，儀物等四首〉[17]恭賀師垣（宰相）得到君王所賜作品，也發揮了詩歌傳誦君王與秦檜二人一起努力的中興安定局面：

16　（晋）杜預注；（唐）孔穎達疏：《春秋左傳正義》，收錄於（清）阮元：《十三經注疏》（臺北市：藝文印書館，1997年），卷50，頁867。

17　（宋）張嵲：《紫微集》，卷6，頁4。

其一

炎精光復論元功，事業伊周信比蹤。許國一心明貫日，存
孤高節凜經冬。甲區地勢羅千雉，奎畫天門跳六龍。自古
至誠參化育，濟時行道本中庸。

寫的是宋高宗賜御書一德格天之閣牌，以表彰他恢復宋室榮光，
並以商朝伊尹與周公旦曾經共同攝政為例，說明宋高宗在北宋時
已經輔佐過宋徽宗，也比喻宋高宗與秦檜君臣共同努力的盛世，
二人一心為國之心天地可表，歌頌臣相協助宋室安定的節操不因
時局改變而更動。閣牌上面繪製了雄偉的地勢，上面群雉圍繞，
「奎畫」指天子所畫，天子親自畫上天門與九龍，以表達敬重之
意。歌頌臣相至誠化育天下百姓，救濟時勢以中庸之道，天下方
得以安定。

其二

重屋雕甍勢欲翩，睿題藻翰揭中天。秖緣吉德存方寸，廼
爾叢霄格大圓。
傳自孔門皆一道，稽諸說命合三篇。中興如問君臣美，萬
世昭時六字傳。

極盡筆力歌頌臣相府第與人品的高尚，胸懷國家大業，與高宗君
臣相得，共創中興之世，描寫所施行之德政，全是符合聖人之道
的，強調「中興如問君臣美，萬世昭時六字傳」足以流傳萬世之
美的盛事，是君臣共創的。

其三

柳絲搖曳拂堤沙，瑞氣中藏上相家。風動五雲迷御姐，香
從雙闕賜天花。

仙韶合奏塵飛盡，中使宣斟日未斜。既醉太平誰事業，為
傾恩意入流霞。

此首更說明臣相家中柳絲搖曳於河堤之畔，更吐露出其中藏有祥
瑞之氣，看到的是風動五色祥雲，賞賜所現的香氣從宮廷散發，
仙樂飄飄如神仙境界已經脫離凡塵，如同杜甫〈麗人行〉中華麗
的宴會與布置，尚未日落，宮中就傳出宣旨請秦檜入殿中。縱使
眾臣子醉後，仍不忘這些恩德與國君恩寵，太平盛世是秦檜協助
宋高宗才得以擁有的。

其四

恩詔新頒導從儀，夾塗無復走烏衣。競紆紫霧更袍色，仍
有黃金上帶圍。翠幰翩翩風易暖，雕鞶璀璨日爭輝。沙堤
矚目人人說，小相行看接軫歸。

則寫皇帝新頒訂所賜的紫色衣袍與黃金腰帶，足以顯示高宗對於
秦檜的恩德與倚重。

在〈劉少師妻獻園宅為景靈宮基〉[18]二首中則歌頌：

---

18 （宋）張嵲：《紫微集》，卷10，頁6-7。

其一

中興禮物事彌惇，獻宅那知故事存。當日司徒功業就，舊居亦作奉誠園。

其二

漢家原廟廠雄規，欲及櫻桃果獻時。豈為夫人能體國，將軍本不以家為。

景靈宮[19]是真宗時宋真宗建於北方，供奉歷代祖宗，紹興八年和十二年，宋金之間有過兩次和議，尤其是第二次和議奠定了此後長期和平的基礎，南宋政權得以安全的久駐臨安，開始規劃將本來藏於溫州的景靈宮帝王畫像，迎回臨安供奉。張嵲這首作品記錄了景靈宮原址為劉少師妻子所捐贈的，由詩中可以知道劉少師本為將軍，其夫人體會國家中興和議已成，需要有地方供奉宋室歷代祖先，以此表示朝廷正統的地位，所以獻出自己的將軍府第。當年司徒完成畢生的功業，舊居已成為「奉誠園」，當年景

---

19 朱溢〈流亡時期的行在與國家祭祀禮儀〉：「紹興八年（1138）前，南宋朝廷一直處於顛沛流離中。其中，高宗在揚州、建康、越州、臨安、平江停留較久：建炎元年（1127）十月至三年正月在揚州，建炎三年五月至閏八月、紹興七年三月至八年二月在建康，建炎四年四月至紹興二年正月在越州（紹興），建炎三年二月至四月、紹興二年正月至四年十月、五年二月至六年九月在杭州（臨安），紹興四年十月至五年二月、六年九月至七年二月在平江。對於南宋政權來說，面對女真鐵騎，為了在僅剩的半壁河山中延續統治，除了軍事抵抗外，借助富有象徵性、感召力的國家禮儀，來宣揚天命所在、昭顯夷夏之辨，從而顯示自身統治的合法性，也是必不可少的精神武器。」《中央研究院歷史語言研究所集刊第八十八本第一分》（臺北市：中央研究院，2017年），頁145-168。

靈宮更是雄偉的廟宇，今日終於可以以此供奉，正式完成朝廷
祭祀。

在〈喜張丞相破湖賊〉一詩中歌頌了張浚[20]：

> 遙欣丞相受降時，湖外歡聲入鼓鼙。十萬水軍歸禁旅，二
> 千里地反鋤犁。
> 弄兵無復潢池內，棄甲應同熊耳齊。從此上流無犬吠，好
> 營停障接京西。

此處寫的是丞相張浚接受地方民亂投降時的歡欣與安慰。寫出因
為民亂平定，十萬水軍可以歸去守護朝廷，二千里地不再烽煙四
起，可以開始耕地恢復太平的功業，「弄兵無復潢池內」指出亂
事不再起於地方，地方百姓紛紛棄甲投降。從此長江上流不再有
民亂，可以屏障京城，使得朝廷長治久安。

張嶷此二首詩歌作品皆在極力歌頌中興盛事是「君臣」共創
的，更特別強調是臣子秦檜的功勞。這引出了一個很重要且值得
深思的歷史定義論。歷來讀宋代歷史，被歌頌為愛國名將忠臣的
是岳飛，因為抗金名將岳飛的「精忠報國」紋身，及岳飛用畢生
的心力以武力抗金，而使得主張和議的宋高宗與秦檜不得不以莫
須有的罪名，判岳飛以極刑，秦檜背負著許多誅殺武將與功臣的
惡名，成為後世人神共憤的對象。今日回顧這段歷史，如同程俱
選擇棄守城池帶著金帛走水路，奔赴高宗所在行在；葉夢得選擇
用計謀誘使海寇相殺伐，德行多為時人所議論。在歷史做出不得

---

20 （宋）張嶷：《紫微集》，卷7，頁17。

不的抉擇之時，後代似乎可以用另一個角度觀看，秦檜與葉夢得保住了南宋百姓安康與疆土，確實也造就了宋代百姓得以安居樂業，富庶繁榮的盛世榮光。

二　時時擔憂江山危殆懷念故國

張嵲詩歌之中表現忠義情感的，以「感嘆戰亂與懷念故國」為例的有：

在〈呈同遊諸公〉中：

> 眾嶺莽回互，古剎藏喬林。平川一目盡，列岫千重深。昔人幾經歷，我輩復登臨。山川諒不改，徒傷懷古心。[21]

寫出與羊祜（221-278）在襄陽時對於自己壽命有限，無法報國保民的相同的墮淚感受，在望不盡的千山萬壑之中，更有心懷北方江山的無限思量與感慨，寫出了戰亂不斷、紛擾不休的歷史悲劇，自己再度經歷，此詩可以瞭解張嵲無時無刻都記得國家的危殆。

在〈春晝睡起偶書二首〉其一：

> 忽忽掩關臥，起來春日曛。和風吹草木，雜花紛已繁。他鄉農事興，悽然懷故園。青山雖滿眼，何用慰憂煩。[22]

21　（宋）張嵲：《紫微集》，卷2，頁2。
22　（宋）張嵲：《紫微集》，卷4，頁3-4。

在春日睡醒之時，一片和風與草木扶疏之際，情感一轉，轉到了
國仇家恨上，雖然在他鄉已經可以生活，有了安定的生活，豐富
的農作物收成，但是春日睡起仍懷念北方的家園與故國的一切，
表現出縱然在南方得到了安頓，但是仍不忘北方江山與百姓的忠
義情感。

〈春日〉：

> 老去仍羈旅，逢春非我春。物華隨意別，感慨與時新。柳
> 重將迎客，花然似笑人。十年憂國淚，依舊洒衣巾。[23]

寫出因為北方江山淪陷，作者羈旅漂泊，在春天到來的時節卻已
無任何心喜與安慰，因為新的一年只會讓自己更擔憂國事，柳樹
留的是這些有故園歸不得的騷人，此時盛開的花朵似乎在笑著大
家羈旅又增加一年。

在〈七月二十四日山中已寒二十九日處暑〉[24]：

> 塵世未徂暑，山中今授衣。露蟬聲漸咽，秋日景初微。四
> 海猶多壘，餘生久息機。漂流空老大，萬事與心違。

暑熱之後，接近九月授予冬衣之時，聽到蟬聲的悲戚之音，作者
心思一轉，想到的是四海仍多軍營駐守，邊疆戰事仍在，餘生有
限，卻在年老之時仍漂流地方，感覺國事與自我心意相違背，所
有報國救民之志都無法施行，此詩顯現出作者誠摯的忠義情感。

---

23 （宋）張嵲：《紫微集》，卷6，頁1。
24 （宋）張嵲：《紫微集》，卷6，頁1-2。

〈次韻子直二首〉[25]：

其一

南北半程雲，澄江對蓽門。未能操井臼，試學牧雞豚。智
勇懷三傑，英雄鄙二袁。男兒須報主，未用反招魂。自
注：「昔屈原、宋玉作〈招魂〉、〈大招〉，其意以既遭放
逐，欲復歸故都以相其君。而唐皮日休以忠放不如介死，
故作〈反招魂〉。」

詩中表達南北對於「雲」而言，只是半日的路程，比喻時間與空
間快速的變化。今日在此蓬門之中，自己雖然不會實際汲井與用
椿臼等實際務農工作，但是已經學著管理六畜養殖的民生所需，
可以自我供給。表示自己心中智勇之情如同張良、韓信、蕭何，
絕對不學受人鄙視的袁紹、袁術，文末積極認為男兒當努力協助
朝廷有所貢獻，不應該在受流放之地而死，不放棄任何可以效力
國君報效國家的機會。

其二

曠朗秋天迥，嶺雲依樹消。飛飛歸鳥急，去去廣川遙。鴻
鵠本難畜，松筠常後凋。誰為〈招隱賦〉，歲暮獨難聊。

文末期許自己和友人與自己應該如同鴻鵠飛向四海，不應就此在
歸隱之地吟唱〈離騷〉，應當積極有所作為，效力國家，對於中
興復國從來沒有忘記。

25　（宋）張嵲：《紫微集》，卷6，頁2。

〈秋懷〉中：

> 忽忽經年事，悠悠滯客心。晚花生廢圃，老樹立秋陰。豈
> 有清樽醉，寧辭白髮侵。樓高見膏髮，老大怯登臨。

「膏髮」指烏黑的頭髮，此詩所表達的是自己多年北伐的心願，
已經在長久的歲月中消磨殆盡，所以見到年輕一輩將南方視為安
居之地時，深感傷心與無力。在無能為力之下，自己更憂懼登臨
懷古，北望江山。

〈往年沿檄金州謁女媧神祠是時猶未亂也紹興壬子挈家避地
三巴後過祠下登山椒以望江漢自是故園懸隔矣〉：

> 七年如轉首，復過此山頭。閱世興衰異，傷時涕淚流。嗟
> 無補天手，豈有去鄉愁。漸覺山河異，憑高更少留。[26]

寫出七年前經過女媧神祠之時，天下仍未面臨兵亂，再次舉家逃
難避禍，經過此山山頭，感嘆七年之間天下變幻之大，國家衰亡
至此，遠望故國家園，不禁感嘆傷時流淚。只哀嘆自己沒有補天
的能力，力挽狂瀾，拯救百姓，這種遺憾不是一般的思鄉情感，
而是山河變色國破家亡的痛苦，詩歌之中充滿著對於北方山河思
念的忠義情感。

在〈九日〉[27]詩作之中對於重陽節古今對比更有深刻的感受。

---

26 （宋）張嵲：《紫微集》，卷6，頁10-11。
27 （宋）張嵲：《紫微集》，卷6，頁11。

其一

重陽述令序，景物自為嘉。易辦如江酒，難浮似粟花。追
遊疑所務，寄興眇無涯。舊俗臺應廢，何人杖馬樞。

寫出在重陽之時位處南方，雖然南方容易得到重陽節所需的江州
出產的酒，但是自己遭難之情如同粟花一般浮沉於他鄉，因此懷
念之前的過往，寄興起歸情來卻空眇沒有止盡。如今登高望遠所
見皆是戰馬與邊亂，徒增傷痛，感嘆舊俗登臺望遠的習俗還不如
廢去罷了。其二更寫出了國家遭難的忠義情感：

九日空山裡，乘高感歲華。霜風翻絳葉，晴日亂黃花。積
雨饒新徑，荒林足亂雅。連年頻避地，憔悴客田家。

在空山之中的登高時節，特別感嘆自己的年華已經老去，秋天的
霜氣使得綠葉都已染紅，白天裡菊花紛飛，小徑中積著剛下過的
雨水，更使得在荒林之中行走的自己舉步維艱，失去了文人九日
該有的風雅，點出了詩人正因為避兵亂，南逃之際才會在荒山之
中行走。年復一年的兵亂與避難經歷，使得詩人只能寄居田野之
中。於此無時無刻不思及戰亂中國家的苦難。

〈奉酬致宏贈別〉寫出了亂世為官宦的情感[28]：

其一

強顏從宦益堪悲，此日逢君異昔時。末路未忘交似漆，相

---

28 （宋）張嵲：《紫微集》，卷7，頁6。

看各已鬢垂絲。亂來世事渾難料，老去生涯詎可思。客裡
別君情更惡，同歸猶恐尚差池。

「宦」字與「患」一語雙關，寫的是北方淪亡之後當官的憂思，
再次和之前的故友重逢，與在北方當時的相遇情感完全不同，縱
使今日因為兵亂有末路之感，但是從未忘記當時深刻的情誼。今
日二人鬢髮已經斑白，對於未來都感到難以預料的惶恐與不安，
在戰亂之時與友人別離更有此生難以再見的哀傷情感，歸去家鄉
的希望是如此的遙遠難以實現。

其二
此生將老竟何為，未信全關造物兒。十載宦遊無我拙，一
生懷抱有君知。
天邊故國人空老，江畔黃花誰與期。跨馬東歸猶是客，離
亭別酒莫盈巵。

此詩中更可見一心歸鄉懷念北方疆土的忠義情感，感嘆自己年華
已經老去，十年的官場生涯，仍盼望可以協助復國，奈何北方疆
土仍在北方，江畔菊花徒自綻放卻無人歸去，今日所居住之地，
永遠只是客居之地，只能以酒表心意，與友人離別。
　　在〈舟中感懷〉中張嵲寫出自己的創傷記憶，當時逃難的記
憶是無時無刻不存在的：

故園此去渾如客，異縣而今卻是家。還日簷楹應著燕，來
時楊柳未藏鴉。

孤舟泛泛春江闊，去鳥飛飛岸樹斜。卻憶當年南下日，傷
心泣盡日昏華。[29]

作者在他鄉異縣之中，歸去故園，故園住戶已是將張嵲認定為客
人，而他鄉所在之地反而成為自己的家。還來之時，屋簷上的楹
聯應該已經有燕子築巢聚集了，當年楊柳依依景象，今日再來人
仍是舊人，景色卻已更迭，在孤舟上獨自看著廣闊的江面，飛鳥
相繼入園而去，更思及當時金兵南下，南逃之時，擔憂國事傷心
哭泣的悲傷之情。張嵲在南宋偏安之時，因著創傷記憶，仍舊感
懷著深刻的情感與悲傷。張嵲特別在舟中對於故國的情感傾瀉而
出，〈舟中即事〉中也說：

西來一櫂任委蛇，春日惟增雨露悲。故國佳辰逢禁火，水
鄉農事見扶犁。
年華祇解凋容鬢，花鳥何曾管亂離。目極傷心誰告語，含
毫獨賦〈遠遊詩〉。[30]

在寒食節時，遇到春雨綿綿之際，讓張嵲想起故國，雖然現在在
水鄉鳥鳴花香富庶之地，但是自己容顏憔悴感嘆年華老去，沒有
人可以訴說，亡國之人只能哀傷寫著〈遠遊〉之詩。
　　在〈宿永睦將口香積院滿山皆松檜聲二首〉[31]：

29　（宋）張嵲：《紫微集》，卷7，頁14-15。

30　（宋）張嵲：《紫微集》，卷7，頁16。

31　（宋）張嵲：《紫微集》，卷8，頁14。

其一

雲峰幾萬疊，何處見家山。此日無窮意，悠然獨倚欄。

其二

萬壑樹色斂，松門已暮鐘。故園腸斷客，應與此時同。

住宿在永睦將口這個地方，看著香積院滿園秋色，想到的也是在層層疊疊的雲層與山巒之外，北方的家園與國家領地，興起了無限的悲傷情懷，只能獨倚欄杆，懷念著過往與期盼未來。看到秋天逼近，山谷中的樹葉變色，聽到香積寺傳來暮課的鐘聲，想到還留在北方故鄉的遺民，他們應該和自己此時的亡國傷感是相同的。

在〈晚晴〉絕句之中有：

前山收苦霧，宿鳥有新聲。萬里南天客，三冬此日晴。

傷感到自己南來，度過了一座一座山，千里跋涉，日復一日聽著不同地區的鳥鳴聲，心中的苦楚有如山中揮之不去的雲霧，全是因為心境的變化，思及逃難中所受的創傷記憶與國家所面臨的考驗。

〈渡湘水〉中：

昔讀此〈離騷〉，今朝渡湘水。荒草滿秋原，何處尋芳芷。[32]

---

32 （宋）張嵲：《紫微集》，卷8，頁16。

寫出昔日讀屈原作品，今日卻只親身感受到國破之感，觸目所及
盡是滿園的荒煙蔓草，尋不著屈原〈離騷〉中所說的蘭芷芳草，
此處所指的芳草比喻賢能的君子。

〈內人斜二首〉寫出流亡南逃過程中妻子的心情轉換：

> 其一
> 當日承恩向璧門，今同傖鬼落荒村。丘墳埋沒生秋草，人
> 事如斯詎可論。[33]

前二句描寫了當時結婚，二人正是在安定的環境下，妻子可以足
不出戶，相守過日，今日卻是與張嵲一同逃避金兵之亂，流落荒
村，只見滿山秋草荒墳，人事的變化令人感嘆。

> 其二
> 山色依依水自流，內人斜畔最堪愁。荒榛蔓草縈寒骨，更
> 有何人弔杜秋。[34]

寫山色水流雖然依舊，以杜牧寫給杜秋娘的詩：「勸君莫惜金縷
衣，勸君惜取少年時。花開堪折直須折，莫待無花空折枝。」為
比喻，說明杜秋娘與張嵲的妻子同樣都歷經亡國淪落之苦，在此
處遇不到杜牧為其寫詩，只有張嵲與她共同在此緬懷過去生活。

在〈遊獨孤城〉中也寫出看古城興起的千古同感之情[35]：

33　（宋）張嵲：《紫微集》，卷9，頁5。
34　（宋）張嵲：《紫微集》，卷9，頁5。
35　（宋）張嵲：《紫微集》，卷9，頁12。

> 微王舊國雲煙古,獨氏空城晬盷平。故物祇應惟石瀨,昔
> 人曾此聽寒聲。

古往今來亡國之士同樣都感受到了心中的寒冷與無助,在古代的
獨孤城中原本也有他們的安定與小國寡民之樂,卻在國家滅亡之
後,只剩下荒涼景象。

〈髀肉生〉中寫出了最深沉的絕望[36]:

> 歸計無成須絕望,幽居有意漫經營。自憐心異劉玄德,更
> 喜年來髀肉生。

因為和議已經造成宋朝成為金朝的臣國,起首「歸計無成須絕
望」點出了全詩的重點,自己只能無奈地經營自己的家居,但是
唯一值得安慰的是,自己和劉邦不同,對於多年沒有征戰沙場,
大腿已生成「髀肉」,反而感到欣慰與心喜的。此詩所顯現的是
正面肯定了和議的結論,但也充分說明了不再可能歸去北方故園
的心情。

在〈題曾口縣江月亭二首〉[37]中也抒發了自己時時不忘北方家
園的忠義情感:

> 其一
> 庾亮樓前唯皎月,屈原祠下祇滄波。北人每到猶腸斷,江
> 月涵輝更若何。

---

36 (宋)張嵲:《紫微集》,卷10,頁3。
37 (宋)張嵲:《紫微集》,卷10,頁7。

其二

江城月暗山岑鬱，默坐但聽巴水聲。向使江清山月白，欲
教遷客苦為情。

庾亮樓前屈原祠下，無時無刻都感到古今共同的亡國流亡悲傷，
所以說北人到此見此江月，同樣有斷腸情感。在暗夜之下，默坐
中只聽到蜀地水聲，希望有一天國家局勢可以海天清明，以此安
慰遠遷地方的臣子。

在〈春夜山居望月思故園有作〉[38]中寫出了對於故園深深的
思念：

萬壑自清夜，春嵐昏眾星。明月麗霄漢，清風周四溟。獨
立萬里外，飄然欲遐征。回首望江漢，中原氣冥冥。東北
有去鳥，我願從之行。逝將歸舊邦，山河宛平生。

整首作品由深夜的情緒升起，寫出在清風明月寥朗的宇宙之下，
自己一人在萬里之外的他鄉，心中想著自己不得不的遠遊。回首
望著江漢回歸北方中原之路，似乎只見冥冥黯淡之氣。詩歌情感
一轉，希望自己可以隨同飛鳥一起歸去故園，「逝將歸舊邦，山
河宛平生。」更有立志復國光復山河的豪情壯志。再回到現實世
界之中：

丘園已蕪沒，徑術春草青。觀臺傾夜雨，曲池今向平。俯

---

38 （宋）張嵲：《紫微集》，卷2，頁6。

首叫父老，曠野無人聲。蘆井不復辨，灌莽春露凝。傷心
時震盪，懷舊意縱橫。夜久林葉光，山空泉韻鳴。緒風行
復革，橋運無暫停。理會眾緣釋，情鍾群慮并。靜躁物固
殊，太空本何嬰。庶以道自達，超遙謝攖寧。

如今丘園已經埋沒，小徑也早就荒蕪，眼前的景色讓人深覺復國
已是不可能了，只留下滿園的懷舊與蒼涼景色，「傷心時震盪，
懷舊意縱橫」二句點出了自己在亡國的創傷記憶與現實的積極復
國之間徘徊，最終只能寄託於談玄的修心，將世間萬物齊心看
待，如此何必有他鄉故鄉之分，如同《莊子‧大宗師》中所說的
天下萬物無一不是只能見它自我生成、只能迎接它、看著它毀壞
它「攖寧」心靜平和的境界。

〈予寓居麻子山自入冬以後大小雪凡十餘作傳聞平地已有春
意而茲山偏臘復雪寒威特甚〉：

荒山絕頂受春遲，幾見冰花散陸離。江國凝思唯把酒，雲
林注目又成詩。
修篁壓路增幽意，初月臨空耿素姿。寧有扁舟可乘興，柴
門惆悵獨移時。[39]

此詩描寫在荒山野嶺之中，感受到晚春的節氣變化。在多次見到
冰花消散春天來臨的季節之後，所思所想的還是北方的江山與國
土，遠在千里之外的張嵲只能望著雲海與滿山的林木，喝酒寫詩

39　（宋）張嵲：《紫微集》，卷7，頁14。

表達自己的愁緒與懷念故國。山中美麗的景色，更讓張嵲有不如歸去之感。

在〈過覃氏水南別墅〉中則是表達自己幽居於田園之中，卻仍有著戰亂的恐懼與不安，擔心天下干戈不止：

> 銷憂苟自誑，策杖來幽墅。浮舟絕碧水，躡履遵遠步。置酒危碕亭，開襟面孤嶼。川淺不興波，春陰易成暮。雜花開照牖，細草生侵路。虛檻滿夕嵐，空垤連水霧。物變知節暄，地僻嗟所寓。干戈莽未定，勝集何能屢。觴詠答佳游，更籌促歸馭。一水限山城，風烟眇回顧。[40]

全詩敘寫自己在別墅之中過著隱居的田園生活，以排解自己被他人誣衊的憂愁。在一片田園悠閒的景色中，用「危碕亭」及「面孤嶼」來形容一切的平靜，似乎可以感受到那只是短暫存在的危機。所以春陰感受到的是「成暮」，細草感受到的是「侵略」，對於自我的處境只能安慰自己是個可以避禍之處，卻又嗟嘆於「干戈莽未定，勝集何能屢」，在戰亂之中，如此的安定生活與景色彷彿稍縱即逝。我就這樣無時無刻懷著「回顧」擔憂天下的心情。以上正是張嵲對於國家忠義之情的表現。

在〈勸農六首〉[41]中描寫中興之後百姓安定耕地的同時，仍不忘登樓遠望思念過往：

40　（宋）張嵲：《紫微集》，卷2，頁3。
41　（宋）張嵲：《紫微集》，卷10，頁9-10。

其一

出郭循溪路向東，隼旗悠颺滿春風。峰巒沐霧尚陰澹，桃
李出墻能白紅。

其二

皇恩力本勸農耕，老稚爭隨刺史行。楊柳垂村麴塵色，殊
鄉時節近清明。

其三

春泥滑滑不須愁，勉事深耕定有秋。沓障東南知更好，歸
來頻上郡城樓。

其四

春到逢花猶眼亂，老來對酒便心降。須知渴肺難禁醉，鴨
綠潾潾酌玉缸。

其五

鳥聲撩亂喜春晴，詩思知隨筆下生。桃李連村向零落，出
墻猶有數花明。

其六

夭桃無力臥溪沙，楊柳陰陰勝士家。下馬欲知留客意，棠
梨故作後開花。

詩中寫出東南景色之美，中興之後宋高宗重視百姓生活，所以說
「皇恩力本勸農耕，老稚爭隨刺史行」。在一切安定之後，張嵲
雖然瞭解「沓障東南知更好」，東南的確是比北方更適合耕種，

但是張嵲卻是「歸來頻上郡城樓」、「春到逢花猶眼亂」、「老來對酒便心降」，一連串的愁思與心亂，全都是忘不了戰爭後失去的北方江山與故國家園。

張嵲「時時擔憂江山危殆懷念故國」的主題作品，表現出來的是因創傷記憶所導致的多重情感變化，在明知道北歸故園與復興故國是不可能的狀況之下，但過去逃難的記憶卻又無時無刻地出現在張嵲的思維之中，對於北方家園與國家的忠義情感，不因時間地點的改變而改變，也就是說，這樣的際遇與思緒時時跟隨著張嵲不曾改變。

三　戰亂史事描寫

在〈次韻周守二首〉[42]中寫出自己對於民亂的憂心，詩云：

> 其一
> 西川方用武，憂思惔如焚。秋興悲黃葉，閒情屬野雲。鳴鴻何日到，絡緯不堪聞。每憶盈尊酒，清談從使君。

> 其二
> 秋色際遙海，乘高傷遠眸。風塵方未艾，身世豈勝愁。黃菊已過晚，濁醪徒滿甌。何時奉松□，一醉碧溪頭。

此詩對於民亂表現出深刻的擔憂，說明自己深刻的憂思與悲切，心中如火焚般急切希望可以平定民亂。對於一展鴻鵠之志的日

---

42 （宋）張嵲：《紫微集》，卷6，頁3。

子，十分企盼，點化了古詩中：「枯桑鳴中林，絡緯響空堦。」
二句說明作者對於故國家園的相思與擔憂。秋天登高之際，想到
四海仍然風塵瀰洞，戰火不斷，自我的身世與得失何足說道，於
是把所有思緒寄託在酒中與朋友說起，一種欲語還休的家國情
感，是作者始終擔憂國家忠義之情的表達方式。

在〈次韻周子直四首〉[43]中描寫出憂心國家處於兵亂之中的
深刻憂傷。

其一
寰宇安危異，乾坤歲序同。投身雲嶠碧，落膽戰塵紅。晋
馬成南渡，宗周入國風。操戈誰衛社，群盜正爭雄。

第一首寫出天下在靖康之難後的兵禍災難狀況，如同歷史上的
五胡亂華，南渡之後群盜爭天下，感嘆誰能安定這樣四海戰火四
起的局勢。

其二
西北壇途憊，東南信未通。小夫方自智，大將莫論功。敵
馬來關外，油幢入閫中。孤臣難自力，報國意無窮。

第二首作品更寫出張嵲在靖康之亂後，與天下百姓所面臨的相同
創傷集體記憶，進退兩難的困境，西北因為金兵戰亂不可行，東
南方的訊息又不清楚，文官小吏們只能依靠自己判斷如何進退，

---

43 （宋）張嵲：《紫微集》，卷6，頁3。

希望大將們盡力守衛將土。來自關外的金兵兵馬已經入關，將軍與幕府已經往四川退守，在混亂的國家危亡之時，張嵲喊出了自己的忠義情懷「孤臣難自力，報國意無窮」，代表著自己有著滿腔為國為民的情懷，卻非一己之力就可以完成的。組詩中其三有：「葵傾終向日，蒲弱易含風。甘作囚山柳，休為投閣雄。」寫出自己忠貞不二心向太陽代指宋朝君王，寧願如同柳宗元（西元773-819年）在皇朝安定之時貶謫安居地方寫作〈囚山賦〉，也不願如同揚雄因為王莽篡漢擔憂受冤枉投閣自盡。希望宋朝國祚綿延的情感。其四中結語以：「舊廬群盜裡，北闕戰塵中。塞路多豺虎，吾生信自窮。」寫出故居已被群盜占領，北方又陷在戰亂之中，到處都有地方民亂，所以有此生窮途末路的無奈感慨。

在月夜時寫出〈山中月夜〉：

> 過雨得清夜，月明惟水聲。葉光知露隕，蘭馥賴風清。天地未悔禍，豺狼猶阻兵。故園同此夕，長望一霑纓。[44]

可見這些戰爭對於心靈的創傷經驗，與不得不的時空居所改變，時時縈繞在張嵲心中，令他感慨不已。所以此夜雖然在山中雖然一切安好，但是聯想起社稷天地之間的戰禍仍未平定，地方勢力與叛賊仍然抵抗著宋軍的平定。回首想起因為戰亂不得不離開的故鄉一切，只能流淚悲嘆，此詩可以看出張嵲無時無刻不心懷國家安危的忠義之情。

在〈送趙公望入蜀〉詩中[45]：

44　（宋）張嵲：《紫微集》，卷6，頁9。
45　（宋）張嵲：《紫微集》，卷6，頁18。

異世黃叔度，宗支劉辟疆。相看不覺厭，此別詎能忘。四
海兵戈滿，山川道路長。去留無上策，分手鬢毛蒼。

仍感嘆四海兵禍連年，送友人趙公望入蜀，此後山川道路相隔重
重，在戰亂兵禍的時代，去留都難以決定，二位鬢毛已白之人，
只能互道珍重。

在〈和周守登樓對雪〉道出了冬夜中憂心國事的景象[46]：

其一
寒風動原野，密雪度層軒。素積長郊色，青餘遠岫痕。輕
冰幽沼合，棲鳥暮叢喧。邊騎暗河洛，應無閉戶袁。

其二
風積同雲凝，飛花際八寰。碧流連遠水，玉立認群山。戎
馬逾猖獗，生民政險艱。兔園歌吹地，回望損朱顏。

此處「邊騎暗河洛，應無閉戶袁。」引用漢代延熹年間黨爭之
亂，袁閎為世家大族中人，預見天下將有大禍，自絕與外聯繫，
蓋一土屋，終日讀經，如此十八年後，黃巾之亂發生，民兵欽佩
其德行，不攻打其所住之處，最終流離失所的百姓都前往避難。
第一首寫出天下大亂，邊疆外敵入侵，中原一片悲傷戰亂，百姓
饑寒交迫，卻無處可以避亂的慘況。在凜冽的冬天中天下皆大雪
紛飛，張嵲不忘此刻天下仍是「戎馬逾猖獗，生民政險艱。」一
片忠義情還，每每讓張嵲思及，外夷入侵，百姓生活困難與施政

---

46 （宋）張嵲：《紫微集》，卷6，頁19。

者無力回天的局勢。最末二句「兔園歌吹地，回望損朱顏。」更是心懷故國，思及當年北方宮廷中歌舞昇平興盛景象，而今回首只剩淒涼群鴉於漫天飛雪之中。

張嵲在〈登白帝城二首〉[47]與杜甫經歷安史之亂後的心境起了共鳴：

> 其一
> 霜風吹日下長原，夔子城荒灌木繁。東去諸山朝峽口，西來眾水會關門。千年白帝空祠廟，萬里家山祇夢魂。絕塞邊頭重迴首，秋聲淒斷不堪論。

> 其二
> 殊方秋盡怯登臨，萬里屯雲結歲陰。崖壁崢嶸知禹績，江山割據識雄心。滄波南下奔雲急，單舸東遊兩鬢侵。漂轉十方仍作客，沉吟懷古淚沾襟。

同樣的空間背景，相同的家在萬里之外，想要回到萬里之外的家園只能在夢境，在此邊塞深感國家與自己都處於絕境之中。「崖壁崢嶸知禹績，江山割據識雄心。」點出了希望能出現有如同大禹般可以平定天下的聖王，拯救被割據的天下，整首詩歌寫出自己在萬里之外的舟上對於國家天下的擔心與關懷，充滿和杜甫相同因為戰亂不得不流落萬里之外，卻仍然時時關心國家與朝廷的忠義情懷。

在〈山中月夜〉中擔憂國家寫道：

---

47 （宋）張嵲：《紫微集》，卷7，頁7。

中原群盜幾時平，避地荒山萬慮驚。霜月有情凝夜色，溪
流無盡落寒聲。滿山林影龍蛇動，繞屋風枝劍珮鳴。自惜
壯懷消欲盡，只將搜句了餘生。[48]

張嵲雖然避居山中荒地，對於中原的亂事仍然憂心不已，自己的
救國壯志，隨著戰亂與生活的困境，幾乎被消磨殆盡了，只能
將所有救國的忠義情懷，將心情寄託在詩句之中，把情感寄託在
其中。

在雨中避亂荒山之時，有〈雨中感懷〉一詩表達了不忘處於
危難之中的朝廷：

西風搖落葉聲悲，避亂荒山萬緒迷。一室漂搖任寒雨，百
年昏曉信鳴雞。
清霜已染千楓樹，殺氣應隨萬馬蹄。黃屋秋來定何許，孤
臣安敢恨羈栖。[49]

在國破家亡之時，西風與落葉的聲音都加深了張嵲的悲傷感懷，
詩中直接說明自己避亂荒山慌亂理不出頭緒的景況，因為國家的
危亡，全家都處在危難之中，共同期待國運昌明之時。秋天的楓
紅與霜氣與外敵的兵馬殺氣交相逼迫之下，張嵲所想的是「黃屋
秋來定何許」，南方的朝廷何時才能安定，朝廷中的君王是張嵲
忠義的對象，因為朝廷依舊危殆，所以「孤臣安敢恨羈栖」，臣
子更不能哀嘆現在困苦的處境。

---

48 （宋）張嵲：《紫微集》，卷6，頁9。
49 （宋）張嵲：《紫微集》，卷8，頁14。

在〈登甘露寺故基〉表達對於北方淪陷的感慨：

> 烈風吹面立城隅，俯仰人間萬事徂。萬古江山自雄渾，百年城郭已蓁蕪。
> 亂餘故物惟金鼎，事往前賢只畫圖。雙塔烟中廣陵市，淮南戍守未應無。[50]

詩中可以見到心懷國事，寫出獨立於城上所感受到的，凜烈的寒風吹在臉上，對比萬古江山的雄壯，對比的是百年城郭的荒蕪，「亂餘故物惟金鼎」寫的是甘露寺的金鼎也是宋朝的金鼎，前賢往事與宋代往日繁華，所有的功績都在圖畫之中提供懷想，遠望著廣陵寺，懷想著淮南一地的戍守不應無人守望，擔心國家的安危。

張嵲詩作中留存戰亂史事，具有史詩意義，在〈建炎庚戌潰兵犯襄漢寒食阻趨光化拜掃追慕痛哭因成二詩〉中：

> 其一
> 上庸寒食已無花，山木青青吐嫩芽。此日傷心九原路，想無雞犬祇鳴鴉。

寫出在上庸城中看著襄陽城中的兵亂，因為地方民亂中的敗兵流亡到襄陽，阻斷了上庸前往光化掃墓的道路。上庸城中寒食已無花可掃墓，只見春天到來山木吐出了新芽，更讓人感到傷心的是

一年已經過去了，九原路上百事蕭條，毫無生氣，並無田園中雞
犬相聞的樂事，只剩下寒食節獨有的鴉啼景象。

　　詩題中提到了建炎年間因為潰散的亂兵，肆掠了襄漢城，
寒食祭祖前往光化掃墓的習俗，被阻斷了，所以張嵲想到過往，
只能追慕痛哭。

　　其二
　　故園墳樹想青葱，寒食風光淚眼中。自痛不如儈父子，紙
　　錢猶掛樹頭風。

想起自己遠在他方的故土家鄉，更是因為戰亂無法歸去，自責無
法掃千里之外的祖墳，不如貧賤鄉野之夫，只能將紙錢掛於樹上
遙祭遙遠之外的祖墳。

　　在〈金州行衙二首〉[51]中對於故國表示出深深的思念：

　　其一
　　寥寥空館風號木，浩浩長雲雪過窗。故國幾重輕靄外，歸
　　心一夜滿寒江。

　　其二
　　灘聲吹浪城邊壯，寒漏鏘金枕畔搖。庭樹不隨群木落，霜
　　風著葉夜蕭蕭。

詩中道出自己在金州的行衙館舍之中，感受到凜冽的寒風，思緒

51　（宋）張嵲：《紫微集》，卷10，頁5。

卻是跟著雲霧飄到遠方失去的故土與京城，歸心似箭的張嵲感受到的只是寒江中的苦寒，永遠無法回歸故里。更進一步說出在邊城之中夜晚的灘聲，與寒夜中打更的金屬聲音搖動著睡夢中的枕席，促使擔憂國事與兵亂的自己無法入眠，用庭樹不改氣節的比喻，說明縱然國家現在處於黯淡無光寒冷的黑夜之中，張嵲對於國家的忠心不因外在變化或他人的叛離而有所改變。

在〈興州道中遇雨〉中寫出在自身陷入危殆之中，仍然擔心前線戰士的安危：

> 非干秋色苦，客意自蕭條。谷口玄雲惡，關門白露高。泥塗連遠驛，寒雨暗長郊。誰念征衣薄，西風方怒號。[52]

詩中前四句形容自己避難途中所遭遇到的淒風苦雨，描寫出戰亂中百姓的悲苦景象，後四句引申到擔憂征戰守護江山的戰士們，在寒冷的天氣之中是否有足夠的征衣保暖，顯現對於守護國家的忠義將士們深切的關懷情感。

在〈過郞鄉寒食日〉形容戰亂中所見可怕的景象：

> 孤城寂寂枕江湄，萬室燒餘事可悲。故老歸來泣環堵，行人佇立問遺基。
> 年華祇覺凋容鬢，花鳥何曾管亂離。依舊漢傍春事好，野桃開盡暖風遲。

52　（宋）張嵲：《紫微集》，卷8，頁13。

形容江畔的城池孤立在歷史空間之中，所見的是「萬室燒餘」的
悲慘景象，故老歸來看見戰後的荒涼景色，只能對泣感傷一切因
為戰爭導致的一無所剩。可在深深感傷的寒食之日，這一個應該
感念忠義之士的日子中，卻依然盛開與高鳴。景色與人事形成對
比，讓人更加不忍想像戰爭對於國家與關心國家的有志之士所造
成的傷害。

在〈采薇洞〉[53]一詩中，引《詩經‧小雅‧采薇》之典，比
喻戰爭造成的糧荒：

> 春曉山路永，行行歌采薇。歌長非有意，惟以療朝饑。

在戰爭之中缺乏糧食，在避難的路途中瞭解到〈采薇〉詩的真正
意義，〈采薇〉：

> 采薇采薇，薇亦作止。曰歸曰歸，歲亦莫止。靡室靡家，
> 獫狁之故。不遑啟居，獫狁之故。

> 采薇采薇，薇亦柔止。曰歸曰歸，心亦憂止。憂心烈烈，
> 載飢載渴。我戍未定，靡使歸聘。

> 采薇采薇，薇亦剛止。曰歸曰歸，歲亦陽止。王事靡盬，
> 不遑啟處。憂心孔疚，我行不來！

> 彼爾維何？維常之華。彼路斯何？君子之車。戎車既駕，
> 四牡業業。豈敢定居？一月三捷。

---

53 （宋）張嵲：《紫微集》，卷6，頁16。

駕彼四牡，四牡騤騤。君子所依，小人所腓。四牡翼翼，
象弭魚服。豈不日戒？玁狁孔棘！

昔我往矣，楊柳依依。今我來思，雨雪霏霏。行道遲遲，
載渴載飢。我心傷悲，莫知我哀！[54]

短短四句詩語，將〈采薇〉整首一九二字的深沉悲痛涵蓋其中，
同樣是因為外夷的侵略造成戰爭與飢餓，作者同樣擔憂著歸鄉的
不可期，張嵲體會出〈采薇〉詩歌中幽怨深長的擔憂與哀怨。

在〈避賊〉詩中用自我心境訴說的筆法，寫出戰亂中逃難
的景象：

避賊入深谷，乘桴復悠悠。四顧江上山，群峰如薺稠。是
時雪霜霽，林壑氛霧收。茂樹蔭石壁，澄潭深不流。篠蕩
擁荒崗，衝飈忽颼颼。山深水更佳，溪喧鳥啼幽。平昔慕
尋勝，所見良未儔。舉世逢禍樞，我獨成茲遊。暫賞興復
闌，自謂寬百憂。捨棹陟絕巘，林光與雲浮。卻觀來時
江，碧線縈長洲。一室苟自安，兩飯無餘求。彼蒼未厭
亂，生民何時休。傳聞敵人營，近在瀕漢州。尚恐復飄
轉，詎敢辭淹留。已與農父言，傭耕事田疇。耘耔紆井
田，蠶績充衣裝。尚享黃髮期，庶幾諧首丘。[55]

詩歌寫出自己因為逃避靖康之難，前往山谷之中，此處深谷中景

54　（宋）朱熹：《詩集傳》（北京市：學苑出版社，2015年），卷9，頁15-17。

55　（宋）張嵲：《紫微集》，卷3，頁3。

色十分優美,是往昔自己一心所想望的,而今卻「舉世逢禍樞,我獨成茲遊。」舉世遭受到兵禍,為蒼生百姓心生不忍,但自己卻一人享受這樣的寧靜美景,為此深感擔憂與不忍。在此地暫時停留可以欣賞美景,自己欺騙自己先不用擔心國難與戰亂,看到江水美景之時想起自己與百姓的要求只有「一室苟自安,兩飯無餘求。」全家平安與一天可以吃到二餐的需求都無法達到。天下大亂之下,百姓始終沒有可以休息之時,又傳來敵人軍營兵馬逼近的訊息,於是張嵲又要預備繼續逃難的生活,深深企盼有安定的一天。

在因為言所當言被貶謫至福建時有〈坐聽啼鳥如春禽響信筆書〉一詩寫出自己的傷心之處:

> 閩山冬候暖,寒鳥似春禽。一聽間關語,偏傷羈寓心。雨露陳葉盡,雲壓暮山深。坐久疏鐘歇,餘聲過遠林。[56]

因為幫岳飛說話,阻止王德受賞,被貶福建時,聽到冬天候鳥的啼聲,一語雙關,興起作者滿心的委屈與傷感,對於羈留地方,無法有所作為貢獻所學於朝廷,感覺有深重的負荷壓住自己,無奈之至,寫出對於輔佐勸諫君王的期望。

在〈題趙表之李伯時畫捉馬圖詩二首〉[57]詩中更可見戰爭對於張嵲造成的創傷影響,在觀賞李公麟所畫捉馬圖時感嘆成詩:

---

56 （宋）張嵲:《紫微集》,卷6,頁1。
57 （宋）張嵲:《紫微集》,卷10,頁7。

> 中原無事不粟馬，散牧春臯薦草中。何必西來三萬里，龍
> 媒二駿是追風。

因為中原人一般是不養馬的，馬匹是自由自在地在邊境草原上奔
馳的，而今卻西來三萬里外捉馬，急得追風良馬以因應戰爭，
短短四句詩歌之中，傳神地寫出因觀畫所興起對於家國之憂。第
二首更感傷：

> 徒觀出塞十四萬，詎覺權奇冀北空。不用執驅名校尉，但
> 令苜蓿遍離宮。

出塞的十四萬駿馬竟然都無法歸來，致使北方無戰馬可用。朝廷
如果不用能訓練良馬與指揮若定的將領，有一天宮殿之中將為外
敵所占領，成為外夷牧馬的場所，由此詩創作中意旨得以瞭解，
此詩創作於靖康之難發生之前，極具深刻且預言式的上諫意義。
　　在〈金山回道中（光化封內）〉對於當時局勢的描寫：

> 陽陽春物已離披，豺虎縱橫萬事違。沉痛新阡一來省，卻
> 隨江燕又西飛（古詩云東飛百勞西飛燕）。[58]

細數在當時百姓所遭遇到困境，希望朝廷可以正視這樣的問題，
春天已到，農民應該可以播種了，卻因為戰亂，使得一切努力都
徒勞無功，這些戰亂指的不只是外國的勢力，還有地方的叛亂。

58　（宋）張嵲：《紫微集》，卷10，頁11。

第三節　小結

　　張嵲跟隨張浚起家，主張以儒臣治天下安撫地方民亂，對於金國的政策以防守為最重要，當今最要緊的是開墾屯田，安撫百姓。對於朝廷再起用朋黨，感到十分不滿。「有國之所惡者，莫大於朋黨，今一宰相用，凡其所與者，不擇賢否而盡用之，一宰相去，凡其所與者，不擇賢否而盡逐之，宜其朋黨之寖成也。」[59]此處所指的宰相指秦檜，這期間正是岳飛北伐，與宋高宗及秦檜產生意見相左之時。

　　張嵲忠義的情感表現在於一心協助宋高宗治理，由於未曾受宋徽宗、欽宗重用，所以不像陳與義詩文中擔憂北方徽欽二帝，也不像汪藻心懷宋欽宗靖康之難寫下《靖康要錄》，葉夢得則是重在財政與邊疆戰役之上，程俱重視的是賞罰分明的典章制度，張嵲關心的是眼前當下宋高宗朝的中興與治理，因此足以代表忠義之情的作品是對於宋高宗歌頌的〈中興復古詩〉。

　　歌頌中興美政的詩作有〈中興復古詩〉、〈賀師垣賜御書一德格天之閣牌并鍍金器皿青羅凉纖從人紫羅衫鍍金腰帶儀物等四首〉恭賀師垣（宰相）得到君王所賜作品，也發揮了詩歌傳誦君王與秦檜共創的中興「傳自孔門皆一道，稽諸說命合三篇。中興如問君臣美，萬世昭時六字傳。」都肯定了秦檜的貢獻。因為不同時期對於秦檜的作為有不同想法，劉克莊在《後村詩話》中說明其人及詩文具有「忠憤」之氣：

---

59 錢建狀：《歷代文苑傳箋證（肆）》，頁738。

　　巨山五言絕句如「犖確南山路，叢筠冒水生。寒梅銷落
盡，尤有落花明」。如「青林擁蕭寺，況乃在山陰。出見
桃花發，方今春已深」。七言絕句如「十日濃陰飛細雨，
清川初漲水平沙。幽人閉戶春已半，開遍山南山北花」。
如「故園墳樹想青蔥，寒食風光淚眼中。自痛不如傖父
子，紙錢尤挂樹頭風」。如「一行疏樹對柴門，又見荒煙
上晚村。日日牆陰觀日影，人生消得幾朝昏」。「日炙櫻桃
已半紅，更薰花氣滿襟風。路傍謁舍蹲遺獸，應有荒墳在
麥中。」〈讀太平廣記〉云：「夢裡空驚歲月長，覺時追憶
始堪傷。十年烜赫南柯守，竟日歡娛審雨堂。」有人夢入
蟻穴，榜曰「審雨堂」。皆精麗宛轉有思致。又〈讀楚世
家〉云：「喪歸荊楚痛遺民，修好行人繼入秦。不待金仙
來震旦，君王已解等冤親。」其忠憤切於戊午讜議矣，但
微而顯婉而成章耳。[60]

所舉作品「犖確南山路，叢筠冒水生。寒梅銷落盡，尤有落花
明。」指有稜有角的坎坷避亂山路之中，縱然自身如同寒冬中的
梅花凋零殆盡，仍願明辨是非，保衛江山社稷。「青林擁蕭寺，
況乃在山陰。出見桃花發，方今春已深。」縱使因為力守忠義必
須如同青林立於山陰寺廟之中，不為所用，仍不變節改易，羨慕
得勢的臣子：「十日濃陰飛細雨，清川初漲水平沙。幽人閉戶春
已半，開遍山南山北花」，連續十日的細雨濃陰之後，遠望江面
景色雖然已經閉戶十日，感受到春天已經過了許久，卻未能歸去

60　（宋）劉克莊：《後村詩話》（臺北市：廣文書局，1971年），頁68-69。

失去的故土,所思及仍是山南與山北不同的景色,詩歌之中表現
出對於北方的懷念。「一行疏樹對柴門,又見荒煙上晚村。日日
牆陰觀日影,人生消得幾朝昏」是在戰亂期間看到荒煙遍地,日
日期盼朝廷的光影可以重新照耀百姓,對於時光流逝無法安邦定
國,深感嘆息。「日炙櫻桃已半紅,更薰花氣滿襟風。路傍謁舍
蹲遺獸,應有荒墳在麥中。」觀賞路旁的美景與花海時,在僧舍
之中借宿,見到遺留的守護石獸景象,想到的是戰亂造成的無法
被後代子孫照顧的荒墳,指的是因為外夷侵略,導致百姓流離失
所而無法盡子孫的孝道。「夢裡空驚歲月長,覺時追憶始堪傷。
十年烜赫南柯守,竟日歡娛審雨堂。」寫出南柯一夢的典故,對
於當地因有人夢入蟻穴,榜曰「審雨堂」,深有所感,劉克莊覺
得詩歌皆精麗宛轉有思致。所謂南柯一夢,指的是南柯太守看到
國家亡了而比喻一切的爭鬥都是人生一場虛夢,張嵲此處所感同
身受的也是國家滅亡的感嘆。在〈讀楚世家〉所唏噓的:「喪歸
荊楚痛遺民,修好行人繼入秦。不待金仙來震旦,君王已解等冤
親。」[61]秦穆公時秦楚大國聯姻,最終楚國亡於秦國,楚國遺民
最終成為秦國百姓。「忠憤切於戊午讜議矣」形容忠憤義行是
〈文苑傳〉所指的勇於請宋高宗去除朋黨,稱國家現在面臨到最
嚴重的是朋黨問題,不因為宰相換人就變動政策與用人,這樣會
造成不以賢能與否為能力任用,在上疏中忠言直諫。[62]

　　張嵲在其詩歌之中,多次引用「西」字與「故國」、「故園」
等字詞,更擅長用絕句組詩描寫忠義情感,如〈次韻王得之遊淨

61 (宋)張嵲:《紫微集》,卷10,頁5。
62 錢建狀:《歷代文苑傳箋證(肆)》,頁738。

明題易安二絕〉[63]：

其一

滿院嵐光滴翠寒，望湖莫美十三間。門前石上蒼苔跡，數
得人蹤到與還。

其二

銅駝陌上須臾樂，金穴侯家瞬息懼。爭似蓋頭茅一把，老
僧終日百般安。

〈又次韻五首〉[64]：

其一

建溪南去自悠悠，溪上愁思逐水流。欲寄平安數行字，秋
鴻飛不到炎州。

其二

離尤南去本無因，陰隲忠嘉自有神。敵國猶強讒間露，君
王宵旰憶良臣。

其三

行盡炎荒路向東，蠻村戍鼓夜逢逢。惜無王朔同登望，騎
氣應須似白虹。

63　（宋）張嵲：《紫微集》，卷8，頁16-17。
64　（宋）張嵲：《紫微集》，卷8，頁17。

其四

行衣葉葉馬蕭蕭，快意寧知歸路遙。海上尖峰青似染，卻
從雲外望岧嶢。

其五

心知公及暮春歸，猶自思公腸九回。門外春流已如黛，行
看飛騎過橋來。

此詩是形容宋哲宗時，范仲淹所推薦的王獵，在遊歷美景之中仍
然不忘記北方故土的淪陷的心情，用「銅駝陌上須臾樂，金穴侯
家瞬息慳」形容京城繁華景象與外戚豪富之家中的所有繁華都是
瞬息萬變如夢一場，在僧舍之中不忘故土失去的「愁思」，想要
寄語故園親友平安卻無法隨秋鴻寄往。「敵國猶強讒間露，君王
宵旰憶良臣。」擔憂著仍然強盛的敵國鐵騎，擔憂著國君能聽信
著讒言，希望君王可以日夜警惕，倚重良好忠貞的臣子。在往東
避難的路途中，聽到的是荒村之中仍傳來軍事緊急的戰鼓聲，可
惜沒有西漢善於觀看氣數的術士王朔一般的人物，可以一起登臺
協助護國，看看如何能夠增加國軍的氣勢以打贏勝戰。

　　效仿杜甫風格的作品則有〈送陳忠玉兼寄尹夢得黃仲通并寄
季通侄五首〉[65]：「少年渾欲不勝衣，豐下如今帶十圍。」、「君
歸多問尹夫子，病後新詩定益」等，皆點化杜甫的詩句。〈過雲
安縣〉一詩中更是直接說明：

　　平日雲安縣，常見少陵詩。今朝忽經過，人生信難期。不

聞鵙鳩鳴，蕭蕭山樹悲。昔人不可見，長江無盡時。[66]

在雲安縣中常閱讀與感受到杜甫的詩作情懷，時時懷想杜甫愛國的忠義志節與蹤跡。

張嵲與同是〈文苑傳〉的朱敦儒亦是有所交流。〈次韻朱希真二首〉[67]：

其一
東觀曾同入，南宮復雁行。嘗寮雖具爾，投分獨難忘。榮悴無多異，漂零共一鄉。遙欣訪蕭寺，顛倒曳衣裳。

其二
禪榻仍兼臥，蒲團穩著綿。自疑方外客，猶費縣官錢。意懶如聞道，身閒似得仙。何當集蘭若，已辦泛湖船。

在與朱敦儒次韻的作品中仍然不忘記國仇家恨。寫到二人共通的感受在於今昔對比，今日同樣是「榮悴無多異，漂零共一鄉。」只能一同牽引至佛寺解漂泊愁緒。在佛寺之中，卻又自責空領官俸，對於國家安危與百姓社稷沒有盡責努力，還不如辭官乘船歸去。〈再次韻寄朱希真二首〉[68]中也寫出和朱敦儒之間共同關心國事的忠義情懷：

66　（宋）張嵲：《紫微集》，卷2，頁8。
67　（宋）張嵲：《紫微集》，卷6，頁2。
68　（宋）張嵲：《紫微集》，卷6，頁2-3。

其一

一舍徒相望，書來秖細行。野梅行欲盡，幽興詎能忘。老去尤耽句，春來更憶鄉。看看過寒食，北望一霑裳。

其二

初喜花明炬，還愁柳墮綿。時須盃裡物，聊費杖頭錢。天上足官府，人間有地仙。卻慚營道嬾，渾似逆風船。

寫信給朱敦儒，感嘆書信中雖然只有幾行字之間，自己眼看春天將過，卻無法忘記北方的故土，更加想念失去的家國，寒食已過，只能北望流淚感懷。在觀賞春天的美好景色之時，卻擔心著國家社稷與百姓生計，只能依著自己以酒買醉，暫時消磨眼前看似悠閒的生活之中。

相較於陳與義、汪藻、程俱、江西詩派中其他詩人，張嵲用絕句白描手法表達自我的忠義情懷，少了許多引經據典的典故，更顯白話與自然。

與陳與義的交情與關係，劉克莊認為張嵲保存了陳與義的筆法，由《後村詩話》[69]後集卷二中可見：

> 《陳簡齋墓志》，張巨山筆也。稱「公詩體物寓興，清邃超特，紆餘閎肆，高舉橫屬，上下陶、謝、韋、柳之間。」又云：「公外王父存誠子善行草書，世俗莫知。公初規模其外家法，晚益變體出新意，片紙數字，得者藏

69　（宋）劉克莊：《後村詩話》，頁67-68。

去。」乃知簡齋筆法本存誠子。[70]

說明了陳與義的墓誌銘出於張嵲手中，對於陳與義的評價在於能夠表達興寄之語，有所寄託，詩歌語言清新寓意卻深邃，餘韻義理開闊宏達，清高具有勸諫意義，可與陶淵明、謝靈運、韋應物、柳宗元並論，給予極高的評價，並說明了陳與義的草書筆法學習自上林院典簿王存誠（1405-1459）之子，陳與義是王存誠女婿，筆法更變化勝出王存誠之子。

劉克莊除了說明張嵲與陳與義有家學淵源外，並進一步誇讚稱美張嵲是宋朝南渡後一大家：

> 巨山，簡齋表姪也。其〈夷陵〉詩云：「吳蜀相持地，江山真險固。昔聞焚夷陵，今茲但遺堵。山遠欲連天，江寬疑浸樹。左顧渚宮墟，右眺襄陽路。野迥無居人，荒村但豺虎。依依念鄉井，愴愴悲墳墓。月淡江風寒，雲深楚山暮。佇立小踟躕，蒼蒼歸鳥去。」〈初夏〉云：「孟夏忽已至，雨餘草木荒。俯澗有驚泉，仰林無遺芳。山中歲事晚，是日農始忙。布穀鳴遠林，田家競農桑。故園今何為，默默心獨傷。」〈防江〉云：「虜去田事始，夜來春雨勻。向時耦耕者，十無三四人。努力勿轉徙，敕語如陽春。」又曰：「大漠與吳越，天南天北頭。敵尤涉吾地，飲馬長淮流。飲馬尚猶可，莫使學操舟。」辭語高簡，意

70　（宋）劉克莊：《後村詩話》，頁67-68。

味幽遠，此類不可殫舉，真南渡巨擘。[71]

劉克莊所舉〈夷陵〉、〈初夏〉、〈防江〉三首作品都是反映懷古思念故國及靖康之難遭受到悲苦的忠義之作，第一首〈夷陵〉描寫觀賞楚國遺跡夷陵墳墓一片荒煙蔓草中，遠眺故國，感受到同樣的國家悲亡景象，歸去之路阻隔重重，豺虎滿道，滿懷思念故土的情感。第二首〈初夏〉寫初夏之時，在此地一片農忙綠意盎然之時，聽聞布穀鳥「不如歸去」的啼聲，想起無法回去的故國家園，只能獨自傷心於歸期的不可能。〈防江〉二首寫侵略國土的金兵離去後，田家又開始耕種，百姓卻已經傷亡慘重，十人剩不到三、四人，希望百姓可以不再流離失所，國運可以得到天赦從此安定平安。從天涯外的大漠到南方的吳越之地，敵軍無所不在，攻掠的兵馬已經直到達淮河流域，「飲馬尚猶可，莫使學操舟」寫出最深沉的憂慮，如果江河天險也被攻破，國家覆亡將無可挽回。所以劉克莊認為這樣寓意高深的愛國詩作，充滿在張嵲的作品之中，作者能以簡要的詩語表達，實在是大家之作。劉克莊並引用張嵲所作〈與簡齋〉五言云：

紛紛世上兒，喞啾亂鳴蜩。惟公妙句法，字字陵風騷。臞瘦藏具美，和平蓄餘豪。顧我吟諷苦，知公心力勞。柳韋倘可作，論詩應定交。[72]

稱陳與義的作品妙在句法，可以表達風騷旨意，用盡心力將豪氣

---

71 （宋）劉克莊：《後村詩話》，頁68。
72 （宋）劉克莊：《後村詩話》，頁9。

藏於和平之氣中，與柳宗元與韋應物可以併論。劉克莊稱美張嵲是真正可以瞭解陳與義之作特色「他人莫不自誇大，惟巨山能踐其言。」[73]且能實踐陳與義詩筆法的人。

73　（宋）劉克莊：《後村詩話》，頁68。

第七章
結論

　　《《宋史・文苑傳》中所顯現之忠義情懷——以經歷靖康之難安邦定國者為觀察主體》一書所要表達的想法是，除了注重文人的文學成就之外，文人對於朝廷的貢獻與經世濟民的能力更是後世讀書人可以效法的。本論文探討的五位文人安定了戰亂中已經幾乎滅亡的王朝，穩定了江山，足以彰顯文學與制度的實務功用，特別的是他們的能力文采事功足以說服君王，指引君王下對國家社稷有助益的政令，發揮自古士大夫的最高境界。

　　本論文著述目標是以《宋史・文苑傳》為研究對象，探討在靖康之亂前後文人如何安邦定國，成就經世濟民神聖的儒者最高任務。

　　本書藉由專論《宋史・文苑傳》中跨越北宋與南宋的五位文人忠義愛國情懷，所表現出身土不二的情感[1]，忠於自己國家與民族，以人為主體，其言行與作品表現出「典型在夙昔」的風範，運用歷史與文學所建構出的圖像，如同「聖經」[2]史書的記

1　「身土不二」，本是佛教南宋僧人智圓的《維摩經略疏垂裕記》卷2：「二法身下顯身土不二。由依正不二故便現身即表國土。」（CBETA 2021.Q3, T38, no. 1779, p. 739b13-14）指人與現世生活相互影響，此處借指只有自己的生命與國土與土地是不可取代的。

2　「圖像研究」將藝術作品，可以是《聖經》、作品、任何議題，對同一主題的作品延接與其相關故事、寓言等的文學知識、特殊主題和理念，收集整理，描述其性質，分析歸納其類型的歷史。分析這個主題需具備豐富知識，並掌握文獻資料，了解此主題的圖像在不同歷史情境下的演變脈絡」。收錄

載，建構出宋代文學史應當有一席之地的〈文苑傳〉人物。這五位文人輔佐宋高宗，在君臣相互支持重視文人典章制度之下，協助規劃與擘劃建立南宋王朝，以文治與文化與縱橫家式的和議與防守並重方式，對抗金兵強健壯大的鐵騎攻擊，奠定了南宋九位君王，一百六十七年的安定，流傳漢文化與文學，是文人經世濟民的最佳典範。

更可以解釋為何北宋文人占六卷共八十五人、南宋文人只有一卷十一人，原因在於元人脫脫編輯《宋史》所要呈現的正是否定霧化宋代、金代、元代三強鼎立的真正歷史，翻轉史實，讓宋代成為獨立的正統、元是繼承宋的唯一。因為金代是宋元共同討伐的對象，所以《宋史‧文苑傳》只能抗金，不能抗元，抗金才是文人愛國氣節表現。正因為不能抗元，所以〈文苑傳〉中所選的南宋人物只有十一人，一部分原因在於再晚期一些的南宋文人，表達忠義與愛國情感的，多半會有對於元人的戰爭與元皇朝的對抗。另一部分原因在於南宋從趙藩開始的文人，安邦定國的方法已經轉而用道學本心，不是用制定國家典章制度的方法或者抗金的忠言直諫言行來表達，所以元人編《宋史》另以「道學傳」分類，以彰顯其安邦定國的歷史功能。

陳與義的忠義情懷表現在深沉的「憂愛」情懷中，時時擔憂百姓生計與徽、欽二帝及高宗朝廷的安穩，陳與義文學如同其人容狀儼恪，不妄言笑，內剛不可犯，不私下與人結黨，所長之詩作〈墨梅〉為徽宗所特別賞識，特別在經歷靖康之難後，寫出如

於Panofsky Erwin著；戚印平、範景中譯：《圖像學研究：文藝復興時期藝術的人文主題》（上海市：上海三聯書店，2011年）。

了悲壯情懷，劉克莊《後村詩話》云：「（陳與義）造次不忘憂愛，以簡潔掃繁縟，以雄渾代尖巧，第其品格，故當在諸家之上。」[3]身為蜀地眉山陳希亮的後人，元祐黨禁禁止蜀黨官員宮中任職，陳與義特別受到徽宗拔擢，更可見其忠於徽宗的原因。陳與義在徽宗時就擔任太常博士、掌管內外廷符璽的重要職務，高宗時受命總理南渡兵務，歷任兵部員外郎、中書舍人、吏部侍郎，出知湖州，入為給事中、翰林學士等職位。

陳與義對於宋朝最主要的貢獻在於：「尊主威而振綱紀」，用道德輔佐朝廷，陳與義主張和議，和議不成才戰。

劉辰翁認為陳與義詩中的情感符合「真」的標準，詩人取材於學問，並且將自己不平之情發之於詩，作品又可以涵具渾然天成的美感。充分表現出忠義之意。在〈發商水道中〉：「草草檀公策，茫茫杜老詩，山川馬前闊，不敢計歸時。」[4]一詩說明了自己對杜甫的崇敬，《詩學淵源》中說明：「天分既高，用心亦苦，晚年益工，號稱新體。」[5]足見其靖康之難後內斂悲壯的深沉情感作品是其自成一家的重要基石。悲壯之氣終成歷史上獨立地位。

陳與義詩歌如同杜甫詩中已見皇朝衰敗之情，陳與義知道「廟堂無策可平戎，坐使甘泉照夕峰。」[6]北伐已是不可能，只有穩固南方江山照顧百姓，創作詩歌對於北方君王與故土顯現忠

3　（宋）劉克莊：《後村詩話》（北京市：中華書局，1983年），前集卷2，頁27。

4　（宋）陳與義著；白敦仁校箋：《陳與義集校箋》（杭州市：浙江古籍出版社，2014年），頁387。

5　丁儀：《詩學淵源》，收錄於《民國時期文學研究叢書》第一編第75冊（台中市：文听閣圖書有限公司，2011年），卷8，頁63-64。

6　（宋）陳與義著；白敦仁校箋：《陳與義集校箋》，頁701。

義之情。陳與義中所顯現的忠義與愛國圖像，是對徽、欽二帝的憂愛。面對離散生命與時空中的遙嘆。

陳與義二十九歲時因為〈和張規臣水墨梅五絕〉為徽宗所稱美，以詩歌顯達得到天下名聲。強調在「墨」，其高潔本質，所以無需繪飾，墨梅如同文人該有高潔本性詠物以喻人。

對於宋徽宗的忠義顯現在於，得知徽宗在北方病故，陳與義也辭去官職寫下〈懷天經、智老因訪之〉：「今年二月凍初融，睡起苕溪綠向東。客子光陰詩卷裡，杏花消息雨聲中。　　西菴禪伯還多病，北柵儒先只固窮。忽憶輕舟尋二子，綸巾鶴氅試春風。」[7]心中深沉的哀傷與遺憾。

陳與義在靖康之難前的詩作已經有山雨欲來，風雨飄搖的局勢，如〈江南春〉、〈蠟梅〉二詩：「朝風迎船波浪惡，暮風送船無處泊。江南雖好不如歸，老薺遶牆人得肥。」陳與義對於朝廷重用蔡京、童貫、梁師成、王黼等人，深覺不妥，在無法妄議朝政之時，只能將滿腔的愁緒寄託在詩詞之中而有「世間真偽非兩法」的感嘆，以溫柔敦厚的用語表達出自己對於國家的憂心與忠義之情。三十三歲的陳與義在〈述懷呈十七家叔〉：「塵中別多會日少，世事欲談何可了。胸中萬卷已無用，勸公留眼送飛鳥。」[8]詩中提到無法改變國家危亡景況的自責。

在金兵南侵時期中，宋高宗建炎元年時陳與義的〈感事〉：「喪亂那堪說，干戈竟未休。公卿危左衽，江漢故東流。」[9]寫出自我深刻的自責與悔恨，短短數語道盡了南遷的重大創傷情

7　（宋）陳與義著；白敦仁校箋：《陳與義集校箋》，頁816。
8　（宋）陳與義著；白敦仁校箋：《陳與義集校箋》，頁223。
9　（宋）陳與義著；白敦仁校箋：《陳與義集校箋》，頁476。

感。在南遷途中聽聞王道濟被俘作〈聞王道濟陷虜〉:「海內堂堂友,如今在賊圍。」「雲孤馬息嶺,老淚不勝揮。」[10]道出自責無法救援昔日好友的忠義之語。在〈登岳陽樓二首〉,寫出避亂南奔的辛苦「萬里來游還望遠,三年多難更憑危。白頭弔古風霜裏,老木滄波無限悲。」[11]萬里奔逃,北望無法歸國的無限恨事。〈巴丘書事〉中:「四年風露侵遊子,十月江湖吐亂洲。未必上流須魯肅,腐儒空白九分頭。」[12]寫出對於書生無力救國的哀傷。〈居夷行〉中:「人世多違壯士悲,干戈未定書生老。揚州雲氣鬱不動,白首頻回費私禱。」[13]寫出靖康之亂眾臣避難的重大悔恨與傷痛。〈自五月二日避寇轉徙湖中復從華容道烏沙還郡七月十六日夜半出小江口宿焉徙倚柂樓書事十二句〉:「回環三百里,行盡力都窮」、「萬里江湖憔悴身,鼕鼕街鼓不饒人。」[14]對於無力救援北方君王與百姓,感到深沉的悲傷與哀慟。〈憶秦娥〉詞中:「瀟湘浦,興亡離合,亂波平楚。」[15]以屈原對於楚懷王的忠義不忘,寄寓自己對於宋徽宗的思念之情。〈虞美人〉詞作中:「明朝酒醒大江流,滿載一船離恨向衡州。」[16]〈點絳唇〉作:「竹籬煙鎖,何處求新火?不解鄉音,只怕人嫌我。」[17]寫出對於國破山河不在的感嘆。縱使在國勢漸穩時期之後,主和

---

10 （宋）陳與義著;白敦仁校箋:《陳與義集校箋》,頁521。
11 （宋）陳與義著;白敦仁校箋:《陳與義集校箋》,頁538-541。
12 （宋）陳與義著;白敦仁校箋:《陳與義集校箋》,頁542。
13 （宋）陳與義著;白敦仁校箋:《陳與義集校箋》,頁548。
14 （宋）陳與義著;白敦仁校箋:《陳與義集校箋》,頁604-605。
15 （宋）陳與義著;白敦仁校箋:《陳與義集校箋》,頁839。
16 （宋）陳與義著;白敦仁校箋:《陳與義集校箋》,頁842。
17 （宋）陳與義著;白敦仁校箋:《陳與義集校箋》,頁843。

成為朝廷主流,秦檜擔任宰相,陳與義在〈金潭道中〉詩中說明:「海內兵猶壯,村邊歲自華。客行驚節序,回眼送桃花。」[18]記載著史書外真正的情境與景況。

紹興五年宋徽宗在北方金營過世。陳與義在六月引疾求去,經過多次被高宗徵召,仍以疾病請求辭去官職。在〈清平樂〉中:「楚人未識孤妍,離騷遺恨千年。無住庵中新事,一枝喚起幽禪。」[19]表達始終不忘君王及故國的忠義情懷。〈臨江仙〉中:「二十餘年如一夢,此身雖在堪驚。」[20]二十多年來不忘故國的忠義之情。

陳與義最後的重要成就在於紹興六年拜翰林學士知制誥,擔任翰林學士參知政事,如同副宰相「務尊主威而振綱紀」,穩住南宋朝廷的君主威儀,奉宋高宗詔修撰〈徽宗諡冊文〉,籌建當時仍處於破敗的各部建築與朝廷官員辦公建築物。並且協助朝廷培養人才,要求君臣之間要有明確規範與禮儀,不得逾越,奠定南宋江山的穩定。

大將張俊將南遷的士兵遷至廬州開墾,陳與義上奏朝廷應該給予遷移的軍民足夠的支援,在朝廷資源有限之下,出手援助,對南遷的軍民也展現其無私的忠義之情。陳與義文學成就在於靖康之難後對於朝廷的憂愛之情。陳與義的忠義表現在對徽宗、欽宗、高宗的朝廷建樹之外,民生安危,社稷安定也全方面顧慮到。

汪藻以四六文見稱於當世,《靖康要錄》將史書中的宋金戰爭詳細記錄下來,汪藻的地位足以勸諫宋徽宗、欽宗、高宗,對

---

18 （宋）陳與義著;白敦仁校箋:《陳與義集校箋》,頁656。
19 （宋）陳與義著;白敦仁校箋:《陳與義集校箋》,頁850。
20 （宋）陳與義著;白敦仁校箋:《陳與義集校箋》,頁855。

於朝廷決策具有足夠影響意義，真正發揮了文臣給予國家安定力量，以文學方式協助國家安定，記載一代史實。汪藻出身在宋代的太學體制，以儒士身分從政三十年，輔佐三位君王，在宋徽宗時已經聞名當世，二十九歲時，〈君臣慶會閣〉[21]三首多為有許多應承徽宗之作。〈車駕巡幸起居太上皇表〉[22]則形容欽宗在位時，對於徽宗仍是恭敬不忘的。之後又有〈徽宗皇帝靈駕發引輓詞四首〉[23]遙念已經在北方亡故的徽宗，顯現不忘的忠義情懷。

　　汪藻也得到宋欽宗的尊重，以創作《靖康要錄》留存靖康年間重要史實，敘述自己對於欽宗與朝廷的忠義之心。宋欽宗時，作〈車駕親征起居表〉[24]，期望欽宗效法真宗時御駕親征，汪藻當時覺得朝廷仍是可以戰的。

　　汪藻在宋高宗時的事蹟與影響最大，宋高宗以賜白團扇表示對於汪藻的的禮遇。在高宗朝議論時事能夠指出朝廷弊病所在，以請求賜唐人顏真卿忠烈廟的方式，輔佐朝廷。修《徽宗實錄》以承繼宋高宗在正史的正統地位。汪藻不畏權威，提出秦檜子擔任仕途不合理之處，勇於盡忠國家的忠義情懷。汪藻為官正直，顯達三十年，從未曾置產。汪藻在〈車駕移蹕建康府起居表〉[25]中，將高宗南逃定義成「移駕」。在〈群臣賀皇帝登寶位表〉[26]

21　金建鋒、杜海軍：《汪藻年譜》（桂林市：廣西師範大學碩士論文，2006年），頁15-16。

22　（宋）汪藻：《浮溪集》，收錄於《四部叢刊初編縮本》第57冊，卷3，頁。

23　（宋）汪藻：〈徽宗皇帝靈駕發引挽詞四首〉，收錄於（宋）魏齊賢、（宋）葉棻編《五百家播芳大全文粹》（臺北市：臺灣學生書局，1985年），卷120，〈挽詞〉，頁836。

24　（宋）汪藻：《浮溪集》，收錄於《四部叢刊初編縮本》第57冊，卷3，頁25。

25　（宋）汪藻：《浮溪集》，收錄於《四部叢刊初編縮本》第57冊，卷3，頁25。

26　（宋）汪藻：《浮溪集》，收錄於《四部叢刊初編縮本》第57冊，卷3，頁25。

中，多有書寫戰爭之後的創傷書寫，記載了大量的戰爭時天下人的傷痛。在〈汴中書事三首〉[27]中，可以得見他對於各地災情的擔心，胸懷百姓及天下。對於方臘起義的地方亂世，汪藻寫出〈次韻周聖舉清溪行二首〉：「書生那知破賊事，且復雪涕論悲端。憶初倉皇挺身走，江湖滿地皆驚湍。」[28]慨嘆讀書人遭遇亂事的共同苦難。汪藻有感於百姓苦旱寫出〈石舟歎〉[29]，又念及於盜匪橫行而寫出了〈桃源行〉[30]，時時關心百姓疾苦，忠於國家及百姓，有一顆憂國憂民之心。

由汪藻的詩文中可以看出，宋徽宗宣和年間局勢已經無法控制，內憂外患，文人以詩歌寫出自我對於朝廷的哀傷與悲痛。汪藻詩歌以宏觀的歷史地位看局勢。〈夜雨遣興〉中：「泉聲猶自斷還續，遙想棲禽無定枝。」[31]寫出汴京被金人攻陷，汪藻與九位親王一同被困在了南郊的惶恐心境。〈郊丘書事〉：「珪璧三千周典備，貔貅百萬漢兵屯。」[32]對於典章文物留存重點「青城郊丘」，如今眾臣被困於此，寫出深沉的歷史傷痛。〈過金陵〉詩：「六代興亡跡愈陳，跡陳誰遣意如新。」[33]寫出了流亡南方不可北歸的痛苦。建炎三年有〈己酉亂後寄常州使君姪四首〉寫出靖康之亂後金兵再度南下的己丑之亂，宋高宗從建康沿海南逃到杭

27 （宋）汪藻：《浮溪集》，收錄於《四部叢刊初編縮本》第57冊，卷30，頁269。
28 （宋）汪藻：《浮溪集》，收錄於《四部叢刊初編縮本》第57冊，卷30，頁265。
29 金建鋒、杜海軍：《汪藻年譜》（桂林市：廣西師範大學碩士論文，2006年），頁25。
30 （宋）汪藻：《浮溪文粹》，收錄於《宋集珍本叢刊》（北京市：線裝書局，2004年）第34冊，卷15，頁。
31 （宋）汪藻：《浮溪集》，收錄於《四部叢刊初編縮本》第57冊，卷32，頁288。
32 （宋）汪藻：《浮溪集》，收錄於《四部叢刊初編縮本》第57冊，卷31，頁283。
33 （宋）汪藻：《浮溪集》，收錄於《四部叢刊初編縮本》第57冊，卷31，頁277。

州城，定都臨安的歷史戰亂景象「草草官軍渡，悠悠敵騎旋。方
嘗勾踐膽，已補女媧天。」[34]數語寫出深沉的哀痛。

　　在〈輓刑部王侍郎詩二首〉之作：「詔蹕南來首賜環，清名誰
不仰高山。」[35]記載王衣對於國家的忠義圖像。在〈次韻桂林經
略李尚書投贈之句三首〉中：「中原猶鐵馬，遠使只銅魚。」[36]
顯現晚年仍心繫朝廷戰亂。在寄友人的書信中有〈鄭固道累書求
寓屋詩走筆封寄〉：「何當釋羈囚，把臂共傾倒。餘光玩桑榆，踵
息養梨棗。買鄰會有時，來往成二老」[37]、〈次韻鄭固道侍郎見
寄長句二首〉：「憶昨遭戎馬，同浮十里江」、「眼底雲空過，眉間
雪未厖。不因參嚼蠟，那得寸心降。」[38]再多的不堪回首過往戰
爭傷痛，也堅持誓不降敵的忠義決心。

　　汪藻以四六文協助宋高宗詔令制誥的撰寫，〈皇太后告天下
手書〉全篇四百字內寫出國勢危殆、二帝遭難、皇太后推舉康王
為帝，拯救危邦，期許康王安撫照顧百姓。用晉文公重耳及光武
帝劉秀再創家國的興榮為結語，促使宋高宗具有正統歷史地位。
「紫誥仍兼綰，黃麻似六經。」[39]十字正是宋高宗親題看重汪藻
文臣經世濟民之功的代表之語。

　　汪藻對高宗也敢於直言正諫，在〈建炎三年十一月三日德
音〉[40]中，指責王黼的缺失及記錄宋欽宗時被斬的經過。《靖康

34　（宋）汪藻：《浮溪集》，收錄於《四部叢刊初編縮本》第57冊，卷30，頁269。
35　（宋）汪藻：《浮溪集》，收錄於《四部叢刊初編縮本》第57冊，卷31，頁280。
36　（宋）汪藻：《浮溪集》，收錄於《四部叢刊初編縮本》第57冊，卷30，頁269。
37　（宋）汪藻：《浮溪集》，收錄於《四部叢刊初編縮本》第57冊，卷29，頁256。
38　（宋）汪藻：《浮溪集》，收錄於《四部叢刊初編縮本》第57冊，卷30，頁270。
39　（元）脫脫等撰：《宋史》（北京市：中華書局，1977年），卷445，〈文苑七〉
　　〈汪藻〉，頁13131。
40　（宋）汪藻：《浮溪集》，收錄於《四部叢刊初編縮本》第57冊，頁102。

要錄箋注》中所記載了主張割地議和過程中欽宗是主張和議的，也記載了靖康年間百姓的艱辛。以民生因素反對打造戰船興起戰爭[41]。

葉夢得的詞學作品極為重視國事且具有顯明的忠義精神。葉夢得雖然是新黨蔡京培植的人才，更是章惇的姻親，《石林詩話》品評標準是偏向新黨的，正因為如此，葉夢得也具備了新黨對於邊疆重戰事如何運籌帷幄復國強兵的能力與思維。宋代從歐陽修《六一詩話》開始將自己的政治與思維模式列入文人品評標準中。葉夢得《石林詩話》同時具備了留存史事與自我見解的功用。

〈送嚴婿侍郎北使〉一詩：「朔風吹雪暗龍荒，荷橐驚看玉節郎。楛矢石砮傳地產，醫閭析木照天光。傳車玉帛風塵息，盟府山河歲月長。寄語遺民知帝力，勉拋鋒鏑事耕桑。」[42]說明葉夢得對於與北方的談判與出使和談同樣具有擘劃能力與貢獻。雖然方回認為「寄語遺民知帝力，勉拋鋒鏑事耕桑」支持和議，是不忠義的表現。筆者認為靖康之亂後敵我局勢如果不可戰，主張和平並不代表不具忠義之情。

《宋史‧文苑傳》中對於葉夢得的重視並不在於他的文學成就，而是在他如何協助國君治理天下，拯救危邦、平定亂世的功業之中。值得一提的是葉夢得是蘇州吳縣人，對於南方風土民情十分瞭解，因此葉夢得在靖康之難後可以協助朝廷南方建設與河岸防守，擘劃一切，促使民生經濟安定。

徽宗在位時，葉夢得已經發現朝廷的政治方向出現重大問

---

41 （宋）汪藻：《浮溪集》，收錄於《四部叢刊初編縮本》第57冊，卷1，頁9。
42 （元）方回選評；方慶甲集評校點：《瀛奎律髓彙評》（上海市：上海古籍出版社，2005年），卷24，頁1093。

題，因此忠義直諫宋徽宗，當時新黨變法只講公利，百姓之間都以利益論事，最終天下將有重大亂事發生。認為朝廷應當重視先治理百姓的「心」。當時葉夢得已經在管理兵籍制度與祭典、祠廟等國家禮儀工作。葉夢得並且不畏權威力阻蔡京再次拜相及重新施行不合時宜的新法。宋徽宗也讚揚葉夢得能夠不畏權威勇於議政。由於當時變法是為了增加收入，與邊疆國家作戰，葉夢得這些言論不只對於國家盡了忠，對於國君及百姓也盡了義。

葉夢得更上諫宋徽宗，用人取才不應該以新黨或舊黨決定，亦不應以是否推行新法法令為取捨標準，當重視「器量」與「德」為主，明確看出新法官員考核制度問題的根本弊病，是一位真正能治國的肱股大臣。葉夢得一再上諫朋黨之爭耗盡了國家大量的國力，最後導致無法一致對外，內憂外患不斷。由於反對蔡京任命童貫為監軍擔任宣撫使，認為監軍宰相的職責不該由宦官擔任，因此被免除職務，但他仍舊不改其初衷。

葉夢得在潁昌府時對於不合理的政令就能夠勇於為民發聲，因為劉寄要求將獻給宦官楊戩的白米，要如同蘇州米的品質，各地只有葉夢得不畏權威，讓潁州當地百姓依當地的白米品質收取，還舉報了楊戩與李彥擅自搜括百姓田地成為公田，徵收租金，展現出對於社稷百姓的忠義情懷。

葉夢得在揚州時多次提出抗金方法，認為對抗金兵最重要的就是軍糧與財政充足，才得以建立「氣」勢，以江河為依傍，堅守金陵等地點。極力阻止收斂民間財務，在在展現忠義之情，對於安定民生有重要貢獻。

在建康城有難時任用了韓世清與崔增，解除了被攻陷的危機。葉夢得派遣張偉說服因為歸齊而攻打建康城的王才，以及勸

降濠州、壽州將領寇宏、陳卞一等。平定劉豫亂事,發揮以文止
武的功用。協助宋高宗集結地方民兵力量,擊退金軍,守護江
山。負責四路財政治理,提供軍需與糧餉。

　　葉夢得《石林詩話》讚賞杜甫〈病柏〉、〈病桔〉、〈枯棕〉、
〈枯楠〉,忠義之處表現在反映了現實的民生疾苦上。在〈褒忠
廟歌〉深刻指責外夷的侵略,全心歌頌保衛國家殉職的烈士,顯
現其忠義精神。在〈寄順昌劉節使〉:「四海胡塵久未清,遙聞苦
戰有奇兵」[43]顯現出久戰之後難得得到的勝利,時時關心國事的
驚喜。〈府中即事〉:「稍喜胡塵欲漸清,離宮雙闕照層城。」[44]寫
出對於關心朝廷安危的忠義情懷。〈聞邊報示諸將〉[45]中,認為不
應當只知道談和失去了邊疆主導權,顯現出忠義言論。在〈聞莫
尚書周侍郎已自鄂州過江入漢上〉[46]以羊祜墮淚碑之語,說明必
要親自出戰,絕不獨自歸隱,救亡扶危的忠義精神。

　　在〈赴建康過京口呈劉季高〉[47]和議開始之後,葉夢得主張
應該是「和」與「守」。

　　葉夢得關心民生,覺得百姓生活的安穩是最重要的,〈連日
邊報稍稀西齋默坐〉詩中說:「疆陲無復戊己尉,盜賊猶憐壬午
兵。」「便須從此傳烽息,要及春農論勸耕。」[48]寫出百姓生活

---

43 北京大學古文獻研究所編:《全宋詩》(北京市:北京大學出版社,1991年)
　　第24冊,卷1406,頁16196。
44 北京大學古文獻研究所編:《全宋詩》第24冊,卷1406,頁16186。
45 北京大學古文獻研究所編:《全宋詩》第24冊,卷1406,頁16194。
46 北京大學古文獻研究所編:《全宋詩》第24冊,卷1407,頁16204。
47 北京大學古文獻研究所編:《全宋詩》第24冊,卷1406,頁16186。
48 (漢)班固撰:《漢書》〈百官公卿表上〉顏師古注:「甲乙丙丁庚辛壬癸皆正
　　位,唯戊己寄治耳;今所置校尉亦無常居,故取戊己為名也。有戊校尉,有

顧慮的忠義之情。在〈祈雨〉詩中[49]也寫出對於連年內憂外患，
加上旱災萬分憂心。在〈二月六日虜兵犯歷陽方出師客自無將來
有寄聲道湖山之適趣其歸者慨然寫懷〉[50]寫出朝廷進行和議的主
要原因，在於顧慮百姓生活。〈立秋兩首〉[51]寫出國家沒有可以保
家衛國的將士及足夠軍資的真切史實。王偉勇先生在《南宋詞研
究》將陳與義與汪藻及葉夢得標舉為「公忠體國及硜硜自守之朝
臣」一類，說明「此類人士雖不曾效命疆場，手刃仇敵，然能以
忠言為甲冑，以禮義為干櫓，載仁而行，抱義而處：雖有暴政，
不更其所，亦立名之士也。」[52]葉夢得的忠義表現主要在於戰功
與國家財政與政策上，對於南宋皇朝有重大貢獻。以忠言直諫與
禮義規劃訂立典章制度維護文化與朝廷的國祚更是重要的。相較
於陳與義與汪藻，葉夢得更具備有將領風格與謀略。

　　程俱在哲宗時以勇於上書論事被罷。徽宗政和元年，因為與
葉夢得交遊，善於撰述論理被宋徽宗任用。宋高宗建炎年間，金
兵攻占臨安，程俱在秀州，奉命帶著財帛前往宋高宗所在之處，

己校尉。一說戊己居中，鎮覆四方，今所置校尉亦處西域中，撫諸國也」。
（北京市：中華書局，1962年）第3冊，卷134，頁738。「戊己尉」漢元帝初
元元年（前48年）屯田車師（今吐魯番盆地），設置戊己校尉，掌管屯田事
務，為屯田區最高長官，監督安輯附近諸國。古代以天干標記方位，戊己居
中，而所置校尉也居於西域之中，故名。《晉書》《張昌傳》中記載「壬午
兵」指的是西晉時代，五胡亂華，眾多農民因為生計困難，南逃到蜀地，據
地叛亂建立了大成國，晉朝太安二年（西元303年）年初的一個壬午日，晉
朝朝廷頒布了詔書，徵發荊州地區的壯丁去蜀地鎮壓。

49 北京大學古文獻研究所編：《全宋詩》第24冊，卷1407，頁16201。
50 北京大學古文獻研究所編：《全宋詩》第24冊，卷1406，頁16196。
51 北京大學古文獻研究所編：《全宋詩》第24冊，卷1406，頁16196。
52 王偉勇：《南宋詞研究》（臺北市：文史哲出版社，1987年），頁259。

而放棄華亭城。宋高宗紹興年間，擔任秘書少監，創作《麟臺故事》五卷進獻給國君，因此被提拔為中書舍人。紹興元年，因為當時棄秀州城沒有好好留守一事，而遭到彈劾罷職。其忠義表現主要在於《麟臺故事》一書的貢獻，以及保存了北宋以前的文獻與文物。宋徽宗時，因為為了百姓生計著想，上書議論宋徽宗的旨意而被罷除。〈太湖沿檄西原道即事三首〉：「煙中雞唱未及午，白雨作泥泥已深。」「西山路暗光已夕，東山山頭餘日紅。」[53]述說了當時景況的蕭瑟與無助。程俱在鎮江府期間才與葉夢得交遊，經葉夢得薦舉，被任命為秘書省著作佐郎，賜上舍出身、編修文獻，《麟臺故事》寫出這一段時間在秘書省的遭遇，隨後擔任禮部員外郎。得到宋徽宗親自詔見觀書於秘閣之中，賜其御筆書畫。

程俱在宋高宗時期曾經忠言直言，要求君主明定賞罰，才能確實拯救國家於危難之中。上奏百姓繳稅不用換成秀州不生產的「絹」，設身處地為百姓著想的。程俱在選擇堅守城池與棄城保留人力與軍力時，最後聽從宋高宗的命令，棄守城池，將人力與物力交給宋高宗。紹興年間，程俱上奏修《麟臺故事》，繼承北宋正統的史料文獻，先行修纂。用「修日曆」方式，確認南宋正統歷史地位，並且將北宋「三館」所蒐集的五代諸國書籍及文物皆編入《麟臺故事》中，具有建立朝廷正統文史地位的貢獻。

程俱認為國家真正問題在於臣子不敢盡其言，並堅持官制的分配與升遷要依祖宗之法。認為擔任諫議大夫的人，必須品行優良，堅持不發任命徐俯派任諫議大夫公文，有所不為。因為不滿

---

53 （宋）程俱：《北山小集》（北京市：人民文學出版社，2018年），頁41。

秦檜品德，不肯被秦檜推薦。研究程俱者多集中在詩歌方面，程俱在十六歲時就有〈送朱伯原博士赴太學（癸酉）[54]，詩中希望朱長文能勇於直諫，效忠國家。宋徽宗元符元年，程俱二十一歲，在〈數詩述懷〉[55]中說明自己縱使因為忠言直諫被罷，但是仍不改其志。〈癸巳歲除夜誦孟浩然歸終南舊隱詩有感戲效沈休文八詠體作〉細訴因忠義遭罪的悲壯情感，〈北闕休上書〉[56]、〈南山歸敝廬〉[57]、〈不才明主棄〉[58]、〈多病故人疏〉[59]、〈白髮催年老〉[60]〈青陽逼歲除〉[61]、〈永懷愁不寐〉[62]、〈松月夜窗虛〉[63]寫出立志如同屈原，盡忠不改的決心。〈舟行過吳江有感〉[64]也以屈原〈招魂〉之情感語言表達自己深沉的哀痛。〈戲呈虞君明察院薈（癸巳）〉：「三仕三已心如空，一壑一丘吾固窮。」[65]寫

54　（宋）程俱：《北山小集》，頁710。

55　（宋）程俱：《北山小集》，頁41。

56　（宋）程俱：《北山小集》，頁168。

57　（宋）程俱：《北山小集》，頁169。

58　（宋）程俱：《北山小集》，頁169。

59　（宋）程俱：《北山小集》，頁169。

60　（宋）程俱：《北山小集》，頁170。

61　〈青陽逼歲除〉：「憔悴身仍健，崢嶸歲又窮。天寒春未應，臘盡雪初融。萬化豈有極，一生常轉蓬。誰知元不動，日月自西東。」收錄於（宋）程俱：《北山小集》，頁170。

62　〈永懷愁不寐〉：「腷膊南枝鵲，鏗宏半夜鐘。寥寥數寒漏，唧唧類吟蛩。馬革思強仕，牛衣慕老農。此身何處是，展轉聽朝舂。」收錄於（宋）程俱：《北山小集》，頁170。

63　〈松月夜窗虛〉：「透隙風號屋，翻簷雪灑窗。遙知迷九澤，似欲卷三江。引睡翻書帙，澆愁泥酒缸。無因踏松月，癡坐對青缸。」收錄於（宋）程俱：《北山小集》，頁171。

64　（宋）程俱：《北山小集》，頁200。

65　（宋）程俱：《北山小集》，頁34。

出因直諫被貶謫,仍堅定不移的忠義精神。在〈高郵旅泊書懷寄
淮東提舉蔡成甫觀兼呈鄭使君夽三首〉(癸未)[66],寫出伐金的
自我期許使命未了,北望希望收復山河。在〈寒夜遣懷〉[67]、
〈避寇村舍〉[68]、〈避寇村舍戲踏杷顛撲〉[69],用史書筆法寫出靖
康之亂難逃景象,保存這段共同的創傷記憶,讓世人瞭解百姓與
朝代遭遇的不幸,留存共同記憶,希望是百姓得以溫飽,關心天
下蒼生。

　　程俱在〈晨起梳頭髮白且稀有感〉[70]:「餘髮已種種,我懷
亦依依。」寫出當此戰亂國家危殆之時,盡一切力量勸諫君王的
忠義情,以周公一沐三握髮道出「晨起梳頭髮白且稀有感」原
因。在〈送傅舍人國華使高麗二首〉[71]提出邊疆治理的具體建議
與臨近國家高麗建交以牽制女真金國的重要性。

　　在〈興龍節日有感二首〉[72]中有感於宋哲宗生日的「興龍
節」與哲宗生母向太后的「坤成節」今昔對比產生深刻的傷感。

　　程俱詩風中有大量因為貶謫所產生的非自願田園歸隱風格、
這些作品也顯示出程俱雖然生在田園生活,卻仍然不忘國家的憂
傷忠義情懷。早年的作品如同〈豁然閣〉[73]之作雖然敘寫風景,
但仍期待自己能經世濟民,不甘於被動歸隱田園。〈旅舍寫懷〉

---

66 （宋）程俱:《北山小集》,頁159。
67 （宋）程俱:《北山小集》,頁158。
68 （宋）程俱:《北山小集》,頁171。
69 （宋）程俱:《北山小集》,頁141。
70 （宋）程俱:《北山小集》,頁116。
71 （宋）程俱:《北山小集》,頁174。
72 （宋）程俱:《北山小集》,頁187。
73 （宋）程俱:《北山小集》,頁40。

[74]以屈原自比,雖然半生因為戰亂流離失所,但是終究不改自己報效國家的心志。〈得小圃城南,用淵明歸田園居韻六首〉[75]寫下了非自願性田園生活的哀怨。

〈九日寫懷〉[76]詩歌在隱士田園風格之中,仍舊引用高適典故寫出積極入世報國的格局。〈哦詩夜坐瓶罍久空無以自勞寄吳興趙司錄江兵曹〉[77]中寫出希望脫離田園生活可以:「肯向西涼博一州」奔赴沙場。

程俱寫作《麟臺故事》的動機是擔憂靖康之難後典籍喪失,其目的在於傳承宋代朝廷正統典章的制度。《麟臺故事》的最大特色,就是在其中所敘及到的人物眾多,且都是曾經任職於館閣的文臣。

《麟臺故事》的資料來源主要有兩個方面,為北宋所修歷朝會要所載的史料,二為作者本人「采摭見聞」的材料。專門記述北宋官方史料的文獻,具有證明南宋正統地位的意義。進而影響日後記載帝王文獻編撰,經由本書可以清晰瞭解北宋機構建廢沿革與典章制度。《麟臺故事》所顯現的忠義貢獻在於建立「朝廷之正統」,為當時實際朝廷治理服務,強化「祖宗」重視三館文人選拔的英明。記載了多處北宋制度重要變革始末,如三館(崇文院),掌管圖籍校議之事,原本是由館閣學士預先議定完成,但是在宋神宗熙寧年間蘇軾任職史館時,直接接獲君王對召之後,制度因此有所變動,可以直接與君王討論,記載說明北宋君

---

74 (宋)程俱:《北山小集》,頁177。

75 (宋)程俱:《北山小集》,頁96。

76 (宋)程俱:《北山小集》,頁163。

77 (宋)程俱:《北山小集》,頁163。

王對於忠義言論的尊重與重視。程俱與汪藻二人「對掌內外制，為南渡詞臣稱首」[78]，葉夢得更是稱美程俱文章與節操，認為程俱的成就不僅文以載道，也將其以唐代朝廷忠言直諫的韓愈比之。《四庫全書總目提要》[79]稱美程俱的忠義在於〈乞免秀州和買絹奏狀〉，為了秀州百姓生計上奏狀給宋高宗，忠言直諫的情感，民生經濟更是是南宋經濟能夠延續的主因。在〈繳蘇易轉行橫行奏狀〉[80]中，忠言直諫說明官職依照體制授予的重要性。

相較於陳與義、汪藻、葉夢得、程俱，張嵲是更加可以理解與認同和議對於百姓的貢獻，他們五人中雖然對於北宋故國的懷忠義之情不變，但是張嵲對於宋高宗的忠義情感與秦檜當宰相時局卻有更多的稱美與認同。由張嵲的作品中讀者可以瞭解整個皇朝百姓已經走出創傷記憶開始在恢復之中。

張嵲在宋徽宗時期與川、陝二地安撫使的張浚，學習與瞭解到許多邊疆治理，主要忠義表現在建議宋高宗以儒臣治理天下，促使地方內亂平息與邊疆安定。

張嵲在〈劉忠顯輓詞〉[81]、〈忠顯劉公輓詩〉[82]中用了七首作品，以史筆方式寫詩，記載留存忠臣事蹟。張嵲主張堅守南方，為了民生經濟不宜主動興戰，與宋高宗、秦檜的想法是相同的。張嵲以天人感應之說為由，希望朝廷可以減輕稅賦以嘉惠百姓，

---

78 （明）程敏政：《新安文獻志》，收錄於《欽定四庫全書》（臺北市：臺灣商務印書館，1986年），先賢事略上，頁9。

79 （清）永瑢等撰：〈北山小集四十卷〉，《四庫全書總目》，第4冊，卷156，頁4-190。

80 （宋）程俱：《北山小集》，頁672。

81 （宋）張嵲：《紫微集》，卷6，頁15。

82 （宋）張嵲：《紫微集》，卷8，頁8。

認為紹興六年後地震，導致百姓生活無以為繼，朝廷應當降低賦稅，才能安定國家社稷。後因為《神宗實錄》編寫一事，被罪責，而轉任福建轉運使。仍時常上疏說明當代時事弊病。宋高宗選擇張嵲為討伐金人違背合約所作的檄文，以此詔告天下，足見其文章作品之感染力，以文章記載當時的史實以流傳萬世，以此報效國君。

張嵲還勇於封還獎賞武將王德戰功的文書，以其造成岳飛帶領軍隊的嚴重損傷，因此得罪權臣，遭到議論。在〈辛酉二月十六日出暗門循城如北關登舟二首〉[83]因此事被罷去，非自願的隱居心境，一心仍擔心朝政與百姓的忠義之情。

張嵲以〈中興復古詩〉[84]史筆手法文采寫下當時中興後的安定景象，張嵲能夠受到朝廷重用的原因，仍然在於這些與朝廷意旨相同的作品與文章。

此詩明指宋高宗平定天下是受到天命，以節儉勤政愛民仁德之政定義宋高宗。同時歌頌宋高宗建立中宮、建立太學。〈賀師垣賜御書一德格天之閣牌，并鍍金器皿，青羅凉繖。從人紫羅衫，鍍金腰帶，儀物等四首〉[85]歌頌宋高宗與宰臣共同建立中興宋朝。

在〈劉少師妻獻園宅為景靈宮基〉[86]二首中則歌頌劉少師將軍夫人體會國家中興和議已成，因而獻出將軍府改建成的「奉誠園」，恢復了當年景靈宮的規模，以供奉宋室歷代祖先。〈喜張丞

---

83 （宋）張嵲：《紫微集》，卷10，頁15-16。

84 錢建狀著：《歷代文苑傳箋證（肆）》，頁742。

85 （宋）張嵲：《紫微集》，卷6，頁4。

86 （宋）張嵲：《紫微集》，卷10，頁6-7。

相破湖賊〉歌頌了張浚評定安撫了地方民亂的巨大功勞。

張嵲詩歌之中〈呈同遊諸公〉[87]、〈春晝睡起偶書二首〉[88]、〈春日〉[89]表達縱使在太平盛世中，感嘆戰亂與懷念故國的忠義情感。〈次韻子直二首〉[90]表明出不放棄復國的忠義心志。〈往年沿檄金州謁女媧神祠是時猶未亂也紹興壬子挈家避地三巴後過祠下登山椒以望江漢自是故園懸隔矣〉[91]詩歌之中寫出對北方江山與領土的忠義情感。

在〈九日〉[92]描寫出了詩人正因為避兵亂，南逃被動寄居田野歸隱不得不的情感。在〈舟中感懷〉[93]中張嵲寫出自己的創傷記憶，逃難之餘，依舊擔心國事的忠義情感。〈舟中即事〉[94]、〈宿永睦將口香積院滿山皆松檜聲二首〉[95]等作品在在表現出於北方家國的想念與擔憂。張嵲詩中對於戰亂史實有許多書寫，如〈次韻周守二首〉中：「西川方用武，憂思惔如焚。」[96]〈次韻周子直四首〉：「晉馬成南渡，宗周入國風。操戈誰衛社，群盜正爭雄」[97]中寫出自己對於民亂的憂心，記載了靖康之亂後，天下蒼生窮途末路的悲傷感受。

---

87 （宋）張嵲：《紫微集》，卷2，頁2。
88 （宋）張嵲：《紫微集》，卷4，頁3-4。
89 （宋）張嵲：《紫微集》，卷6，頁1。
90 （宋）張嵲：《紫微集》，卷6，頁2。
91 （宋）張嵲：《紫微集》，卷6，頁10-11。
92 （宋）張嵲：《紫微集》，卷6，頁11。
93 （宋）張嵲：《紫微集》，卷7，頁14-15。
94 （宋）張嵲：《紫微集》，卷7，頁16。
95 （宋）張嵲：《紫微集》，卷8，頁14。
96 （宋）張嵲：《紫微集》，卷6，頁3。
97 （宋）張嵲：《紫微集》，卷6，頁3。

　　張嵲在〈登白帝城二首〉：「殊方秋盡怯登臨，萬里屯雲結歲陰。崖壁崢岈知禹績，江山割據識雄心。」[98]〈雨中感懷〉：「清霜已染千楓樹，殺氣應隨萬馬蹄。黃屋秋來定何許，孤臣安敢恨羈栖。」[99]、〈登甘露寺故基〉：「烈風吹面立城隅，俯仰人間萬事徂。萬古江山自雄渾，百年城郭已蓁蕪。」[100]對於江山被割據，時時銘記在心中，愛國的忠義情懷盡顯於詩中。在〈建炎庚戌潰兵犯襄漢寒食阻趨光化拜掃追慕痛哭因成二詩〉其一在〈金州行衙二首〉[101]中對於故國表示出深深的思念：

其一
寥寥空館風號木，浩浩長雲雪過窗。故國幾重輕靄外，歸心一夜滿寒江。

其二
灘聲吹浪城邊壯，寒漏鏦金枕畔搖。庭樹不隨群木落，霜風著葉夜蕭蕭。

詩中道出自己在金州的行衙館舍之中，感受到凜冽的寒風，思緒卻是跟著雲霧飄到遠方失去的故土與京城，歸心似箭的張嵲感受到的只是寒江中的苦寒，永遠無法回歸故里。更進一步說出在邊城之中夜晚的灘聲，與寒夜中打更的金屬聲音搖動著睡夢中的枕席，促使擔憂國事與兵亂的自己無法入眠，用庭樹不改氣節的比

98　（宋）張嵲：《紫微集》，卷7，頁7。
99　（宋）張嵲：《紫微集》，卷8，頁14。
100　（宋）張嵲：《紫微集》，卷8，頁4。
101　（宋）張嵲：《紫微集》，卷10，頁5。

喻,說明縱然國家現在處於黯淡無光寒冷的黑夜之中,張崏對於
國家的忠心不因外在變化或他人的叛離而有所改變。

就陳與義、汪藻與葉夢得而言,三人同有抗金的事蹟,三人
中陳與義、汪藻記載文學成就多於政治功業,葉夢得重其功業並
未說明其文學成就。陳與義在宋徽宗與宋高宗時期都得到君王重
用,大抵是因為陳與議處於權力中央,與朝廷政策未有所違背或
辯論。陳與義重於詩、汪藻長於四六、葉夢得重於對策。和陳與
義汪藻比較下,葉夢得是比較主守與和的一方,但是仍然運用了
大量的文學與史學著作《石林春秋讞》三十卷、《春秋考》三十
卷、《建康集》、《石林詞》一卷、《石林詩話》一卷、《石林燕
語》、《岩下放言》一卷、《石林奏議》十五卷,奠定南宋的歷史
地位。

陳與義與汪藻比較,陳與義受知於宋徽宗,宋高宗,詩詞之
中主要在於表達對於宋徽宗的思念與愧對。汪藻《靖康要錄》中
主角應是宋欽宗。同為宋徽宗時被皇帝看重的大臣,共同與王黼
不和。陳與義特別喜歡在節日之時,以詩詞表達自己並未忘記北
方故土與君王,用劉禹錫「昨日劉郎今又來」的桃花寓意,鍾儀
的楚囚南冠,形容自己的心境。葛勝仲推薦陳與義給徽宗;韓駒
是汪藻老師。陳與義受徽宗、高宗重用奉詔寫了〈徽宗諡冊
文〉,汪藻受欽宗、高宗重用寫了《靖康要錄》,陳與義與汪藻兩
人皆出身太學。

趙蕃,生於宋高宗紹興年間,先祖在靖康之難後才移居信州
玉山,南宋在高宗之後,多位帝王在位時仍有主戰派執掌政要的
狀況,在這些主戰派為主之時,趙蕃多辭不受職,可以推知趙蕃
的中心思維是在以和議維持安邦定國。這更可以見得《宋史‧文

苑傳七》所選擇的代表文人多是主「和」、又時有抗金的作為，是介於「和」與「守」之間的，由於趙蕃並未真正經歷靖康之亂，是以本文並未專章探討。

　　對於元代脫脫修宋史，淡化抗元的史實，這一項特色，和後代清人修《明史》重視抗清的顧炎武及為臺灣奠定基礎的陳永華後代，可看出《宋史》、《明史》格局與高度仍是有所差異的。更因為《宋史・文苑傳》是元人所編，所以收入〈文苑傳〉的都是以和議為主的論點，不是征戰。而以元代異族編修的立場，則是反對王安石廣徵財源以開邊疆戰爭的變法。在〈文苑傳〉中的文人作品不會有唐人「不破樓蘭終不回」的侵略性用語，只有如陳與義〈傷春〉詩中溫和求自保的平和語氣：「廟堂無策可平戎，坐使甘泉照夕烽。初怪上都聞戰馬，豈知窮海看飛龍。　　孤臣霜髮三千丈，每歲煙花一萬重。稍喜長沙向延閣，疲兵敢犯犬羊鋒。」[102]這是一種只能坐看的無助與平和之氣，詩中寫出對於敵軍攻入京城已經覺得不可思議，卻未料到最終國土淪陷，流落南方。最終「稍喜長沙向延閣，疲兵敢犯犬羊鋒。」是一種想戰，卻為了百姓生靈知道不可戰的忠義與憂愁。從前章陳與義詩詞中只見對於北方國君與百姓的緬懷與愧疚，卻未見激烈的北伐思想，這也是元人修《宋史》不排除將陳與義收入〈文苑傳〉主要原因之一。由陳與義詞作的分期與變化中，我們可以知道，宋高宗建炎四年（1130），南侵的金軍開始北退，北方齊朝建立。主「和」和主「守」議題成為朝廷主流，這樣的主張確實也成就了南宋的安寧與穩健。

102　（宋）陳與義著；白敦仁校箋：《陳與義集校箋》，頁701。

　　〈文苑傳〉的人物多半是朝廷重臣，為當朝所任用，但因為勇於表達自己的忠義言行，終至於被貶斥，如王黼（影響陳與義、汪藻）、蔡京（影響葉夢得）、秦檜（影響陳與義、汪藻）。

　　葉夢得勇於上言蔡京，反對宦官童貫擔任宣撫使，雖然無法改變蔡京決定，但是足以見其不畏當權者的忠義形象。葉夢得時蔡京用童貫，葉夢得力阻：

> 蔡京初欲以童貫宣撫陝西，取青唐。夢得見京問曰：『祖宗時，宣撫使皆是見任執政，文彥博，韓絳因此即軍中拜相，未有以中人為之。元豐末，神宗命李憲，雖王珪亦能力爭，此相公所見也。昨八寶恩遽除貫節度使，天下皆知非祖宗法，此已不可救。今又付以執政之任，使得青唐，何以處之？』京有慚色，然卒用貫取青唐。三年，以龍圖閣直學士知汝州，尋落職，提舉洞霄宮。[103]

因為不畏權貴，不惜得罪宦官楊戩、李彥，力爭為國為民，被貶謫地方，亦不為所動：

> 宋徽宗政和五年時起知蔡州，靖康初知潁昌府。「政和五年，起知蔡州，復龍圖閣直學士。移帥潁昌府，發常平粟振民，常平使者劉寄惡之。宦官楊戩用事，寄括部內，得常平錢五十萬緡，請糴粳米輸後苑以媚戩。戩委其屬持御筆來，責以米樣如蘇州。夢得上疏極論潁昌地力與東南

---

103 錢建狀：《歷代文苑傳箋證（肆）》，頁706。

異，願隨品色，不報。時旁郡糾民輸鏹就糴京師，怨聲載
道，獨潁昌賴夢得得免。李彥括公田，以點吏告訐，籍郟
城、舞陽隱田數千頃，民詣府訴者八百戶。夢得上其事，
捕吏按治之，郡人大悅。戩、彥交怒，尋提舉南京鴻慶
宮，自是或廢或起。[104]

張嵲在〈賀師垣賜御書一德格天之閣牌，并鍍金器皿，青羅凉
繖。從人紫羅衫，鍍金腰帶，儀物等四首〉中興盛世的作品中極
力歌頌秦檜的功勞。歷史上秦檜誅殺武將，但是宋代人眼中的秦
檜主張和議，又確實造就了南宋的穩定與安康。〈朱敦儒傳〉
中：「時奏檜當國，喜獎用騷人墨客以文太平，檜子熺亦好詩，
於是先用敦儒子為刪定官，復除敦儒鴻臚少卿。」這一段話說明
了宋高宗時秦檜喜用文人以文飾太平，以文章制度安定國土。

其中幾本重要的文集如：汪藻的《靖康要錄》、程俱的《麟
臺故事》、熊克《皇朝中興紀事本末》都具有存史的意義在。

本論文試圖為《宋史·文苑傳》共九十六位文人中，只有十
一位是南宋人，全祖望（1705-1755）提出可能與明確的選錄原
因。言：「某少讀《宋史》，嘆其自建炎南遷，荒謬滿紙，欲得以
為藍本，或更為拾遺補闕於其間。」[105]與《四庫全書總目》即說
過《宋史》「其大旨以表章道學為宗，餘事不甚措意，故舛謬不
能殫數。」[106]對於《宋史》編撰背景不理解的說法，加以解答。

---

104 錢建狀：《歷代文苑傳箋證（肆）》，頁709。
105 （清）全祖望：〈答臨川先生問湯氏宋史帖子〉，《鮚埼亭集》（上海市：商務
　　印書館，1936年），卷43，〈簡帖三〉，頁1306-1307。
106 （清）永瑢、紀昀等撰：〈宋史提要〉，收錄於《四庫全書總目》（臺北市：
　　臺灣商務印書館，1983年）第2冊，卷46，頁36。

主要原因在於〈文苑傳七〉中所錄的南宋文人都有忠義護衛國土
抗金的背景，除了葉夢得主戰外，多數主張以和議或防守的方
式，再往後推論，如有抗元忠義事蹟者就不會被元人脫脫主編者
所接受，因此才會南宋只有十一人入傳。

《宋史》中南宋史料記載比較少，加上《遼史》、《金史》、
《宋史》同修，只用三年快速編成才會使南宋史料少了很多。本
論文則是提出了另一個重要的可能觀點。就是元人對於和元人敵
對的南宋人物自然選擇不錄。

〈文苑傳七〉接續下來就是〈忠義傳〉，所以值得關注的是
〈文苑七〉中多選忠義之士。趙蕃之後的朝廷重臣，並未切實經
過靖康之亂，漸漸以道學本心為治國主中心思想，另立〈道學
傳〉。

反對開啟宋代邊疆戰爭的變法，變法大臣皆入〈奸臣傳〉，
可以釐清《宋史》反對王安石變法的主要原因，在於當時的變法
目標在於增加稅源以開邊疆土地，征戰沙場，以討回漢民族所認
定的失土。所有新法的政策「青苗法」、「農田水利法」、「保甲
法」、「鹽田法」、「保馬法」，全是為了增加國庫收入，以開啟邊
疆戰爭。

相對的，舊黨人士則是「以仁義安夷狄」為主要政策，認同
和遼國稱兄道弟，遼是亡於金兵的攻伐，金兵又是宋元共同攻伐
的對象。因此以元人為主導的修史團隊，在以元朝為正統繼承者
了立場之下，是反對捍衛宋代邊疆開啟戰爭的新法變法。

《宋史》中入〈文苑傳〉者對金戰爭議題多為可以主和，但
必要時要抗金、要備戰，對於一昧主和的秦檜列為〈奸臣傳〉。
而主戰的韓世胄之所以列入〈奸臣傳〉則是因為他在宋寧宗時

「慶元黨禁」、將朱熹為主的理學立為「偽學」，這與主編《宋史》的元人脫脫重視漢儒理學的理念是背道而馳的，這可以從《宋史》在〈文苑傳〉、〈儒林傳〉外獨創〈道學傳〉可以瞭解元人脫脫對於道學的重視。

〈文苑列傳〉最早出現在史書中，是范曄在《後漢書》中獨列出在儒學當道中，得以文學理論獨立存於史書之文人「杜篤、王隆、夏恭、傅毅、黃香、劉毅、李尤、蘇順、劉珍、葛龔、王逸、崔琦、邊韶、張升、趙壹、劉梁、邊讓、酈炎、侯瑾、高彪、張超、禰衡」，從李玉珍〈《後漢書・文苑列傳》看范曄的文學自覺〉[107]中可以瞭解獨立出〈文苑傳〉是因為范曄本身重視文學在歷史上安邦定國的獨立貢獻與意義。《宋史・忠義傳》的義是捨身取義的義。〈文苑傳〉文人主題在忠君愛國的忠義。〈文苑傳〉中的人物，多以文學與史學的貢獻，發揮更大的安邦定國功效。

---

107 李玉珍：〈《後漢書・文苑列傳》看范曄的文學自覺〉，《中華科技大學學報》第55期，（2013年4月），頁229-243。

參考文獻

一　古書

（漢）司馬遷　〈司馬子長報任少卿書〉　收錄於（梁）蕭統編；
　　（唐）李善注　《文選》　上海市　上海古籍出版社
　　1986年

（漢）司馬遷　《史記·律書》　北京市　中華書局，1963年

（漢）班固撰　《漢書·百官公卿表上》　北京市　中華書局
　　1962年

（宋）劉義慶　《世說新語》　北京市　中華書局　1983年

（晉）杜預注；（唐）孔穎達疏　《春秋左傳正義》　收錄於
　　（清）阮元　《十三經注疏》　臺北市　藝文印書館
　　1997年

（晉）陸機〈為顧彥先贈婦二首〉　收錄於（陳）徐陵編；
　　（清）吳兆宜注、程琰刪補；穆克宏點校　《玉臺新詠
　　箋注》　北京市　中華書局　1985年

（陳）徐陵編；（清）吳兆宜注、程琰刪補；穆克宏點校　《玉
　　臺新詠箋注》，北京市　中華書局　1985年

（唐）魏徵等撰　《隋書》　北京市　中華書局　1973年

（宋）王洋　《東牟集》　收錄於《景印文淵閣四庫全書》第
　　　1190冊　臺北市　臺灣商務印書館　1983年

（宋）司馬光撰、（元）胡三省注　《資治通鑑・唐紀五十六》
　　　北京市　中華書局　1956年

（宋）朱熹　《四書章句集注》　北京市　中華書局　1983年

（宋）朱熹　《詩集傳》　北京市　學苑出版社　2015年

（宋）李心傳編撰；胡坤點校　《建炎以來繫年要錄》　北京市
　　　中華書局　2013年

（宋）李綱著；王瑞明點校　《李綱全集》　長沙市　岳麓書社
　　　2004年

（宋）汪藻　《浮溪文粹》　收錄於《宋集珍本叢刊》第34冊
　　　北京市　線裝書局　2004年

（宋）汪藻　《浮溪集》　收錄於《四部叢刊初編縮本》　上海
　　　市　上海商務印書館　1965年

（宋）汪藻　《浮溪集》　臺北市　新文豐出版社　1984年

（宋）汪藻　《浮溪集》卷三　收錄於《四部叢刊正編》第51冊
　　　臺北市　臺灣商務印書館　1979年

（宋）辛棄疾著；吳企明校箋　《辛棄疾詞校箋》　上海市　上
　　　海古籍出版社　2018年

（宋）徐夢莘　《三朝北盟會編》　臺北市　臺灣商務印書館　1983年

（宋）張嵲　《紫微集》　臺北市　臺灣商務印書館　1975年

（宋）郭茂倩　《樂府詩集》　北京市　中華書局　1998年

（宋）陳與義　《陳與義集》　臺北市　頂淵書局　2004年

（宋）陳與義著；白敦仁校箋　《陳與義集校箋》　杭州市　浙江古籍出版社　2014年

（宋）陸游撰；錢仲聯校注　《劍南詩稿校注》　上海市　上海古籍出版社　2005年

（宋）曾季狸　《艇齋詩話》　收錄於丁福保　《歷代詩話續編》　北京市　中華書局　1983年

（宋）程俱　《北山小集》　北京市　人民文學出版社　2018年

（宋）程俱　《北山集》　收錄於《景印文淵閣四庫全書》第1130冊　臺北市　臺灣商務印書館　1983-1986年

（宋）程俱　《麟臺故事》　臺北市　臺灣商務印書館　1975年

（宋）程俱　《麟臺故事殘本》　收錄於《四部叢刊廣編》　臺北市　臺灣商務印書館　1981年

（宋）程俱撰；張富祥校正：《麟臺故事校證》　北京市　中華書局　2000年

（宋）黃庭堅　《山谷外集》　收錄於《景印摛藻堂四庫全書薈要》　臺北市　世界書局　1987年

（宋）葉夢得　《春秋考》　收錄於四庫全書出版委員會　《文津閣四庫全書》　北京市　商務印書館　2005年

（宋）葉夢得著；蔣哲倫箋注　《石林詞箋注》　上海市　上海古籍出版社　2014年

（宋）葛勝仲　〈陳去非詩集序〉《丹陽集》卷8　收錄於《景印文淵閣四庫全書》第1127冊　臺北市　臺灣商務印書館　1983年

（宋）葛勝仲　《丹陽集》　收錄於《景印文淵閣四庫全書》第1127冊　臺北市　臺灣商務印書館　1983年

（宋）劉克莊　《後村詩話》　北京市　中華書局　1983年

（宋）劉克莊　《後村詩話》　臺北市　廣文書局　1971年

（宋）嚴羽著；郭紹虞校釋　《滄浪詩話校釋‧詩體》　北京市　人民文學出版社　1961年

（宋）嚴羽著；郭紹虞校釋　《滄浪詩話校釋》　北京市　人民文學出版社　1961年

（宋）蘇軾；（清）馮應榴輯注；黃任軻、朱懷春校點　《蘇軾詩集合注》　上海市　上海古籍出版社　2001年

（宋）蘇軾；（清）馮應榴輯注；黃任軻、朱懷春校點　《蘇軾詩集合注》　上海市　上海古籍出版社　2001年

（宋）蘇軾撰　（清）王文誥輯注　《蘇軾詩集》　北京市　中華書局　1992年

（元）方回選評；方慶甲集評校點　《瀛奎律髓彙評》　上海市　上海古籍出版社　2005年

（元）脫脫等撰　《宋史》　北京市　中華書局　1977年

（元）劉辰翁撰；段大林校點　《劉辰翁集》　南昌市　江西人民出版社　1987年

（金）元好問　《中州集》　上海市　中華書局上海編輯所　1959年

（金）王若虛　《滹南集》　收錄於《景印文淵閣四庫全書》第1190冊　臺北市　臺灣商務印書館　1983年

（明）程敏政　《新安文獻志》　收錄《景印文淵閣四庫全書》　臺北市　臺灣商務印書館　1986年

（清）永瑢、紀昀等撰　〈石林居士建康集〉　《四庫全書總目提要》　臺北市　臺灣商務印書館　1983年

（清）永瑢、紀昀等撰　〈石林詩話〉　《四庫全書總目》卷156　臺北市　臺灣商務印書館　1983年

（清）永瑢、紀昀等撰　《四庫全書總目》　臺北市　臺灣商務印書館　1983年

（清）永瑢等撰　〈詞林典故八卷〉　《四庫全書總目》第2冊卷79　臺北市　臺灣商務印書館　1983年

（清）永瑢等撰　〈簡齋集十六卷〉　《四庫全書總目》第4冊　臺北市　臺灣商務印書館　1983年

（清）全祖望　〈答臨川先生問湯氏宋史帖子〉　《鮚埼亭集》　上海市　商務印書館　1936年

（清）彭定求編　《全唐詩》　北京市　中華書局　1960年

二　專書

Panofsky Erwin 著；戚印平、範景中譯　《圖像學研究：文藝復興時期藝術的人文主題》　上海市　上海三聯書店　2011年

丁儀　《詩學淵源》　收錄於《民國時期文學研究叢書》第一編第75冊　臺中市　文听閣圖書公司　2011年

文學鑒賞辭典編纂中心　《宋詩三百首鑒賞辭典》　上海市　上海辭書出版社　2017年

王水照、羅海英　《南宋文學史》　北京市　人民出版社　2007年

王兆鵬　《兩宋詞人年譜‧葉夢得年譜》　臺北市　文津出版社　1994年

王兆鵬　《唐宋詞史論》　北京市　人民文學出版社　2000年

王偉勇　《南宋詞研究》　臺北市　文史哲出版社　1987年

王智勇　《靖康要錄箋注》　成都市　四川大學出版社　2008年

王照年　《程俱及其《麟臺故事》考論》　北京市　中華書局2017年

北京大學古文獻研究所編　《全宋詩》　北京市　北京大學出版
　　　社　1991年　第24冊

呂進主編　《愛我中華詩歌鑒賞》　重慶市　重慶大學出版社
　　　1993年

林之滿編　《中華文明之旅》　瀋陽市　遼海出版社　2011年

林宜陵　《北宋詩歌論政研究》　臺北市　文津出版社　2003年

金建鋒　〈論汪藻在南宋史學史上的地位〉　收錄於漆俠等主編
　　　《宋史研究論叢》第10輯　保定市　河北大學出版社
　　　2009年

姜義泰　《葉夢得春秋傳研究》　新北市　花木蘭文化出版社
　　　2008年

陳建華　《汪元量及其詩詞研究》　臺北市　秀威資訊科技公司
　　　2004年2月

陳建華　《汪元量及其詩詞研究》　臺北市　秀威資訊科技公司
　　　2004年2月

黃　暉　《論衡校釋》　北京市　中華書局　1990年

趙得義、洪興明主編　《中國歷代官制辭典》　北京市　團結出
　　　版社　1999年

趙逵夫等著　《歷代賦評注》　成都市　巴蜀書社　2010年

潘殊閒　《葉夢得研究》　四川市　巴蜀書社　2007年

錢建狀　《歷代文苑傳箋證（肆）》　北京市　鳳凰出版集團出
　　　　版社　2012年

錢鍾書　《宋詩選註》　臺北市　木鐸出版社　1980年

繆鉞、葉嘉瑩合著　《靈谿詞說》　臺北市　正中書局　2013年

嚴建文　《詞牌釋例》　杭州市　浙江古籍出版社　2004年

三　期刊論文

王文進　〈南朝詩人的時空思維〉　《東華人文學報》第5期
　　　　2003年07月

王文進　〈裴松之《三國志注》新論——三國史的建構與重建〉
　　　　臺北市　新文豐出版公司　2017年9月

王文進　〈裴松之《三國志注》新論——三國史的解構與重建簡
　　　　介〉　《人文與社會科學簡訊》20卷第1期　2018年12月

朱　溢　〈流亡時期的行在與國家祭祀禮儀〉　《中央研究院歷
　　　　史語言研究所集刊第八十八本第一分》　臺北市　中央
　　　　研究院　2017年3月

吳挺誌　〈評趙冬梅，《文武之間——北宋武選官研究》〉　《新
　　　　史學》22卷1期　2011年3月

李玉珍　〈《後漢書‧文苑列傳》看范曄的文學自覺〉　《中華
　　　　科技大學學報》第55期　2013年4月

李　欣　〈論程俱詩歌的沖澹閑遠之美〉　《理論月刊》第2期
　　　2007年

李欣、王兆鵬　〈程俱年譜（上）〉　《中國韻文學刊》第20卷
　　　第2期　2006年6月

李欣、王兆鵬〈程俱年譜（下）〉　《中國韻文學刊》第20卷第3
　　　期　2006年9月

李癸雲　〈戰爭・囚禁・逃亡──試探商禽的戰爭創傷書寫〉
　　　《臺灣文學研究學報》第13期　2011年10月

林宜陵　〈李白詩歌中的「影」字析論〉　《彰化師大國文學
　　　誌》第37／38期　2019年6月

林宜陵　〈李白與蘇軾詩詞中之「月」與「影」〉　《中國語
　　　文》第611期　2008年5月

林宜陵　〈唐代宗時期杜甫作品所呈現之時代獨特性〉　《北市
　　　大語文學報》第20期　2019年6月

林宜陵　〈詩話創作的政治功用──以北宋最初三詩話為例〉
　　　《輔仁國文學報》第18期　2002年11月

林素玟　〈元宵與中秋──《紅樓夢》神聖時間的創傷書寫與療
　　　癒〉　《華梵人文學報》第22期　2014年7月

祁立峰　〈經驗匱乏者的遊戲──再探南朝邊塞詩成因〉　《漢
　　　學研究》第29卷第1期　2011年3月

徐建華、廖秋華　〈程俱近體詩用韻研究〉　《浙江樹人大學學報》第17卷第3期　2017年5月

徐淑娟　〈陳與義《無住詞》內容分期和特色析論〉　《修平人文社會學報》第11期　2008年9月

張　晶　〈論葉夢得的詩學思想〉　《江海學刊》1997年第1期

陳　元　〈臺北故宮藏宋元明帝王畫像與其隱喻的王朝正統性〉《中國文化》第44期　2016年

黃寬重　〈酈瓊兵變與南宋初期的政局〉　《中央研究院歷史語言研究所集刊》第六十本第一分　1989年3月

黃龍興　〈於負面遺產中重構創傷記憶──從奧斯維辛博物館到景美人權文化園區〉　《世界資產保存學刊》第17期　2011年10月

楊　勝　〈淺探葉夢得詞的用典和點化技巧〉　《現代語文期刊》2009年12期

樊運寬　〈葉夢得詩學理論初探〉　《學術論壇》1992年5期

潘殊閑　〈葉夢得《春秋》類著述考論〉　《湖州師范學院學報》　2004年6月

潘殊閑　〈二十世紀以來葉夢得研究綜述〉　《樂山師範學院學報》第19卷第9期　2004年9月

四 博碩論文

王瑜瑾 《程俱北山小集研究》 上海華東師範大學碩士論文
2013年

金建鋒、杜海軍 《汪藻年譜》 廣西師範大學碩士論文 2006年

張軼芳 《葉夢得及其詞研究》 河北大學碩士論文 2007年

許瑜容 《葉夢得《春秋讞》研究》 高雄師範大學經學研究所
碩士論文 2015年7月

文學研究叢書・古典文學叢刊 0803017

《宋史・文苑傳》中所顯現之忠義情懷
——以經歷靖康之難安邦定國者為觀察主體

作　　者　林宜陵
責任編輯　官欣安
特約校稿　林秋芬

發 行 人　林慶彰
總 經 理　梁錦興
總 編 輯　張晏瑞
編 輯 所　萬卷樓圖書股份有限公司
　　　　　臺北市羅斯福路二段 41 號 6 樓之 3
　　　　　電話 (02)23216565
　　　　　傳真 (02)23218698

發　　行　萬卷樓圖書股份有限公司
　　　　　臺北市羅斯福路二段 41 號 6 樓之 3
　　　　　電話 (02)23216565
　　　　　傳真 (02)23218698
　　　　　電郵 SERVICE@WANJUAN.COM.TW
香港經銷　香港聯合書刊物流有限公司
　　　　　電話 (852)21502100
　　　　　傳真 (852)23560735

ISBN 978-986-478-559-9
2022 年 1 月初版
定價：新臺幣 460 元

如何購買本書：

1. 劃撥購書，請透過以下郵政劃撥帳號：
　 帳號：15624015
　 戶名：萬卷樓圖書股份有限公司
2. 轉帳購書，請透過以下帳戶
　 合作金庫銀行 古亭分行
　 戶名：萬卷樓圖書股份有限公司
　 帳號：0877717092596
3. 網路購書，請透過萬卷樓網站
　 網址 WWW.WANJUAN.COM.TW

大量購書，請直接聯繫我們，將有專人為
您服務。客服：(02)23216565 分機 610

如有缺頁、破損或裝訂錯誤，請寄回更換

國家圖書館出版品預行編目資料

<<宋史・文苑傳>>中所顯現之忠義情懷：
以經歷靖康之難安邦定國者為觀察主體/林
宜陵著. -- 初版. -- 臺北市 ： 萬卷樓圖書股
份有限公司, 2022.01
　　面 ；　公分. -- (文學研究叢書. 古典文
學叢刊 ;803017)
ISBN 978-986-478-559-9(平裝)
1.中國文學　2.作家　3.傳記　4.宋代

782.24　　　　　　　　　　　110021201